课外悦读·基础提高

青少年必知的
地理知识

GEOGRAPHY KNOWLEDGE THAT TEENAGERS MUST KNOW

最新鲜的百科知识　　前所未有的想象力激发方式　　最酷炫的探秘信息

胡郁 编著

中国出版集团
现代出版社

图书在版编目（CIP）数据

青少年必知的地理知识 / 胡郁编著 . — 北京：
现代出版社，2012.9（2024.1）
ISBN 978－7－5143－0719－1

Ⅰ. ①青… Ⅱ. ①胡… Ⅲ. ①地理－世界－青年读物
②地理－世界－少年读物 Ⅳ. ①K91－49

中国版本图书馆 CIP 数据核字（2012）第 204032 号

青少年必知的地理知识

编　　著	胡　郁
责任编辑	吕志贵
出版发行	现代出版社
地　　址	北京市安定门外安华里 504 号
邮政编码	100011
电　　话	010－64267325　010－64245264（兼传真）
网　　址	www. 1980xd. com
电子信箱	xiandai@ vip. sina. com
印　　刷	三河市人民印务有限公司
开　　本	710mm×1000mm　1/16
印　　张	14. 5
版　　次	2012 年 10 月第 1 版　2024 年 1 月第 9 次印刷
书　　号	ISBN 978－7－5143－0719－1
定　　价	59. 80 元

前言 PREFACE

青少年必知的地理知识

公元前2世纪，在西方，古希腊学者埃拉托色尼第一次合成了geographica（geo + graphica）这个术语，意思是“地理”或“大地的记述”，并写出了西方第一本以“地理”命名的专著《地理学》。从此，地理作为一门单独的学问逐渐得到普及。时至今日，地理学科已有了一个庞大的体系，而地理学问成为全世界学生最关注的问题类型。

放眼地球上的地质地貌，真的是上天的鬼斧神工之作？世界上的气候是怎么分布的，各自又有什么特点？各种各样的能源又埋藏在哪？……

在我们祖先留下的文献中，最早出现“地理”这个词的著作是公元前5世纪成文的《周易·系辞》，里面有“仰以观于天文，俯以察于地理”的文句。东汉思想家王充对天文、地理有相当深入的研究。他对地理的解释是：“天有日月星辰谓之文，地有山川陵故谓之理。”古代的地理学主要探索关于地球形状、大小有关的测量方法，或对已知的地区和国家进行描述。

本书书名是“青少年必知的地理知识”，正如书名所讲的一样，是为全世界喜欢地理的学生倾心打造的一本百科全书式的读物，它涵盖了学生们在学习成长的重要时期不可或缺的地理知识。它具体包括八大部分：地质地貌、大气洋流、气象气候、自然水文、土壤生物、资源能源、人文地理、自然灾害方面的地理知识，博大而丰富，几乎涵盖了地理知识的方方面面。

本书中涉及的问题，都是学生生活中爱问、常问的问题，本书解答明确细致，可以更快更好地帮助学生掌握地理知识。同时，书中包含了许多图片，图文并茂，可以让学生更好地理解有关大气、洋流、人文等抽象的地理现象。相信这本书可以引领学生们探求无穷的地理奥秘，让学生们在知识的渴求与完善中不断成就更加完美的自我。

可以说，本书是地理知识的精粹，它浓缩了世界锦绣江山的精华，可以帮助学生尽快了解世界地理。在学生增长地理知识的同时，获得更为广阔的文化视野和审美感受。

CONTENTS 目录

青少年必知的地理知识

QINGSHAONIAN BIZHI DE DILI ZHISHI

地质地貌篇

大气洋流篇

气象气候篇

水文篇

土壤生物篇

资源能源篇

人文地理篇

自然灾害篇

地质地貌篇

QINGSHAONIAN BIZHI DE DILI ZHISHI

地球如今的样子不是一朝一夕形成的。地球形成之初，既没有高山，也没有海洋，它只是一个椭圆形的球体，体积只有现在地球的一半甚至还要小。地球在几十亿年的发展过程中，由于地球的引力作用，将太空中的尘埃、颗粒、石块、冰块等物质不断地吸附到地球上来，另外，彗星的碎块和小行星不断被地球所吸收，使得地球的体积在逐渐增大。由于地球地壳内部的不断运动，岩浆不断大量喷发，以及地球地质构造的不断变化，逐渐形成了连绵不断的高山和高低不平的山脉，也就导致了地球体积的不断增大。后来由于地球的温度呈逐渐上升的趋势，使得地球上的冰雪不断融化，造成了海洋面积的不断扩大，导致了地球上一系列物质和物体的变化，也导致了地球面积的扩大。同时，在地球内力和外力的共同作用下，地表也在不断地发生变化，各种各样的地表形态此消彼长，经过亿万年的变迁，才有了如今的地表格局。

如何理解地球圈层构造和各圈层的形成原因？

作为一个整体的地球，在结构上的显著特征，就是它由同心圈层所组成。不同的圈层尽管它的大小、组成物质、性状和厚薄不同，但都以地心为其共同的球心，所以称为同心圈层，这些圈层依次更替，互相联系。一般以地壳表面为界，分为外部圈层和内部圈层，有人称之为“里三层和外三层”。在地球外部圈层中，根据物质的不同特点可分为大气圈、水圈和生物圈。地球内部，根据对地震波的传播研究等划出地壳、地幔和地核三个圈层。

以上圈层的厚度、体积、平均密度和质量均不相同。那么这些圈层又是如何形成的呢？简单地讲，当初从太阳星云中分化出来的原始地球是一个比较均质的球体，那时铁、镍、硅酸盐物质混杂在一起，没有明显的分层现象。自原始地球形成后的几千年内，由于地球内部铀、钍、钾等放射性元素蜕变生热，地球内部不断增温，当温度达到一定程度时，原始地球内部开始熔化，致使地球内部发生巨大分化，铁、镍首先熔化，比重较大的熔滴渗过硅酸盐物质沉向地球中心，形成熔融的地核，同时地内深处较轻的硅酸盐物质（后熔）则浮向地球上部，首先分化出地幔和地核。

组成地幔的硅酸盐物质也存在着较轻和较重的差异，在长期分异和重力的作用下，较轻的花岗岩类浮在地球最上层，玄武岩位于花岗岩之下，较重的橄榄岩又位于玄武岩之下，这样，花岗岩和玄武岩层构成了地壳，而橄榄岩形成地幔的主要成分。在大规模的物质变迁中，经过4亿—10亿年，最后形成地球内部三层，即地壳、地幔和地核。

基本小知识

玄武岩

玄武岩是一种地下岩浆从火山中喷出或从地表裂隙中溢出凝结形成的火成岩。玄武岩的主要成分是硅铝酸钠或硅铝酸钙，二氧化硅的含量是45%～52%，还含有较高的氧化铁和氧化镁，是一种细粒致密的黑色岩石。由于喷发时产生大量气孔，有时是大孔如杏仁状构造，后来中间常被其他矿物质充填。玄武岩岩浆的黏度小，易于流动，形成很大的覆盖层，常形成广大的熔岩台地，所以分布很广。

随着原始地球的改组和分异活动等，一直被禁锢在地球物质中的气体大量泄出地表，由于地球引力使甲烷和氨等比较重的气体和水汽在地球外层停留形成原始大气，随着地表逐渐冷却和大气中尘埃微粒的增多，水分循环，形成原始水圈。以后由于水量增加，地壳形态变化，原始水圈逐渐演变成今天的海洋、河湖和沼泽。

海洋形成以来，由于各种外力等因素的作用，生物逐渐出现，特别是原始绿色植物的出现，从而进行光合作用，令氧从二氧化碳中分离出来。游离的氧对原始大气的氧化作用使一氧化碳变成二氧化碳，氨变成水汽和氮，最后形成以氮和氧为主的现代大气成分。氧的存在，原始生命逐渐发展起来，从海洋扩展到陆地和低层大气，形成生物圈。生物圈质量虽小而且较薄，但是唯一具有生命的圈层。生物的出现，不仅使自然界中化学元素进行了迁移，而且改造了大气圈、水圈和岩石圈，从而使地球面貌发生了根本的变化。

知识小链接

岩石圈

岩石圈是地球上部相对于软流圈而言的坚硬的岩石圈 层。厚 60～120 公里，为地震高波速带。包括地壳的全部和上地幔的上部，由花岗质岩、玄武质岩和超基性岩组成。其下为地震波低速带、部分熔融层和厚度 100 公里的软流圈。

地层和化石如何展示地球历史？

地层是地球历史发展过程中所形成的成层岩石的总称，以层状的沉积岩、岩浆岩、变质岩为主。在正常情况下，岩层是按顺序形成的，先沉积的地层在下，后沉积的地层在上。在形成时代上，越往下地层越古老，越往上地层越年轻。各个地质时代所形成的地层，如果未再经过地质构造剧烈变动，地层的正常层位，仍保存着地层层序律的状态，各个地质时代的地层就如同历史的“书页”一样，记录着岩层下老、上新顺序排列的地球发展历史。

自然界的地层，由于受到构造运动的影响，比较错综复杂。有的地层倾斜，甚至层序颠倒；有的地层缺失，在这种情况下确定地层的时代和顺序，

三叶虫化石

人们除利用地壳岩石中放射性元素的衰变规律测定岩层的年龄外，往往还利用地层中所含的化石进行确定。在一般情况下，沉积岩的重要特征是具有层理构造和常含有化石。

地层中的化石，多数是古生物的骨骼、贝壳、鳞片、茎、叶等坚硬部分的古生物遗体，少数是古生物的足印、卧印、虫穴、粪便等的活动遗迹，经过矿物质的填充和交替作用，形成仅保持原来形状、结构及印模的钙化、碳化、硅化、矿化的生物遗体或印痕，称为化石。

也有少数保存完整遗体的化石，如冻土中的猛犸象、琥珀中的昆虫等。生物是由低级到高级，由简单到复杂不断地进化的。不同时代的地层，一般含有不同的化石，而相同时代的地层里往往保存着相同或近似的化石。因此，对层位颠倒或错乱的地层，可以根据岩层中保存下来的生物化石，确定地层的顺序和时代。如含有古生代的三叶虫、大羽羊齿化石的，为古生界地层；含有中生代的恐龙化石的，为中生界地层等。化石好像是写在地层里的文字，地层和化石就像是“书页”一样，记录着地球发展的历史。

最古老的大陆是什么？

在地质学上，人们往往将作为稳定地块结晶基底的前寒武纪岩石分布地区近似地看作世界上古老大陆的所在地。这种以前寒武纪岩石作为基底的地块，就是通常所说的地台区。这些地区经过了长期活动之后，在前寒武纪结束时，已经从原来的活动状态进入稳定状态，作为完整的古大陆出现在地球上。从寒武纪开始，这些古老的地台区又经历着新的分化，有的地方进入古生代之后重新沦为

你知道吗

什么是琥珀？

琥珀，是远古松科松属植物的树脂埋藏于地层，经过漫长岁月的演变而形成的化石。透明似水晶，光亮如珍珠，色泽像玛瑙。品种有金珀、虫珀、香珀、灵珀、石珀、花珀、水珀、明珀、蜡珀等，尤以含有完整昆虫或植物的琥珀为珍贵。

海浸区，作为陆棚海的形式接受着新的沉积，因此在这些地方前寒武纪古老基底之上，覆盖着古生代以后的沉积盖层。而有些地方，始终没有被海水浸漫过，这些地方作为古老大陆，在古生代以后的长期历史中，一直高出海面之上，前寒武纪基底直接裸露在地表，其上没有新的沉积盖层，这种地区通常叫地盾。显然，地盾的核心部分应该算是世界上最古老的大陆了。

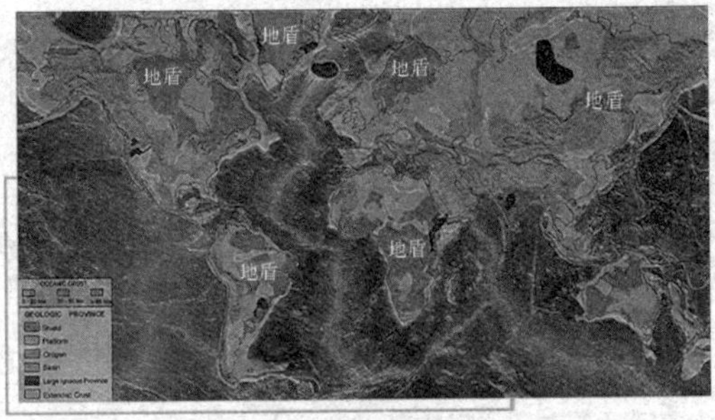

全球地质区域

根据地质资料，我们可以给出古老大陆的分布情况。各大洲均有古老大陆区，成为今日各大陆的原始骨架和核心，古生代以后形成的新大陆环绕着它们。在亚洲，有三个古老大陆区，即西伯利亚地台、华北地台、印度地台。在欧洲，古老大陆主要分布在乌拉尔山脉以西的俄罗斯东欧部分以及瑞典、芬兰等。在北美，古老大陆分布在加拿大、格陵兰以及美国东部湖区。在南美，古老大陆分布在巴西、圭亚那。在非洲，古老大陆区很广，几乎占据了整个非洲。在澳洲，古老大陆位于澳大利亚中部和西部。在南极洲，由于大陆冰盖的覆盖，其界限尚不清楚。由此可见，当时的大陆比现在小得多，而海洋面积则大大超过现代的面积。古生代以后的6亿年间，大陆不断地扩大，成为现在的样子。

广角镜

寒武纪

寒武纪是显生宙的开始，距今5.7亿年前—5.1亿年。寒武纪可再分为早寒武纪、中寒武纪、晚寒武纪。寒武纪是显生宙最早的地质时代，下一个纪是奥陶纪。寒武纪气候温暖，海平面升高，淹没了大片的低洼地。这种浅海地带为新的物种诞生创造了极为有利的条件，产生了一批具有坚硬的贝壳或内骨骼的动物。它们形成化石很容易，因此和以前的软体动物不同，寒武纪动物留下了大量遗体。

地壳和岩石圈是一回事吗?

地壳是指地球的固体外壳。是地球最外的一个固体层，即位于地面与莫霍面之间的部分。由岩石组成，其岩石的密度在3.0克/立方厘米左右，而整个地球平均密度是5.52克/立方厘米，可见组成地壳的物质是比较轻的。但地壳又是岩石圈的组成部分。

为了说明地壳和岩石圈的关系和区别，分别对其厚度、成分、结构等特征加以分析。地壳在全球的厚度和成分极不相同，结构也不一样。就厚度看，大陆地壳较厚，平均为33千米，高山地区厚度更大。例如青藏高原的厚度在70千米以上，是地壳最厚的部分。大洋地壳较薄，一般厚度在5~8千米，例如太平洋的最薄处还不到5千米，该洋中部是世界上地壳最薄的地方，说明地壳下界面（即莫霍面）也是起伏不平的。就成分和结构看，根据地壳化学组成的差异和地震波传播速度的变化，在大陆地壳深度为22千米左右处存在有一个较为明显的间断面，即康拉德不连续面，把地壳分为上下两层，即硅镁层和硅铝层。

岩石圈则是包括地壳和软流层以上的上地幔顶部，由岩石所组成。在莫霍面到1000千米深处的上地幔的上部（地面下60~250千米之间），放射性元素大量集中，蜕变生热，温度很高，使岩石接近物质熔点处于塑性状态，叫软流层。一般认为这里可能是岩浆的主要发源地之一。此层也是个显著的地震波低速层。人们把软流层以上的上地幔顶部划入岩石圈的范围。可见地壳仅是岩石圈的一部分。

拓展阅读

西伯利亚

西伯利亚是俄罗斯境内北亚地区的一片广阔地带。西起乌拉尔山脉，东迄太平洋，北临北冰洋，西南抵哈萨克斯坦中北部山地，南与中国、蒙古和朝鲜等国为邻，面积1276万平方千米，除西南端外，全在俄罗斯境内。也有人将北冰洋同太平洋水系分水岭作为其东界。

海陆是如何分布的？

地球的表面大部分是海洋，陆地只占一少部分。地表的总面积约 51000 万平方千米，其中海洋的面积约 36000 万平方千米，占地表总面积的 70. 8%；陆地面积约 14900 万平方千米，占地表总面积的 29. 2%。也就是说地球的表面七分是海洋，三分是陆地。

地表的陆地被海洋分隔成大小不等的许多块，通常人们把海洋所包围的大面积陆地叫作大陆，小块陆地叫作岛屿。大陆及其附近的岛屿合称为洲。这样，地表的陆地共分六块大陆：亚欧大陆、非洲大陆、北美大陆、南美大陆、南极大陆和澳大利亚大陆。

地表的海洋是相互沟通的，形成了统一的世界大洋。根据海陆分布形势，可把世界海洋分为四部分：太平洋、大西洋、印度洋和北冰洋。其间没有什么天然的界线，通常以水下的海岭或某条经线为分界。

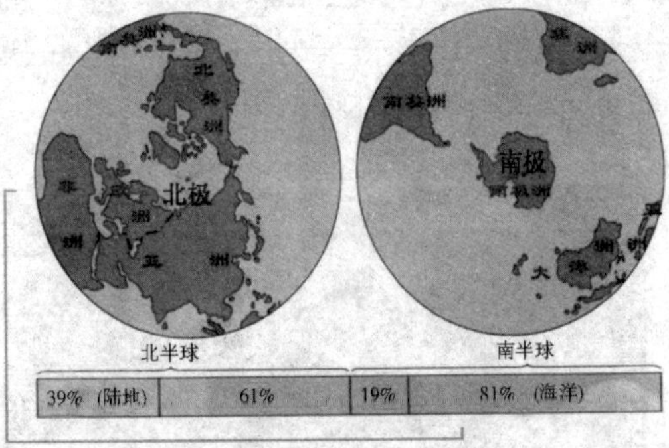

南北半球海陆分布图

世界海陆分布形势大致有以下特点：

（1）陆地主要集中于北半球，这里陆地占北半球总面积的五分之二，并在中、高纬度地带几乎连成一片。在南半球，陆地面积占五分之一，而且在南纬 56°～65°地带几乎全是海洋。但是，北半球的极地是一片海洋，南半球的极地却是一块大陆。

（2）除南极大陆外，所有大陆都南北成对分布：北美大陆和南美大陆、欧洲大陆和非洲大陆、亚洲大陆和澳大利亚大陆，每对大陆之间都是地壳破裂地带，并形成较深的“陆间海”，其间岛屿众多，火山地震活动频繁。

（3）大部分大陆的轮廓都是北宽南窄，呈倒置三角形。亚欧大陆、非洲大陆、南美大陆和北美大陆都非常典型；澳大利亚大陆也具有北部较宽的特点，只有南极大陆例外。

（4）弧形列岛和较大的岛屿多位于大陆东岸。亚欧大陆、北美大陆和澳大利亚大陆东岸都有一连串向东突出的岛弧，岛弧外侧为一系列深海沟。大陆西岸的岛屿则不成弧形排列，较大的岛屿也少，唯一例外的是不列颠群岛。

（5）大西洋东西两岸的轮廓非常相似，海岸线彼此几乎吻合，仿佛是由一块大陆分离开来似的。

地形结构有哪些基本的类型？

地球表面高低相差悬殊，形态变化多端。陆地地形通常分为平原、高原、盆地、山地和丘陵等类型。它们以不同的规模在各大陆上交互分布，共同构成表面崎岖不平的外貌。

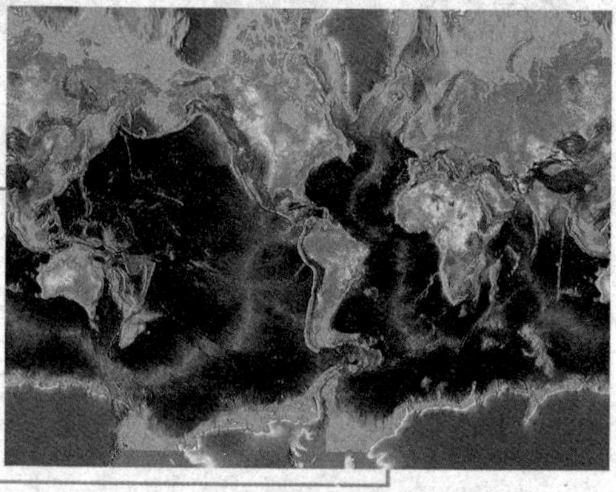

世界地形图

陆地上的山地，有两条巨大的高山带：一条为环太平洋高山带，沿太平洋两岸作南北向分布，即纵贯美洲大陆西部的科迪勒拉山系和亚洲及澳大利亚太平洋沿岸与东亚岛弧上的山脉。另一条略成东西向，横贯亚欧大陆中南部及非洲大陆北缘。其西部即阿尔卑斯山系及阿特拉斯山脉，进入亚洲后，与土耳其高原南北两侧的山脉、兴都库什山脉、喀喇昆仑山脉、喜马拉雅山脉等连为一体，又经中南半岛西部山地，一直延续到巽他群岛的南列岛弧和环太平洋高山带相接。两大高山带，是阿尔卑斯运动的产物，地势高峻、雄伟，多火山、地震。

陆地上的平原，一般分布在大陆的中部，其东西两侧多被高山环绕，形成南北纵列的三大地形带，以美洲大陆为最显著，澳大利亚大陆也有类似的地形结构。但在亚欧大陆上，平原主要展现在东西向高山带以北，如中欧平原、东欧平原、西西伯利亚平原、图兰平原等；南面，平原多为大河冲积而成，并分布于高原之间，如美索不达米亚平原、印度河—恒河平原以及我国的东北平原、华北平原、长江中下游平原等。

知识小链接

阿尔卑斯山

阿尔卑斯山是一座位于欧洲中心的山脉，它覆盖了意大利北部边界、法国东南部、瑞士、列支敦士登、奥地利、德国南部及斯洛文尼亚。它可以被细分为三个部分：从地中海到勃朗峰的西阿尔卑斯山，从奥斯特谷到布勒内山口的中阿尔卑斯山，从布勒内山口到斯洛文尼亚的东阿尔卑斯山。阿尔卑斯山共有128座海拔超过4000米的山峰，其中最高峰勃朗峰海拔4810.45米，位于法国和意大利的交界处。

陆地上还广泛分布着大片隆起的高原，它们一般以前寒武纪古陆块为核心，地壳相对较稳定，地面起伏不大。如非洲大陆的高原，亚欧大陆的中西伯利亚高原、蒙古高原、阿拉伯高原、德干高原，南美大陆的巴西高原，澳大利亚大陆的西北部高原等。南极大陆与非洲大陆相似，也以高原为主，但上覆巨厚的冰层。此外，在陆地上还有一些镶嵌在年轻山脉之间的高原，地壳活动比较强烈，海拔较高，地面起伏也很大。如青藏高原、安纳托利亚高原、伊朗高原以及分布于科迪勒拉山系中的一些山间高原等。

什么是“地槽—地台说”？

“地槽—地台说”是传统的大地构造学说。1859年美国的霍尔在对阿巴拉契亚山地的研究中，结论认为山脉是在地壳的巨大拗陷中形成的。1873年丹纳把这种拗陷地带叫作地向斜（又译为地槽）。1885年，休斯又首先提出地台概念，他认为地台是地壳上稳定的地区。1900年法国E.

奥格在他的《地槽和大陆块》一书中，才把地壳划分为地槽和地台两种基本构造单元。

“地槽—地台说”产生后，从19世纪的很长一段时间，一直占据统治地位。在产生大地构造动力来源的看法上又有两种观点：一是认为以地壳的垂直运动（升降运动，振荡运动）为主，一是认为以地壳的水平运动为主。其中以垂直运动的观点占主要地位。

槽台论认为，地球表面分布高峻的山脉或岛弧的地区，都曾是地壳的活动地带——地槽，这里地壳升降运动的幅度和速度都较大，沉积物达到很大的厚度，构造变动和岩浆活动强烈，变质作用显著。地台也称陆台，代表地壳上比较稳定的地块，其轮廓呈浑圆状，在现代地形上一般表现为丘陵起伏的波状平原、低山绵延的大片高原或微倾的大陆架浅海地区。这里除幅度不大的整体升降运动外，构造运动、岩浆活动、变质作用等都不如地槽强烈。地槽发展到一定阶段时，就由下沉而转为上升，经过褶皱变质，逐渐变成稳定的陆台。在地壳演化的不同地质时期内，都有一部分地槽向陆台转变，因而地槽的面积就逐渐缩小，陆台的面积逐渐扩大。1945年黄汲清教授提出“多旋回说”，认为地槽向地台的转化一般都经历了由量变到质变的多旋回发展过程，即一个褶皱带的形成往往是经历了多次造山运动。1959年，陈国达教授根据地台活化现象，提出“地洼说”，认为由地槽区（活动区）转化为地台区，只是达到相对稳定，并不是地壳发展的最后形式和阶段，在一定条件下，它还可以转化为新型活动区——地洼区。

地质力学的基本内容是什么？

地质力学学说，是我国地质学家李四光（1889—1971）创立的学说。他是根据他本人在国内外长期的地质实践经验和我国地质构造发育的特殊条件，从20世纪20年代初开始逐步总结创立出来的。

它的基本内容是：地质力学学说是在地质学的基础上，用力学的原理研究地壳构造与地壳运动规律的一门新兴的边缘科学。该学说用力学的原理，研究地壳运动中所形成的褶皱、断层等地质构造形迹的特征、分布、排列规律、发生、发展的过程及其内在联系，并依此进一步探索地壳运动的方式、方向和引起地壳运动的动力来源等问题。

李四光在总结我国和东亚濒太平洋地区地壳构造特点之后，提出了大陆构造基本形式的三种主要类型：即纬向构造体系、经向构造体系和扭动构造体系，并认为地球的自转及其角速度的变化所引起的地壳水平运动（经向的水平错动和纬向的水平错动）是推动地壳运动的主导因素。地质力学学说在生产实践中，已应用于找矿勘探（如找石油油田等）、水文地质、工程地质、地震地质以及地热资源勘察等方面。

李四光

大陆漂移学说的基本内容是什么？

大陆漂移学说是德国地球物理学家魏格纳（1880—1930）于1912年提出的学说。他根据大西洋两岸的非洲和南美洲两个大陆海岸的形状、地质构造、古生物等的相似性，认为在二三亿年以前，地球上只有一整块联合古陆（也称泛大陆），它的周围是海洋。后来，在地球自转所产生的离心力和天体引潮力的作用下，这一块联合古陆开始分离。由较轻的硅铝层组成的陆块，像冰块浮在水面上一样，在较重的硅镁层上漂移，逐渐形成了现代的海陆分布状况。

海底扩张学说基本内容是什么?

海底扩张学说是美国地质学家赫斯和迪茨于1960年和1961年分别在美国和英国的两次学术会议上提出来的学说。他俩主要根据20世纪50年代以来，人们利用放射性同位素测定海底岩石的年龄都很轻，一般不超过2亿年，而且岩石离海岭（也叫大洋中脊）越近，年龄越轻，离海岭越远，年龄越老，并且在海岭两侧呈对称分布的规律，而提出了海底扩张学说。

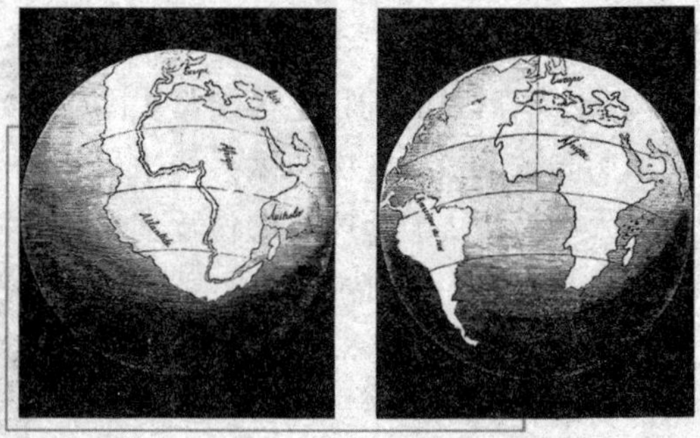

大陆漂移演示图

海底扩张学说认为，海岭是新的大洋地壳诞生外，地幔物质从海岭顶部的巨大开裂处涌出，到达顶部冷却凝结，形成新的大洋地壳。以后继续上升的岩浆，又把早先形成的大洋地壳，以每年几厘米的速度推向两边，使海底不断更新和扩张。当扩张着的大洋地壳遇到大陆地壳时，便俯冲到大陆地壳之下的地幔中，逐渐熔化而消亡。

板块构造学说的基本内容是什么?

板块构造学说是法国科学家勒比逊于1968年提出的学说。板块构造学说是在大陆漂移学说和海底扩张学说的理论基础上，又根据大量的海洋地质、地球物理、海底地貌等资料，经过综合分析而提出的学说，因此有人把大陆漂移说、海底扩张说和板块构造说称为全球大地构造理论发展的三部（步）曲。

板块构造学说是近代最盛行的全球构造理论。这个学说认为地球的岩石圈不是整体一块，而是被地壳的生长边界海岭和转换断层以及地壳的消亡边界海沟和造山带、地缝合线等一些构造带，分割成许多构造单元，这些构造单元叫作板块。全球的岩石圈分为亚欧板块、非洲板块、美洲板块、太平洋板块、印度洋板块和南极洲板块，共六大板块。其中太平洋板块几乎完全是海洋，其余五大板块都包括有大块陆地和大面积海洋。大板块还可划分成若干次一级的小板块。这些板块漂浮在“软流层”之上，处于不断运动之中。一般说来，板块内部的地壳比较稳定，板块与板块之间的交界处，是地壳比较活动的地带，地壳不稳定。地球表面的基本面貌，是由板块相对移动而发生的彼此碰撞和张裂而形成的。在板块张裂的地区，常形成裂谷和海洋，如东非大裂谷、大西洋就是这样形成的。在板块相撞挤压的地区，常形成山脉。当大洋板块和大陆板块相撞时，大洋板块因密度大、位置较低，便俯冲到大陆板块之下，这里往往形成海沟，成为海洋最深的地方；大陆板块受挤上拱，隆起成岛弧和海岸山脉。太平洋西部的深海沟和岛弧链，就是太平洋板块与亚欧板块相撞形成的。在两个大陆板块相碰撞处，常形成巨大的山脉。喜马拉雅山就是印度板块在向亚欧板块碰撞过程中产生的。

地球板块结构

知识小链接

地　壳

地壳是指地球地表至莫霍界面之间一个主要由火成岩、变质岩和沉积岩构成的薄壳，是岩石圈组成的一部分，平均厚度17公里，地壳下面的是地幔，上地幔大部分由橄榄石构成。地壳的质量只占全地球0.2%，按结构分为大陆地壳和海洋地壳两种。大陆地壳有硅酸铝层和硅酸镁层双层结构，而海洋地壳只有硅酸镁层单层结构，大陆地壳平均厚度有33公里，海洋地壳平均厚度只有10公里。

目前板块构造理论已被用来解释火山、地震的形成和分布以及矿产的生成和分布等。但是，是什么力量驱动着板块作大幅度、持续运动的驱动力问题，意见还不一致。

喜马拉雅山是印度板块和欧亚板块的界线吗？

根据地缝合线是板块之间的一种接触线即两大板块相撞，海洋地壳俯冲完了，两者大陆相撞发生强烈挤压等有关大地构造理论的说法，印度板块对欧亚板块的俯冲带不在喜马拉雅山脉，而在位于该山主脉以北距离约150千米的雅鲁藏布江谷地，称之为雅鲁藏布江板块缝合线。这条地缝合线就是印度板块和欧亚板块的分界线。

雅鲁藏布江大峡谷

地质学家根据地层发育的构造特征和古生物化石的分布类型已经证实；此地缝合线向西进入印度和巴基斯坦，向东南进入缅甸境内。在我国境内长达2000千米，是迄今全球在陆地上辨认出最清楚的板块缝合线（交界线）。这说明喜马拉雅山并非位于两大板块之间或欧亚板块之上，而是在印度板块的北缘，属印度板块的范围。至于雄伟的喜马拉雅山的形成则是印度板块向北推移与欧亚板块强烈挤压隆起成复杂线形分布的褶皱山脉。而且整个青藏高原也发生了大规模的上升。

雅鲁藏布江板块缝合线，是我国境内一条强烈的地震活动带。喜马拉雅山区，自1900年以来大于等于6级的地震达25次之多，说明印度板块向欧亚板块深部的俯冲作用不断进行着，而且移动快、俯冲角度小等。根据古地磁学研究结果，印度板块至今仍以 5 厘米/年的速度向北移动。

何为板块构造的驱动力？

关于板块的驱动力问题至今尚未获得圆满的解决，这是板块构造学说发展的致命弱点之一。目前众说纷纭，占优势的说法是地幔物质的热力对流作用，这一观点是沿用美国科学家赫斯对海底扩张动力的解释。地幔物质的热对流观点认为，大洋中脊是地幔流上升的地方，这些地方因地幔的上升流导致板块分离，在海沟、地缝合线和造山带部位的地幔物质下沉，这些地方因地幔的下降流而引起板块汇聚，地幔物质的热对流犹如一个巨大的传送带，板块则像传送带上的行李或乘客，它被地幔物质的热对流“驮着”运动。这种观点也遭到了强有力的挑战：地幔物质的热对流是否存在？即使存在，是否有足以使板块运动的力？诸如此类问题，板块构造学说尚无力回答。

有人提出“板块牵引”假说，认为海底冷却的致密板块沿经常发生地震和火山喷发的活动带（如阿留申群岛、日本和南美西海岸）下沉，产生牵引力而使板块分离的。例如，印度洋曾沿中部附近的几条中脊向两边扩张，由于碰撞，澳大利亚与印度之间的海底扩张带就停止了活动。板块上的力起源于印度海底下沉的地方。印度向北漂移了 483 ~ 966 千米，碰撞期间由于压碎作用以及向亚洲陆块下俯冲，使大约 2576 千米的陆地景观消失，这就是西藏高原隆起的原因。

地球上最大的裂痕在哪里？

在非洲东部的高原上，有一条世界上最大的断裂谷带，就像要把大地撕开似的，裂谷宽 50 ~ 100 千米，气势非凡，被称为“地球的伤疤”。它南起赞比西河口，向北延伸，包括马拉维、图尔卡纳等湖盆地，直达红海。从地质构造上看，这个裂谷带还应包括红海和亚洲西南部的死海谷地，合起来长达6000千米。

肯尼亚是观察裂谷景色的最佳地点。从首都内罗毕驱车西北行，不到两小时便可来到裂谷边上。登上悬崖，屏住呼吸，凭栏下望，松柏叠翠，深不可测；左顾右盼，莽莽苍苍，不见边际；举目远眺，可见一部分平平展展的谷底，几十千米以外又是陡壁如削，那便是峡谷的彼岸了。整段裂谷似神工鬼斧凿就，处处两壁直立、怪石峥嵘。谷底，或是浓荫蔽日的热带森林，或是芳草萋萋的牧场，或湍流飞瀑，或湖泊如镜……这真是一个千姿百态的美丽画廊。

大裂谷地带气候温暖潮湿，草原辽阔，森林茂密，生长着许多野生动物，许多是世界上其他地区所罕见的。坦桑尼亚、肯尼亚充分利用这一有利条件，开辟野生动物园和野生动物保护区，大力发展旅游事业，取得了可喜成果。这条大裂谷带还是一座巨大的天然蓄水库，非洲大部分湖泊都集中在裂谷带地区，大小共30多个。这些湖泊一般都具有狭长、深陷的特点。裂谷南部的马加迪湖是天然碱湖，湖水接近于凝固状态，纳库鲁湖水鸟众多，是肯尼亚第一个专门保护鸟类的国家公园。在裂谷西北段的图尔卡纳湖则富产鱼类，鱼中大者可与成年人比短长，不少游客将其吊在木架上与自己合影留念。图尔卡纳湖地区还是古人类学家和考古学家的乐园。那里多次发现古人类化石和古人类用火的遗迹。据分析，200多万年前，人类的祖先就在这里活动了。

基本小知识

内流湖

内流湖，指在非外流区水系内的一种湖泊。其供水主要由内流河、地下水所供应。如供水不足有可能会面对干涸的情况。内流湖有淡水湖与咸水湖两种，咸淡的区别主要视湖水的供应量与蒸发量以及是否有出水口决定。世界上比较大的或比较著名的内流湖有亚洲和欧洲交界处的里海，亚洲的死海、咸海和巴尔喀什湖，非洲的乍得湖，澳大利亚的艾尔湖和北美洲的大盐湖。

两亿年以前，非洲大陆和美洲大陆是一个大陆，以后地壳沿一条南北方向的海底深沟发生了破裂，部分地壳下沉，把这个大陆一劈为二。随着这两部分慢慢分开，大西洋就诞生了。今天，沿着东非的裂谷，一个类似的地壳巨大变化过程正在进行中。在这条地沟的北端，地壳的两大板块，即阿拉伯和非洲已经分开，并且以 2 厘米/年的速度往两面移动，在它们中间隔着一个年轻的海——红海。红海不但过去在扩大，现在也一直在扩大。1978 年 11 月 6 日，红海之滨吉布提阿法尔地区火山爆发，附近红海一下子扩大了 1.2 米。红海这样持续扩大下去，将成为世界第五个大洋。而那时阿拉伯半岛以北的波斯湾口将被堵死，这个海将变成一个内陆湖泊。

裂谷本身正以大约 1 毫米/年的速度向两面移动，再过数百万年将会形成一道很宽的裂缝，一个新的海洋将把肯尼亚、坦桑尼亚和东非其他国家同这个大陆的其余部分隔开。

地心是热的吗？温度有多高？

人已经登上了月球。人类制造的飞船可以飞出太阳系。但是，由于各种原因，我们对人类的摇篮——地球并没有深入的认识，对地球的内部还不可能进行实地考察。

地球由地壳、地幔、地核等几个部分组成，它们的温度都不同。地球内部存在着温度差和热运动是生成火山和地震的重要原因之一。因此测量地球内部的温度是一项具有重要意义的科学任务。

科学家们采用“模拟法”来推测地心的温度。由于地球中心的主要物质组成是熔融状态的铁，因此只要建立一个与地球内部相同的特别高的压力

广角镜

图尔卡纳湖

图尔卡纳湖位于肯尼亚北部，与埃塞俄比亚边境相连。它是东非大裂谷和肯尼亚最大的内陆湖，东非第四大湖泊，面积 6405 平方公里。更新世时期（160 万—1 万年前）由于地壳运动，形成一较小的独立内陆湖。火山爆发造成东、南多岩的湖岸。较低的西、北湖岸由沙丘、沙坑和泥滩构成。湖中三个主要岛屿（北岛、中岛和南岛）都是火成岛。

条件，并在这个条件下测出铁的熔化温度就可以推算出地球中心的温度。科学家采用爆炸的方法来模拟地球深处的高压。他们把塑料和钽制造的弹丸打在铁样上，使铁样在类似于地心处的高压状态下熔化。经过 500 次试验，得到铁在这种高压条件下的熔化温度约为 7300℃。科学家们认为由于地核还存在有其他元素如硫等，这会降低它的熔化温度。因此最后的结论是地球中心的温度约为 6800℃。

这一实验和结论是在 1987 年初，由美国加利福尼亚大学的托马斯及其合作者做出的。它动摇了以前提出的某些地质学理论，使人们认识到，在我们脚下几千千米处的地核是个巨大的能量中心，其温度竟比太阳表面温度还要高出 1000 多摄氏度。

为什么说常温层的深度因地而不同？

学校教材中指出“常温层的深度因地而不同”，这是为什么呢？

首先，必须正确理解“常温层”这一概念。我们知道，地壳表层温度要随着外界温度变化而变化。但是，从地表向下到达一定深度后，地壳的温度将不再随外界温度变化而变化。可以把这一深度理解为一个点。由于地表任何一点在地心方向均有这样一个对应点，因此，这无限多的点就构成一个层面，这就是“常温层”。它同“莫霍面”、“古登堡面”一样，是一个“层面”，只不过性质不同，在该面以上的地壳温度随外界温度变化而变化，该面以下则不受外界温度的影响。

由此可见，外界温度的变化程度决定了常温层的深度。由于各地温度变化程度不一致，因此常温层的深度因地而不同。温度变化愈大，则常温层深度愈深；温度变化愈小，则常温层深度愈浅。由于中纬地区全年温度变化比较大，所以常温层的深度相对深一些；而高纬地区终年寒冷，低纬地区终年炎热，温度变化比较小，所以常温层的深度相对浅一些。即教材上所提到的“大致中纬地带比赤道和两极深”。

此外，常温层的深度还与地质有关，主要是与组成物质的比热有关。比热愈大，则常温层深度愈浅；反之亦然。这也是常温层的深度因地而不同的一个原因。

怎样区别岩浆岩、沉积岩和变质岩？

岩石是一种或多种矿物的集合体，它是构成地壳的基本部分。按其成因分为三大类，即岩浆岩、沉积岩和变质岩。

（1）岩浆岩：是由地壳内部上升的岩浆侵入地壳或喷出地表冷凝而成的，又称火成岩。岩浆主要来源于地幔上部的软流层，那里温度高达1300℃，压力约数千个大气压，使岩浆具有极大的活动性和能量，按其活动又分为喷出岩和侵入岩。未达到地表的岩浆冷凝而成的岩石叫侵入岩。深成侵入岩颗粒较粗。浅成侵入岩颗粒细小或大小不均。喷出岩是在岩浆喷出地表的条件下形成的，温度低，冷却快，常成玻璃质、半晶质或隐晶质结构，具有气孔、流纹等构造等。岩浆岩常见的如在地壳中分布很广的中粗粒结构的侵入岩——花岗岩，气孔构造发育，黑色致密的玄武岩，流纹构造显著的酸性喷出岩——流纹岩等。

沉积岩

知识小链接

花岗岩

花岗岩是一种岩浆在地表以下凝却形成的火成岩，主要成分是长石和石英。花岗岩的语源是拉丁文的granum，意思是谷粒或颗粒。因为花岗岩是火成岩，常能形成发育良好、肉眼可辨的矿物颗粒，因而得名。花岗岩不易风化，颜色美观，外观色泽可保持百年以上，由于其硬度高、耐磨损，除了用作高级建筑装饰工程、大厅地面外，还是露天雕刻的首选之材。

（2）沉积岩：是地面即成岩石在外力作用下，经过风化、搬运、沉积、固结成岩等作用而成，其主要特征是：①层理构造显著；②沉积岩中常含古代生物遗迹，经石化作用即成化石；③有的具有干裂、孔隙、结核等。常见的沉积岩有：直径大于3毫米的砾和磨圆的卵石及被其他物质胶结而形成的砾岩，由0.05～2毫米直径的砂粒胶结而成的砂岩，由颗粒细小的黏土矿物组成的页岩，由方解石为其主要成分、硬度不大的石灰岩等。

（3）变质岩：是岩浆岩或沉积岩在变质作用下形成的一类新岩石。和前两类岩石主要区别是变质岩属重结晶的岩石，颗粒较粗，不含玻璃质和有机质的残体。其主要特征是：①有的具有片理（片状）构造如片岩；②有的呈片麻构造（未形成片状），岩石断面上看到各种矿物成带状或条状等，如花岗片麻岩；③有的呈板状构造，颗粒极小，肉眼难辨，如板岩。常见的变质岩如由方解石或白云石重新经过结晶而成的大理岩，由页岩和黏土经过变质而形成原解理状的板岩，由片状、柱状岩石组成的片岩，多由沉积岩和岩浆岩变质而成的片麻岩，由砂岩变质而成的石英岩等。

拓展阅读

石 英

石英是硅的氧化物之一，其化学组成为 SiO_2，三方晶系。半透明或不透明的晶体；含有杂质时颜色不一，无色透明的晶体称水晶，乳白色的称乳石英，浅红色的称蔷薇石英，紫色的称紫水晶，黄褐色的称烟晶、茶晶，黑色的称墨晶。纯洁的石英能够让一定波长范围的紫外线、可见光和红外线通过，具有旋光性、压电和电致伸缩等性质。石英的完整晶体产于岩石晶洞中，块状的产于热叶脉矿中，粒状的则是花岗岩、片麻岩和砂岩等各种岩石的重要组成部分。石英是大陆地壳数量第二多的矿石，仅次于长石，质地坚硬，是花岗岩的主要成分。

怎样区别喷出岩与侵入岩？

喷出岩和侵入岩同属岩浆岩，又叫火成岩。均由岩浆冷却、凝固而成。

其成分主要由硅酸盐类物质组成。它们的主要区别在于：

侵入岩是由地下岩浆上升到一定部位（但未到地表）侵入到围岩中，停留在地下缓慢冷却，凝固而成的岩石。如冷凝部位距地表在3000米以下称深成岩；在3000米以上的则为浅成岩。侵入岩由于温度冷却较慢，岩浆有较充分的条件结晶，因而形成晶体较大的矿物颗粒，呈明显结晶结构。深成岩的岩体较大，结晶较粗；浅成岩的岩体较小，多为斑状，由细粒或微晶组成。例如，分布广泛的花岗岩就是典型的酸性侵入岩。颜色一般为灰白、灰红和肉红色等。我国许多著名山岭，如泰山、华山、黄山、衡山、八达岭、崂山等多由花岗岩组成。很多金属矿产，如钨、锡、钼、铅、锌等与花岗岩类有关。由于花岗岩质地坚硬，抗压强度高，又是一种坚固、美观、优质的建筑材料。

喷出岩是由岩浆直接喷出地表冷却、凝固形成的岩石。由于岩浆冷凝速度较快，矿物结晶的颗粒不明显，常成比较细密的隐晶质岩石，加之冷凝时气体大量逸散，常呈气孔状构造。有的具有流纹构造。主要的喷出岩如玄武岩和流纹岩。玄武岩分布很广，特别海洋地壳几乎全部为它所盖，呈黑色或灰黑色细粒致密的岩石，常具有气孔，解理面具有玻璃光泽。常伴有铜、冰洲石等。是很好的铸石原料。流纹岩多为浅红、灰白或灰红色，常具流纹构造，在我国福建、浙江沿海一带分布很广，性质坚硬致密，可做建筑材料。

地球上“沧海桑田”的变化是由什么作用引起的?

沧海指的是海洋，桑田指的是陆地，沧海桑田的变化，指的是海陆的变化。海陆的变迁，主要是地壳运动引起的。地壳运动有水平运动和升降运动两种。地壳的水平运动使岩层发生水平位移和弯曲变形，常造成褶皱山系或使海洋面积扩大，如地壳的水平移动使大西洋仍在不断扩大中。地壳的升降运动使岩层隆起或拗陷，从而引起地势的高低起伏和海陆变迁。因此地球上的“沧海桑田”变化，主要是地壳运动中的升降运动引起的。

由于地壳不断运动，地球上的海洋能变成陆地，陆地也可以变成海洋。如我国的喜马拉雅山地区，在2500万年以前，还是海洋，只是从4000万年前才从海底上升，直到近几百万年，才大幅度强烈隆起成现在海拔平均6000米左右的高大山脉，主峰珠穆朗玛峰仍在以平均1.82厘米/年的速度不断上升。这是根据人们在喜马拉雅山区海拔五六千米高的地方考察到了2500万年以前沉积的海相地层和海生动物化石以及在珠穆朗玛峰地区，不仅发现有珊瑚虫形成的石灰岩，而且在1964年还在西藏希夏邦马峰海拔4300米的山麓地区发现了体长10米以上的鱼龙化石。这说明在7000万年前的中生代，鱼龙就被埋藏在海底的沉积层中了。后来海底变成陆地，并进一步隆起形成了山脉。

在台湾海峡的海底，人们发现有陆地河流河床的痕迹。这说明台湾海峡过去曾经是陆地，现在已成为海洋了。

地壳运动中水平和升降哪个起主导作用？

复杂的地壳运动，按性质和方向可分为水平运动和升降运动两种基本形式。水平运动是指组成地壳的岩层沿大致平行于地球表面的方向进行运动。常表现为地壳岩层的水平移动和弯曲变形。升降运动是指组成地壳的岩层与地球表面呈垂直方向即上升或下降运动，又叫垂直运动。常表现为大规模地隆起或拗陷。地壳的水平运动和升降运动均由内动力地质作用所引起，相互联系，相互影响，彼此紧密相关，并非孤立进行。

在同一时间、同一地点发生的地壳运动都包含有水平运动和升降运动两种情况，关键在于以哪种运动形式为主导，例如当地壳水平运动使岩层受到挤压而发生弯曲、变形时，不仅岩层在水平方向缩短，而且隆起部分相对上升，凹陷部分则相对下降，说明这时水平运动起了主导作用，而垂直运动是派生的。同时当岩层由于升降运动引起地壳隆起或沉降时也能造成局部岩层的水平位移，此时升降运动又起了主导作用。

通常在水平运动为主导的地区，常常造成巨大的褶皱山系。例如我国的喜马拉雅山脉、昆仑山脉、祁连山脉等以及世界上许多山脉均是挤压褶皱而成。在以升降运动为主导的地区，出于隆起和拗陷而引起地

广角镜

喜马拉雅山脉

喜马拉雅山脉是世界海拔最高的山脉，位于亚洲的中国西藏自治区与巴基斯坦、印度、尼泊尔、不丹等国边境上。东西长2400多公里，南北宽200~300公里。分布于青藏高原南缘，西起克什米尔的南迦—帕尔巴特峰，东至雅鲁藏布江大拐弯处的南迦巴瓦峰，总面积约594400平方公里。中国与尼泊尔边界上的主峰珠穆朗玛峰海拔高度8844.43米，为世界第一高峰。

势高低的变化和海陆变迁。现代地壳运动表现为升降运动的如北欧斯堪的纳维亚半岛，现今以2厘米/年的速度上升，荷兰以3毫米/年的速度下沉。喜马拉雅山是在3000万年前隆起，至今还在上升。

但从地壳发展的全部历史和大量的资料看，全球范围的地壳运动主要表现以水平方向的相对运动为主导因素。大西洋就是地壳的水平运动造成的，现在仍在不断扩大中。而升降运动是次要的因素或是派生的。我国著名的地质学家——李四光先生创立的地质力学的基本概念，就是以地壳的水平运动学说为理论基础而著称于世。

褶皱和断层地形分别有什么特点？

褶皱是在地壳运动的水平挤压力作用下，使岩层发生弯曲，叫作褶曲。如果发生的是一系列褶曲，形成波状弯曲变形，就叫作褶皱。岩层褶曲构造的基本形态是背斜和向斜，新形成的褶曲，背斜是山岭，向斜是山谷。背斜的特点是岩层向上拱起，中心部分岩层较老，两翼岩层较新。一般背斜顶部因受到张力作用，常被侵蚀成谷地，它在地质构造上属背斜构造，在地形上称为山谷。向斜的特点是岩层向下弯曲，中心部分岩层较新，两翼岩层较老。向斜槽部受到挤压作用，物质坚实不易被侵蚀以及由于来自背斜顶部侵蚀物的堆积，反而常常形成山岭。它在地质构造上称向斜构造，在地形上称山岭。岩层所形成的一系列褶曲，在地质构造上，称为褶皱构造。褶皱所形成的地形，称为山脉，也称褶皱山系。因此，褶皱常常造成巨大的山系。

褶皱山

断层是在地壳运动的强大压力或张力作用下，岩石受力破裂并沿破裂面有明显的相对移动的断裂构造，称为断层。岩层断裂错开的面叫断层面。如果两条断层之间的岩块相对上升，两边的岩块相对下降，相对上升的岩块叫地垒。地垒常形成块状山地，如我国的庐山和泰山就属块状山。若两条断层

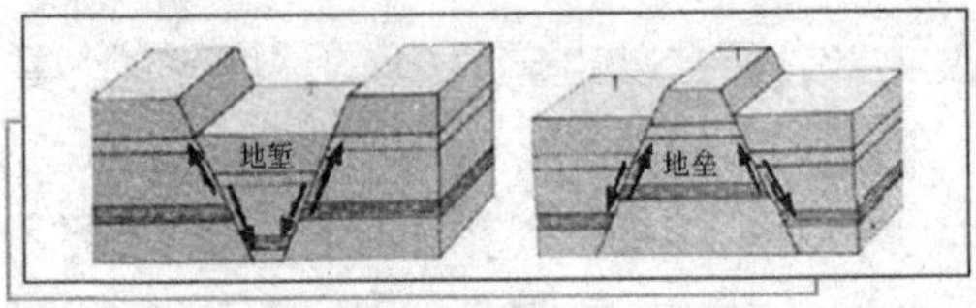

地垒和地堑示意图

之间的岩块相对下降，两边的岩块相对上升，相对下降的岩块叫地堑。地堑常形成狭长的凹陷地带，如著名的东非大裂谷，我国的渭河谷地和汾河谷地，都是大地堑。在地形上，有些断层常常形成平直的陡崖。断层地带岩石破碎，易被风化侵蚀，沿断层线常发育成沟谷，有时出现泉和湖泊。

怎样区分地垒和块状山、地堑和断陷盆地？

地壳运动使岩层发生断裂，断裂面的两侧岩块沿断裂面错开，发生显著位移，称为断层。该断裂面叫断层面。两旁的岩块称盘，如果断面是倾斜的，在断层面上面的一盘叫上盘，下面的一盘称下盘。如果断层面是直立的，就没有上、下盘之分。根据断层两盘的移动的性质又可分为：正断层（上盘相对地下降，下盘相对地上升运动的断层，是常见的断层类型）、逆断层（指上盘相对上升，下盘相对下降运动的断层）、平移断层（断层面两侧的岩块，发生水平方向移动的断层）。成组出现的平行断层则形成断块地貌，包括地垒与地堑、块状山与断陷盆地。当两条同性质断层之间的岩块相对上升，两边岩块相对下降的断块叫地垒。地垒一般倾向相背的高度为50°～70°的倾角，其规模大小不一。造成地垒的断层可能是正断层，也可能是逆断层，当两个或两个以上的相互平行的正断层，其断层面的倾向一致，依次下落形成阶梯状断层，由地垒或阶梯状的断层构成的山地叫块状山。一般块状山比地垒的规模大，在形态上地垒成长条形，而块状山呈方形。我国的庐山、泰山等是地垒式的块状山，而阿尔泰山是阶梯式断层代表型的断层山。还有的在褶皱构造基础上形成褶皱块状山。

泰　山

知识小链接

庐　山

庐山，位处于中国江西省九江市南郊，为中国名山之一，也是联合国教科文组织评定的文化遗产和世界地质公园，同时还是中华人民共和国国家5A级旅游景区和文明旅游风景区、世界名山大会的发起者。庐山以“雄”、“奇”、“险”、“秀”闻名，被称为“匡庐奇秀甲天下”，是中国自古以来重要的游览胜地。

地堑和断陷盆地是两条性质相同的岩层之间相对下降的断块而形成的。一般倾向相向的高度角50°~90°，常形成狭长的凹陷地带，或形成断陷盆地。但断陷盆地一般规模比地堑大，形状也不相同。造成地堑的断层，两侧可能是正断层，也可能是逆断层。例如我国陕西省的渭河地堑是秦岭北坡断裂下降而两侧相对上升的结果。地堑的大小不一，贝加尔湖地堑长750千米，宽85千米，深1.62千米；再如我国山西省著名的汾河地堑，国外著名的莱茵地堑及世界最大的东非大地堑等。有的断陷盆地积水形成湖泊就是断层湖，如云南的滇池。

滇　池

拓展阅读

贝加尔湖

贝加尔湖位于俄罗斯西伯利亚的南部伊尔库茨克州及布里亚特共和国境内，距蒙古国边界仅111公里，是东亚地区不少民族的发源地，如布里亚特人居住于湖泊东侧地区，并于该地豢养山羊、骆驼、牛及绵羊。另外，贝加尔湖有“西伯利亚明珠”之称。贝加尔湖为大陆裂谷湖，有超过1700种动物及植物栖息其中，且三分之二为特有种类，联合国教科文组织于1996年将贝加尔湖登录为世界遗产。

什么是雅丹地形和丹霞地形?

雅丹地形是在干旱地区的湖积平原上，干涸湖底沉积的黏性土质层，因干缩裂开，经过长期主要定向风沿干缩裂隙不断吹蚀，裂缝不断扩大加深，形成一系列大致平行相间排列的垄脊和槽沟，垄脊呈高半米至数米的不规则陡壁垄岗，槽沟宽1~2米。垄脊和槽沟一般长数十米至数百米，顺盛行风向延伸，槽沟常充填有风积沙土，这种支离破碎的地形，因在新疆罗布泊附近的雅丹地区最为典型，故称雅丹地形，也称风蚀垄槽地形。“雅丹”是维吾尔语，原意是“有陡壁的小丘”。

雅丹地形

丹霞地形一般是具有垂直解理特性的红色岩层，经过长期的水烛、风蚀、风化和重力等强烈的外力作用，形成堡垒状的山岭和千姿百态的峰林、怪石、石桥、石洞等地形，因我国地质工作者冯景兰先生于1928年在粤北仁化县城西南约9千米处的丹霞山地区，最早对这种独特的典型地貌进行了调查、研究，故将这种在红色岩系基础上发育而成的地貌称为丹霞地形。丹霞山的山岩“色如渥丹，灿若明霞”，颇似河南南阳的丹霞山。丹霞地形以粤北的丹霞山最典

趣味点击 石钟乳

钟乳石为岩溶生成物，是指碳酸盐岩地区洞穴内，在漫长地质历史中和特定地质条件下形成的石钟乳、石笋、石柱等不同形态碳酸钙沉淀物。钟乳石是滴水石的一种。由于形成时间漫长，钟乳石对远古地质考察有着重要的研究价值。由钟乳石形成的洞穴可称之为钟乳洞。

型，此外在我国的江西、福建、湖南和河北的承德等地也都有丹霞地形分布。

喀斯特地貌是怎样的?

喀斯特地貌是具有溶蚀力的水对可溶性岩石进行溶蚀等作用所形成的地表和地下形态的总称。又称岩溶地貌。水对可溶性岩石所进行的作用，统称为大喀斯特作用。它以溶蚀作用为主，还包括流水的冲蚀、潜蚀以及坍陷等机械侵蚀过程。这种作用及其产生的现象统称为喀斯特。喀斯特是南斯拉夫西北部伊斯特拉半岛碳酸盐岩高原的地名，当地称为Kras，意为岩石裸露的地方。

喀斯特地貌分布在世界各地的可溶性岩石地区。可溶性岩石有三类：①碳酸盐类岩石（石灰岩、白云岩、泥灰岩等）；②硫酸盐类岩石（石膏、硬石膏和芒硝）；③卤盐类岩石（钾、钠、镁盐岩石等）。总面积达51×106平方千米，占地球总面积的10%。从热带到寒带、由大陆到海岛都有喀斯特地貌发育。较著名的区域有中国广西、云南和贵州等省（区），越南北部，南斯拉夫狄那里克阿尔卑斯山区，意大利和奥地利交界的阿尔卑斯山区，法国中央高原，俄罗斯乌拉尔山，澳大利亚南部，美国肯塔基州、印第安纳州，古巴及牙买加等地。中国喀斯特地貌分布广、面积大。主要分布在碳酸盐岩出露地区，面积91万~130万平方千米。其中以广西、贵州、云南和四川青海（即云贵高原）东部所占的面积最大，是世界上最大的喀斯特区之一；西藏和北方一些地区也有分布。

喀斯特可划分许多不同的类型。按出露条件分为：裸露型喀斯特、覆盖型喀斯特、埋藏型喀斯特。按气候带分为：热带喀斯特、亚热带喀斯特、

广角镜

芒　硝

芒硝矿物名，是十水合硫酸钠的俗称，单斜晶系，晶体短柱状，集合体呈致密块状或皮壳状等，无色透明，有时带浅黄或绿色。玻璃光泽；硬度1.5~2；密度1.4~1.5；口味较苦，失水后称无水芒硝。工业上广泛用于漂染，制造玻璃及苏打，及制作洗衣粉等。中国芒硝储量居世界第一。芒硝矿主要分布于四川、湖北、西藏、内蒙古等地盐湖中。

温带喀斯特、寒带喀斯特、干旱区喀斯特。按岩性分为：石灰岩喀斯特、白云岩喀斯特、石膏喀斯特、盐喀斯特。此外，还有按海拔高度、发育程度、水文特征、形成时期等不同的划分等。由其他不同成因而产生形态上类似喀斯特的现象，统称为假喀斯特，包括碎屑喀斯特、黄土和黏土喀斯特、热融喀斯特和火山岩区的熔岩喀斯特等。它们不是由可溶性岩石所构成，在本质上不同于喀斯特。

喀斯特地貌在碳酸盐岩地层分布区最为发育。该区岩石突露、奇峰林立，常见的地表喀斯特地貌有石芽、石林、峰林、喀斯特丘陵等喀斯特正地形，溶沟、落水洞、盲谷、干谷、喀斯特洼地等喀斯特负地形；地下喀斯特地貌有溶洞、地下河、地下湖等；以及与地表和地下密切相关联的竖井、芽洞、天生桥等喀斯特地貌。

喀斯特地貌下流水侵蚀形成了地下河。在地表常见有石芽、溶沟、石林、漏斗、落水洞、溶蚀洼地、坡立谷、盲谷、峰林等地貌形态，而地下则发育溶洞、地下河等各种洞穴系统以及洞中石钟乳、石笋、石柱、石瀑布等。碳酸岩分布面积约达 130 万平方千米，喀斯特地貌分布十分广泛，在我国主要分布在广西、贵州、云南等省区，如广西的桂林山水、云南的路南石林等驰名中外。

盆地是怎样形成的?

盆地四周高、中间低，整个地形像一个大盆。盆地的四周一般有高原或山地围绕，中部是平原或丘陵。盆地主要有两种类型：一种是地壳构造运动形成的盆地，称为构造盆地，如我国新疆的吐鲁番盆地、江汉平原盆地；另一种是冰川、流水、风和岩溶侵蚀形成的盆地，称为侵蚀盆地，如我国云南西双版纳的景洪盆地，主要由澜沧江及其支流侵蚀扩展而成。盆地面积大小不一，中国的四川、塔里木、准噶尔、柴达木等盆地，面积都在 10 万平方千米以上。

小的盆地只有方圆几千米，在贵州叫“坝子”。这些盆地内的自然条件优越，资源丰富，被人们称为“聚宝盆”。

山洞是怎样形成的?

山洞与人类历史联系十分密切。在旧石器时代，当人类还没有其他栖身之处时，山洞便成了人类的居所。

然而，在人们不再住山洞以后，过了很久还一直相信那些关于山洞的神奇传说。古希腊人认为山洞住着他们的主神宙斯、潘、哈得斯（冥王）和酒神狄俄倪索斯。古罗马人则认为山洞是仙女和女妖居住的地方。古波斯人和其他一些民族却把山洞与对米特拉神的崇拜相联系起来。世界上那些美丽而壮观的山洞几乎都成了旅游胜地。大型的山洞被称作“大岩洞”。

各种山洞的形成过程是各不相同的。很多山洞是因海浪长年拍打岩石，逐渐在岩石上打出空洞。有的山洞则在地下。这些山洞是因地下河流逐渐将石灰岩这样的松软岩石溶蚀后形成的；还有一些山洞是由于火山爆发使地球表面岩层平移变位而形成的；也有的是因灼热的熔岩剥蚀了地表岩层而形成的。

美国最常见的山洞是那些厚而松软的石灰岩层被溶蚀后形成的。溶蚀因子一般是含有二氧化碳的水。美国印第安那州、肯塔基州和田纳西州有很厚的石灰岩层，平均厚度达53.34米，因此，那里的洞穴很多。

有的洞在洞顶开口，称为“落水洞”。这种洞常常出现在地表的水聚集和向下渗透的地方。有的洞则有上下左右多层洞穴。这些洞形成之后，地下河流仍会流经这些洞，直到有了更低的渠道，水才离开原来的洞穴而流走，这时洞穴才会逐渐干涸。

通常，从洞顶滴下来的每一滴水都会含有石灰或其他矿物质。待部分水分蒸发以后，有些矿物质便积存下来，倒挂在洞顶上，形成了钟乳石。水沿着钟乳石滴到地上，逐渐堆积起一根根的石柱，叫作“石笋”。

如何区别三角洲平原和冲积扇平原？

三角洲平原是指由三角洲发育而成的平原。当河流注入海洋或大湖时，由于坡度变缓，流速渐小，加之海潮顶托等动力条件的改变使河流所带泥沙大量沉积。最初沉积在水面下进行，由于淤积物的不断供给，逐渐积多，最后露出水面，沉积物形成顶尖朝向陆地的一个三角形平原，取名三角洲。这种脱水成陆，并向海域推进的三角洲，逐渐发育成三角洲平原，如长江三角洲平原等。如果有大的河流注入湖泊，大量泥沙也能堆积成湖岸三角洲，如洞庭湖三角洲等。组成三角洲的沉积物比较复杂，主要有砾石、沙、细沙、黏土等。入海处的沉积物粒度自岸向海逐渐变细，近岸沉积物层理发育，向海逐渐消失。三角洲平原上的河流多成分汊、渠道或湖沼等。这里是土壤肥沃、灌溉便利的良好农业区，像长江三角洲就是我国著名农业基地之一。相邻河流的三角洲逐渐扩大，连成一片，成为大面积冲积平原，如黄河下游冲积平原等。概括三角洲平原的成因条件：①河流搬运泥沙量要多；②河口外、海底或湖底坡度不大；③风浪小，潮汐和洋流影响小等。

微型冲积扇

冲积扇平原是指呈扇形展布的冲积平原。冲积扇不是在河流入海或入湖处，而是形成在山地河流出口处的扇形堆积地貌。当山地河流至山麓出口进入开阔平坦地区，由于河床坡度变缓，流速减小，水流呈放射状向外流动，搬运能力减弱，携带碎屑物质堆积下来时，形成上窄下宽的扇形冲积堆，外形似扇，叫冲积扇。其顶端朝向山口，外缘呈半圆形，自扇顶到扇缘，地面逐渐降低，坡度变小，堆积物逐渐变细，分选性逐步变好，如太行山麓的冲积扇。

基本小知识

河 床

谷底部分河水经常流动的地方称为河床。河床由于受侧向侵蚀作用而弯曲，经常改变河道位置，所以河床底部冲积物复杂多变，一般来说山区河流河床底部大多为坚硬岩石或大颗粒岩石、卵石以及由于侧面侵蚀带来的大量的细小颗粒。平原区河流的河床一般是由河流自身堆积的细颗粒物质组成，黄河就是一个例子。

如何区分岩漠、石漠、沙漠？

在干旱的地区，岩石表面上的石子、沙粒和尘土被风和暴雨完全搬走，结果留下了一个裸露的岩石表面，这种地形叫作岩漠。如果风只是把这个区域的一些较细的石子和沙粒吹走，而将一些大如拳头和鸡蛋的石子留下来，这就形成我们所说的戈壁，也就是石漠。如果风把沙粒搬走，并且在一定的地区沉积下来，这就是狭义的沙漠。至于我们平时所说的沙漠则是岩漠、石漠和沙漠的统称。在风和地形的影响下我国内蒙古沙漠大半是石漠或岩漠，而塔里木盆地的沙漠则为狭义的沙漠。

摩洛哥的岩漠

世界上平均高度最高的大陆是哪块？

南极大陆绝大部分位于南极圈内，平均海拔 2350 米，比号称“高原大陆”的非洲（平均海拔 600 米以上）高出将近 3 倍，是世界上平均海拔最高的大陆。但是，这个高度是连1800多米厚的冰盖也算在内的，如果剥去这层厚厚的冰盖，就要一落千丈，所剩下大陆基盘的平均高度就只有海拔410米。

在很久以前，南极同其他大陆是连接在一起的。距今二亿数千万年以前，南极是没有冰的，有的是森林和湖泊。南极横断山区有很多煤，就是那个时代的植物变成的。据推断，那时的南极位于现在亚洲南部的加里曼丹岛附近。周围的海水温暖，生活着许多浮游生物和鱼类。它们的尸骸经过长年累月的变化，形成了石油和天然气，聚积在那里。

南极虽然是块荒无人烟的大陆，但却是个资源的宝库。厚100米的露天铁矿绵延120千米，足够全世界用200年。世界最大的煤田在南极，煤层厚6~9米，其中一部分露出地面，南极考察队已用它做燃料。但是，这里的自然条件是严酷的。地下资源全部埋藏在厚厚的冰层之下，而且冰又是在移动着，开发是相当困难的。要开采大陆架的石油也有一定难度，因为普通的勘探船由于冰的阻隔无法接近，而且大陆架很深，深度达500~3000米。

世界上最长和最高的山脉分别是什么？

安第斯山脉纵贯南美大陆西部，经过委内瑞拉、哥伦比亚、厄瓜多尔、智利、阿根廷等7个国家，直线距离达9000千米，约有4个喜马拉雅山那么长，是世界上最长的山脉。安第斯山脉形成时代较晚，地壳不稳定，多火山、地震，它属于环太平洋火山地震带的一部分。山区蕴藏着丰富的有色金属和稀有金属矿，“安第斯”的拉丁语就是“金属”的意思。

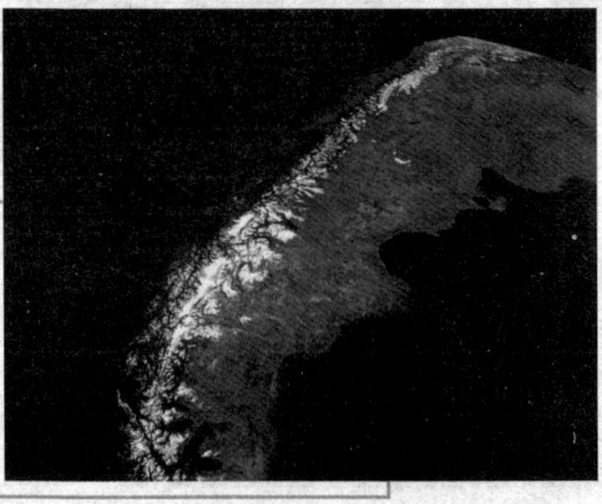

安第斯山脉地形图

安第斯山脉平均海拔高度3900米左右，许多高峰都在5000~6000米以上。其中阿空加瓜火山海拔6964米，是拉丁美洲的最高峰，也是西半球的最高峰。高峻连绵的安第斯山脉成为南美大陆东西部的障壁，使太平洋的影响局限于大陆西岸。这对南美大陆气候、土壤、植物的分布等，都产生巨大的影响。

喜马拉雅山脉绵亘在我国南部边境，它是由许多平行山脉组成的。东西延伸2400多千米，比我国最长的南北铁路干线京广线还要长；南北宽200~300千米，差不多有从南京到徐州那么远。喜马拉雅山脉平均海拔超过6000米，比非洲最高峰乞力马扎罗山（海拔5895米）还要高，是世界上最高的山脉。

喜马拉雅是“冰雪之乡”的意思，高峰很多，7000米以上的高峰就有40座，8000米以上的高峰有10座，如中尼边界的珠穆朗玛峰、马卡鲁峰、济泽峰、乔乌雅峰和完全在我国境内的希夏邦马峰，都是著名的8000米以上的高峰。古时候，喜马拉雅地区是一片汪洋大海，后来，由于地壳的运动，它才慢慢隆起，越来越高。喜马拉雅山是世界上最年轻的山脉之一，它的年龄才几千万年。喜马拉雅山还在往上升。据测量，从1862到1932的70年间，有许多地方平均每年上升18.2毫米。如果以这样的速度继续上升，十万年以后，就要比现在还高1820米。

喜马拉雅山脉

基本小知识

海　拔

海拔是指地面某个地点或者地理事物高出或者低于海平面的垂直距离，是海拔高度的简称。它与相对高度相对，计算海拔的参考基点是确认一个共同认可的海平面进行测算。这个海平面相当于标尺中的0刻度。因此，海拔高度又称之为绝对高度或者绝对高程。而相对高度是两点之间相比较产生的海拔高度之差。

世界上最高的山峰是什么？

珠穆朗玛峰位于喜马拉雅山脉中段，中国和尼泊尔的边界上，海拔8844.43米，是世界最高峰，其高度约为欧洲高峰峰勃朗峰（4810米）的两倍。

世界第一高峰珠穆朗玛峰

珠穆朗玛峰耸立在白雪皑皑的喜马拉雅山脉群峰之中，山体雄伟，银装素裹。在天气晴朗的日子里，常有乳白色的白云围绕着山腰，遇到风雪天，全部山峰被笼罩在云雾之中。一年四季，甚至一天之内，珠穆朗玛峰的景色千变万化，壮丽多姿。

珠穆朗玛峰的高山冰川是很有名的。人们攀登到海拔5700千米时，眼前就出现了各种奇形怪状的冰塔。有的像火箭，有的像高楼，还有冰帘、冰柱、冰墙、冰洞、冰丘、冰蘑菇、冰湖等。它们在阳光的辉映下，绚丽夺目，好似无数的艺术珍品。

珠穆朗玛峰是“圣母之山”的意思，这是西藏当地人民给它命名的。这个山峰早在1717年（清康熙五十六年）已经被清朝皇帝派出的测绘员发现了。但对于峰顶的情况很不了解，长期以来是个谜。

珠穆朗玛峰的北坡背着太阳，地势非常险峻。我国英雄的登山运动员，战胜严寒、大风、冰雪、陡坡、严重缺氧等重重困难，于1960年创造首次从北坡登上珠峰的纪录，把灿烂的五星红旗插上了顶峰，这是一曲征服大自然的胜利凯歌，为社会主义祖国争了光。1975年5月，我国登山队再次从北坡登上了地球上的最高点。在这以前，从来没有一个外国人从北坡登上珠穆朗玛峰的顶峰。

世界上最大的沙漠是什么？

世界上的沙漠主要分布在非洲、澳大利亚、中亚、西南亚和南北美洲的西岸。其中最大的沙漠是非洲北部的撒哈拉大沙漠，它东西长 5600 千米，南北宽 1600 千米，面积 777 万平方千米，占非洲面积的四分之一，为我国塔克拉玛干沙漠面积的 24 倍，比 14 个法国面积还大，是世界最大的沙漠。

撒哈拉大沙漠虽然三面都濒临海洋，但由于受副热带高压的控制和东北信风的影响，气候非常炎热干燥。那里有世界上气温最高的地方，植物极为稀少，对非洲陆上交通也是个巨大障碍。

在阿拉伯语中，撒哈拉是“一无所有”的意思。其实并非如此。就在它的滚滚黄沙之下，蕴藏着丰富的石油。1973 年底石油探明储量近 100 亿吨，天然气达 5 亿立方米之多，其他如铁、钴、铜、铀、金刚石、银等的储量也很丰富。

长期以来，在帝国主义和殖民主义的疯狂掠夺下，沙漠南部的草原遭到过度地放牧和破坏，使撒哈拉沙漠不断地向外扩展。15—18 世纪时，北纬 16° ~ 17° 附近还是土地肥沃、人烟稠密的地区，现在已成为黄沙滚滚的不毛之地。沙漠还在继续扩大，危害着非洲广大人民。

拓展阅读

铀

铀是元素周期表中锕系的金属元素，原子序数为 92，元素符号是 U。铀原子有 92 个质子和 92 个电子，其中 6 个是价电子。它的中子数目介于 141 至 146 个之间，共有六个同位素，最普遍存在的是铀 -238 及铀 - 235。所有铀同位素皆不稳定，具有微弱放射性。铀是自然元素中质量次重、原子量次高的元素，仅次于钚 - 244。它的密度比铅高出约 70%，但不如金、钨密实。铀在自然界中以数百万分率的低含量存在于土壤、矿石和水中，可借由开采沥青铀矿等含铀矿物并提炼之。

大气洋流篇

QINGSHAONIAN BIZHI DE
DILI ZHISHI

我们生活的地球被厚厚的大气层包围着。在太阳辐射、下垫面和大气环流的共同作用下，形成的天气的长期综合情况称为气候。人类生活在地球大气的底部，并且一刻也离不开大气。大气为地球生命的繁衍、人类的发展，提供了理想的环境。它的状态和变化，时时处处影响到人类的活动与生存。

洋流即海流，是海水沿一定途径的大规模流动。大气运动是海洋水体运动的主要动力，而陆地形状和地转偏向力也会对洋流方向产生一定影响。洋流是地球表面热环境的主要调节者。洋流可以分为暖流和寒流。若洋流的水温比到达海区的水温高，则称为暖流；若洋流的水温比到达海区的水温低，则称为寒流。海流对海洋中多种物理过程、化学过程、生物过程和地质过程，以及海洋上空的气候和天气的形成及变化，都有影响和制约的作用，故了解和掌握海流的规律、大尺度海—气相互作用和长时期的气候变化，对渔业、航运、排污和军事等都有重要意义。

极光为什么总在两极和两极附近发生？

极光是一种鲜艳夺目的光幕或光带，是大气的稀薄气体在太阳放射的阴极射线（电子流）影响下所发的光，因为它常常出现在两极和两极附近，故名极光。极光一般呈带状、弧状、幕状、放射状，这些形状有时稳定有时作连续性变化。极光下边界的高度，离地面不到 100 千米，极大发光处的高度 110 千米左右，正常的最高边界为 300 千米左右，在极端情况下可达 1000 千米以上。

地球是一个大磁体。在它的周围有磁场，两极附近有磁南极和磁北极。当太阳放射的阴极射线进入地球磁场时，地磁场就迫使阴极射线偏向地磁的两极，所以极光总在两极和两极附近发生。在离磁极 25° ~ 30° 的范围内，这个区域称为极光区。在地磁纬度 45° ~ 60° 之间的区域称为弱极光区，地磁纬度低于 45° 的区域称为微极光区。根据近年来关于极光分布情况的研究，极光区的形状不是以地磁极为中心的圆环状，而是更像卵形。

美国阿拉斯加州北极光

极光的光谱线范围为 3100 ~ 6700 埃，其中最重要的谱线是 5577 埃的氧原子绿线，称为极光绿线。早在 2000 多年前，中国就开始观测极光，有着丰富的极光记录。

太阳、地面和大气辐射属于短波还是长波？

自然界中的一切物体，只要温度在绝对温度零度以上，都以电磁波的形式时刻不停地向外传送热量，这种传送能量的方式称为辐射。自然界的各种物体，向外辐射的波长与其温度成反比，一般温度愈高其最强辐射的波长愈短，温度愈低辐射的波长愈长。

太阳的光球表面温度约6000开尔文，太阳辐射中有一半的能量分布在0.4~0.76微米的可见光区，其余一半大多在近红外区，少量在紫外区。太阳辐射能量的绝大部分（99.9%以上）在0.15~4微米波段之间。辐射最强的波长为0.475微米。与地球的辐射相比，太阳辐射的波长短得多，故把太阳辐射称为短波辐射。

地球表面的平均温度为300开尔文，对流层大气的平均温度为250开尔文。在这样温度条件下，地面辐射能主要集中在4~80微米的波长范围内，对流层中大气的辐射能主要集中在3~120微米的波长范围内，都是不能直接看见的红外辐射，地面和大气辐射的波长比太阳辐射的波长要长得多，故把地面和大气的辐射称为长波辐射。

人类生存环境中大气起到怎样的作用？

地球有着圈层的结构，分别为大气圈、水圈、生物圈、岩石圈。在这些圈层中，大气圈属最外层。厚厚的大气圈包围着我们居住的地球。正因为有了大气圈，才使得万物生长。大气在地球环境中的作用可归纳以下五点：

（1）氧是人类和一切生物维持生命活动所必需的物质。绿色植物进行光合作用，从大气中吸收二氧化碳放出氧气，制造有机质。生物进行呼吸作用，从大气中吸收氧气排出二氧化碳，周而复始，循环无终。因此可以说没有大气就没有人类和一切生物。

（2）大气对地球上人类和生物起着很好的保护作用。臭氧能大量吸收太阳光中的紫外线，使人类和生物免受大量紫外线的伤害，穿透大气到达地面的少量紫外线正起到杀菌消毒的作用；大气对地面又有一定保温作用，使地表热量不致过分散失；也使地表温度变化缓和，不致像月球的温度那样骤然升高或降低；大气又是防护来自宇宙空间物质撞击的屏障，使星际物质与大气摩擦燃烧化成灰烬。

（3）大气中的尘埃可做凝结核，使水汽凝云致雨，地表水再蒸发送还大气，水分循环，往复不止。如果没有大气，地球上的水很快就会蒸发掉而不循环往复。

（4）大气中的云层和尘埃、空气分子等，对阳光有反射、散射作用，使地表不致突然变亮和变暗。早晨黎明、傍晚黑夜均有一段过渡时间。阴雨天气，楼房屋内，虽阳光不能直接照射到，但仍有一定亮度，均归功于大气对阳光的反射、散射作用。

基本小知识

臭 氧

臭氧是氧气的同素异形体，在常温下，它是一种有特殊臭味的淡蓝色气体。臭氧主要存在于距地球表面20公里的同温层下部的臭氧层中，含量约50ppm。它吸收对人体有害的短波紫外线，防止其到达地球。O_2经紫外光照射而得。大气中约有90%的臭氧存在于离地面15～50公里之间的区域，也就是平流层，在平流层的较低层，即离地面20～30公里处，为臭氧浓度最高之区域，是为臭氧层，臭氧层具有吸收太阳光中大部分的紫外线，以屏蔽地球表面生物，不受紫外线侵害之功能。

（5）大气的作用是形成地表水热状况的基本因素之一。水热状况决定着一定范围内的气候特征。而一个地区的气候特征，又直接影响着该区的水文、地貌、土壤和生物状况。这些状况对于气候又有反作用。它们所构成的自然环境，是一个统一的整体，又有着辩证统一的关系。地球上这种辩证统一的自然环境，正适合人类和一切生物的生存。

什么是大气污染？

地球周围的大气，通常是由多种气体组成的混合物，同时还有水汽和微粒，通常我们把这些由多种气体组成的混合物，称为干洁空气，也就是我们所说的清洁空气，或是新鲜的空气。

在清洁的大气中，也常含有固体和液体的微粒，但由于含量极少，对人类和环境没有什么影响，一般不作为大气的正常成分。如果大气中出现通常没有或很少的物质，它的数量、浓度和在大气中滞留的时间，足以影响到人体健康或动植物的生存时，那么大气就被这种微粒污染了。

实际上，我们周围的大气，既是人类赖以生存的氧的来源，又是人类活动过程中排入各种废气的稀释场所。然而，我们也知道大气不是无限的，它只存在于地球表面至高空百千米的范围内，它的总重量约为6000万吨，而且它的总量的95%集中于距地球表面十几千米的范围内，离地面越高，大气就越稀薄。由于大气的稀释，除大气本身的成分外，所含污染物是极其微小的。但是，污染物并不是与整个大气均匀地混合，所以，有的区域污染含量就很高，有的区域相对要少得多。如果污染物以十八亿分之几出现时，人们往往意识不到；若浓度以百万分之几出现时，我们的身体就会感到不适了。

所谓大气污染，就是指散播在大气中的有害气体及颗粒物质，积累到大气自净过程中稀释、沉降等作用已不能再降低的浓度，在持续时间内有害于生物及非生物的现象。

大气由于本身的特征，区别于其他污染，有这样三个特征：

(1) 大气的总量是巨大的，其中污染物的存在相对来讲是极微小的，因此给污染物的测定带来了一定的困难；

(2) 大气中的污染物，由于大气的运动，如风的影响，所以它是随着时间、空间、气象条件的变化而变化的；

(3) 由于太阳光的照射，促使进入大气的某些污染物质产生光化学反应。

广角镜

格陵兰

格陵兰大部分位于世界上第一大岛屿——格陵兰岛上，面积2166086平方公里，大约81%都被冰雪覆盖。“格陵兰”的意思为“绿色土地”，曾是丹麦王国的海外属地与王国内的自治体，并在2008年的公投后决定逐渐走向独立之途，并在2009年正式改制，成为一个内政独立但外交、国防与财政相关事务仍委由丹麦代管的过渡政体。格陵兰全境大部分处在北极圈内，气候寒冷。隔海峡与加拿大和冰岛两国相望。

什么是温室效应?

目前，大气中含有0.031%的二氧化碳。在很长一段历史时期中，地球大气中二氧化碳的含量是相对稳定的。这是因为，一方面生物的呼吸、生物遗体的腐烂，尤其是燃料（煤、石油和天然气等）的燃烧都向大气中释放二氧化碳。另一方面绿色植物的光合作用和海水的溶解作用消耗着大气中的二氧化碳。如果没有人类活动的干预，二氧化碳在大气中的含量完全能够保持动态平衡。

大气中的二氧化碳能使太阳的短波辐射透过，但却阻挡地面长波辐射回散到宇宙空间去，这样就对地球起到了增温作用，称为温室效应。

由于世界人口迅速增加，工业飞速发展，人们大量砍伐森林，化石燃料的消耗以惊人的速度增长，导致二氧化碳的浓度直线上升。估计到21世纪中叶，大气中的二氧化碳含量将增加1倍，温室效应将大大加强。这是一个危险的信号。据专家预测，地球中纬度地区的温度将因此而提高2℃～3℃，两极地区将提高5℃～10℃。这将导致北美格陵兰与南极冰盖的融化，加上其他高山冰川的消融，全球的海平面将逐步上升。测量表明，在过去的100多年间，海平面已经上升了大约12厘米。据估计，在今后40～50年海平面将上升20～40厘米。

为什么晴天的天空呈蔚蓝色?

学校教材中有“在太阳辐射的可见光中，波长较短的蓝色光最容易被散射，所以晴朗的天空呈现蔚蓝色”，这一句话应怎样理解呢?

（1）太阳辐射以空气分子和尘埃等质点为中心，产生散射，而散射质点微粒有大小之分。例如，晴天大气干净，质点小，阴天大气水汽多，质点大。

质点的大小，对散射有着不同的影响。

（2）太阳辐射的可见光，因波长的长短不同，其透射力有所差异。如波长较长的红色光透射力最大，其次是橙、黄色光，它们能较顺利地透过大气中的微粒射向地面；如波长较短的紫、蓝色光透射力差，它们容易被悬浮在大气中的微粒向四面八方散射。

（3）晴天大气质点小的时候，透射力强的红、橙、黄色光直接射向地面，只有透射力差的蓝、紫色光被散射向四面八方，所以天空呈现蔚蓝色。阴天大气浑浊时大气质点大，不管波长是较长还是较短，通通被散射，所以天空呈现灰白色，而不是蔚蓝色了。

为什么白天（夜间）多云，气温比晴天低（高）？

云是飘拂在空中，由尘埃微粒为凝结核所形成的无数小水滴、小冰晶，或两者混合组成的聚合体，一般高度在1000～5000米以上。云对太阳辐射有反射作用，云层愈厚愈密，反射作用愈强。当白天是阴天多云时，由于云层对太阳辐射的反射作用，特别是冰晶对太阳辐射的反射作用很强，云层将太阳对地球辐射的热量中的一部分反射到了宇宙空间，大大削弱了太阳对地球辐射的热量。因此白天多云时，近地面的气温没有晴天时获得的太阳热量多，所以气温比晴天低。

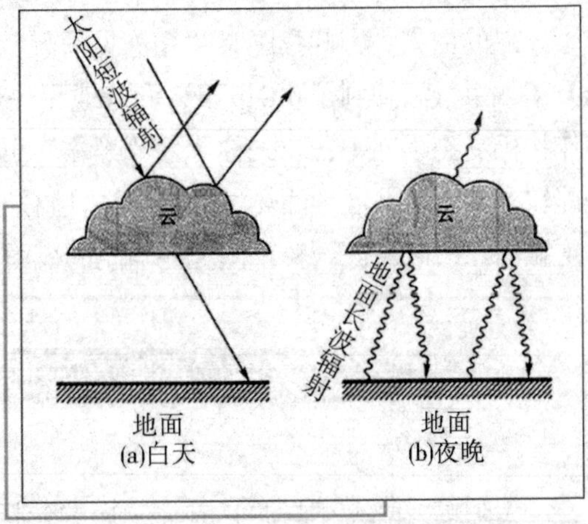

云层对辐射的作用

夜间，地表已受不到太阳辐射，不能直接获得太阳热量，而是地面向空中辐射热量，在晴朗无云的夜晚，地面辐射的热量快，获得大气逆辐射的热量很少，地面得不到逆辐射热量的补偿，使气温迅速下降，所以气温低。在阴天有云的夜晚，云中的尘埃和水汽能大量吸收地面的长波辐射，同时又以逆辐射的方式把一部热量辐射到地面，而且云层愈浓、愈厚、愈低，逆辐射愈强，对地面热量补偿越多，使地面降温幅度愈小，所以近地面气温高，降温慢。因此，夜间多云时，气温比晴天高。

在中纬度地区，深秋至第二年早春季节，霜冻为什么多出现在晴朗的夜里？

在中纬度地区，深秋至第二年早春季节，正是冬季开始前和结束后的时间，夜间的气温一般能降低至0℃以下。在晴朗的夜间，因为无云，地面热量散发很快，在前半夜由于地面白天储存热量较多，气温一般不易降到0℃以下。特别是到了后半夜和黎明前，地面散发的热量已很多，而获得大气辐射补偿的热量很少，气温下降很快，当气温下降0℃以下时，近地面空气中的水汽附着在地面的土块、石块、树叶、草木、低房的瓦片等物体上，就凝结成了冰晶的白霜。因此我国有“霜冻见晴天”的农谚。

如果气温降到了0℃以下，而近地面缺少水汽，就凝结不成白霜了，但农作物仍受到了冻害，农民称此为“黑霜”。如夜间阴天多云，云的逆辐射作用能较多地不断补偿地面热量的损失，气温则不易降到0℃以下，因此就不会出现霜冻。所以霜冻一般都出现在晴朗的夜里。

一天中最高温为何出现在午后2时左右？

太阳辐射能大小与波长有关。短波包括紫外光与可见光，仅可见光一项占太阳辐射总能的50%。长波——红外光占43%。而且温高物体辐射时最强部分波长愈短；温低物体辐射时最强部分波长愈长，因此得出“太阳辐射为短波辐射，地面辐射相对太阳而言为长波辐射”的结论。

那么，太阳辐射发生时，大气对其吸收的状况如何？答案是具有很强的选择性（平流层的臭氧只吸收紫外线，对流层中的二氧化碳、水汽只吸收红外线）。那么还有50%的太阳辐射能到哪儿去了？原来，由于大气层中物质对其吸收得极少，使之顺利穿过大气层到达地面，被地面吸收了。最接近地面的是大气层中的对流层，而对流层中主要成分是二氧化碳、水汽，而二氧化碳和水汽的功能之一是能大量吸收长波辐射（红外线即是）。而不擅长吸收短波辐射。因此，太阳并不能直接使大气迅速增温。

趣味点击

红外线

红外线是波长介乎微波与可见光之间的电磁波波长在770纳米至1毫米之间，是波长比红光长的非可见光。覆盖室温下物体所发出的热辐射的波段。透过云雾能力比可见光强。在通讯、探测、医疗、军事等方面有广泛的用途。俗称红外光。

知识小链接

散　射

当传播中的辐射，像光波、音波、电磁波或粒子，在通过局部性的位势时，由于受到位势的作用，必须改变其直线轨迹，这一物理过程，称为散射。这局部性位势称为散射体，或散射中心。局部性位势各式各样的种类，无法尽列。例如，粒子、气泡、液珠、液体密度涨落、晶体缺陷、粗糙表面等等。在传播的波动或移动的粒子的路径中，这些特别的局部性位势所造成的效应，都可以放在散射理论的框架里来描述。

地面吸收了太阳辐射之后，具有将其转化为长波辐射的能力，所以地面放出的辐射为长波辐射。由于二氧化碳和水汽具有吸收长波辐射的能力，故而能将地面放射出的热能大量吸收去。当然，这只是理想的模式。完全没有考虑反射、散射、逆辐射等等因素。因此我们得出结论说，大气对太阳辐射几乎是透明的，地面才是大气的主要的直接热源。而太阳供给地面热能最大值虽在正午12时，但地面将其转为长波辐射再转送给大气需要一个过程，大约历时2小时，因此，一天中气温最大值不是正午，而是午后2时左右了。据此类推，一年中大陆最热月不在6月，推迟1—2月；海洋因热容量比陆地大，还要推迟一段时间。

为何地球表面温度的昼夜变化柔和？

月球表面因没有大气，白天在阳光直射的地方，温度可达121℃，夜晚则降到-183℃，昼夜温差很大，可达300℃以上，温度变化剧烈。而地球表面有一层2000~3000千米的大气圈层，大气对地球具有削弱太阳辐射的作用，也有温室一样的保温作用。

白天太阳对地球的辐射通过大气层时，由于大气对太阳辐射的吸收、反射和散射等的削弱作用，使太阳对地球表面的辐射大约削弱了二分之一，地球表面大约能吸收太阳对地球辐射量的47%。因此地球表面温度上升没有月面快，也没有月面高。地表极端最高温：非洲利比亚的阿济济耶为58℃，亚洲伊拉克的巴士拉为58.8℃。

夜间在地表受不到太阳辐射的情况下，地球表面向空中进行长波辐射，而大气中的水汽、二氧化碳、臭氧都能强烈地吸收长波辐射，所以地面的辐射大部分被大气吸收。同时大气又以逆辐射的形式向地表辐射，在一定程度上又补偿了地面辐射损失的热量，大气对地球表面起了保温的温室作用，使地球表面在夜间降温缓慢。地球表面极端最低温是1967年挪威科学家在南极点附近测得-94.5℃的纪录。

地球上的最高、高低气温都没有月球上高。在昼夜温差方面，世界上温差大的沙漠地区，昼夜温差一般在50℃以上，远不及月球上300℃以上的日较差。地球上的大气，白天对太阳辐射有削弱作用，使升温平稳；夜间对地球有保温作用，使降温缓慢。由于地球大气对地球表面温度起着调节和保护作用，所以地球表面温度的昼夜变化不像无大气的月球那样剧烈。

为什么炎热中心在北纬20°~30°的沙漠地区？

一般理解赤道地区接受太阳辐射最多，应该是最炎热的地区。但是赤道附近云量多，而云层对太阳辐射有很强的反射和散射，也就削弱了到达地面的太阳辐射，再加上赤道附近陆地面积小，海洋面积广大（水的比热较大）。因此，炎热中心不在赤道，而在北纬20°～30°的沙漠地区，主要是撒哈拉沙漠和阿拉伯沙漠。原因如下：

（1）北纬20°～30°沙漠地区的炎热天气出现在7月份，此时太阳直射北回归线附近，加上这个地区天气晴朗，强烈的太阳辐射被地面吸收，成为炎热天气的热源。

（2）北纬20°～30°地区正处于副热带高压控制下，盛行下沉气流。造成天气晴朗干旱，又有气流下沉增温，故出现高温天气。

（3）北纬20°～30°的沙漠地区，遍布戈壁、沙丘，在强烈的太阳辐射下，增温迅速，沙漠向深层导热的能力又很差，促使沙漠表层达到很高的温度，并不断向大气输送，使大气强烈增温。

另外，北半球的陆地面积比南半球大，亚、非、欧三大洲紧邻，面积广大，东北信风特别干燥，非洲大陆又缺少半岛和海湾，广大内陆得不到海洋湿润空气的调节，加剧了炎热的程度。

你知道吗

什么是北回归线？

北回归线是太阳在北半球能够直射到的离赤道最远的位置，其纬度值为黄赤交角，是一条纬线，大约在北纬23.5°。每年夏至日，太阳直射点在北半球的纬度达到最大，此时正是北半球的盛夏，此后太阳直射点逐渐南移，并始终在北纬23.5°附近和南纬23.5°附近的两个纬度圈之间周而复始地循环移动。因此，把这两个纬度圈分别称为北回归线与南回归线。

什么叫作大气压力？

气压指大气的压强，即单位面积上所承受的压力。某地的气压值等于该地单位面积垂直向上，延伸到大气层顶的空气柱的总重量。气压的单位可用毫米水银柱高度来表示，气象上常用毫巴来度量。一毫巴约等于$\frac{3}{4}$毫米水银柱高的压力。地面气压一般在1000毫巴左右。

气象上规定，把温度为0℃、纬度为45°的海平面作为标准情况时的气压，称为1个大气压，其值为760毫米水银柱高，或相当于1013.25毫巴。很久以前，人们以为空气是没有重量的。直到1634年，意大利科学家托里拆利测出了气压值。当时曾做了这样的实验：把一根一端封闭、长91厘米的玻璃管装满水银，然后倒转过来，把开口的一端插在盛有水银的槽子里。如果大气没有重量，这时管中的水银将会全部流进水银槽里。事实并非如此，这时只有少量的水银由管中流到槽内，而大部分仍留在管中，用尺去量，留下的高度约为76厘米。

由于玻璃管封闭的一端形成了真空，它是没有重量的。那么是什么力量使得水银柱维持在76厘米高度呢？托里拆利认为，玻璃管中水银所停的这个高度，是被作用在容器水银面上的大气重量平衡所致。水银密度约13.6克/厘米，重力加速度约981厘米/秒，于是可算出3276厘米水银柱高的大气压力相当于1013毫巴。我们来计算一下一个人在地面上受到的大气总压力，一个中等身材的人的身体表面积约等于15000平方厘米，这样他所承受的总压力将达15吨之多。也许你难以置信，但事实的确如此。我们之所以感觉不到有这样大的压力，是因为空气压力不单单从体外，而且也从体内作用到我们的身体上。如果外部气压减低得多，则人体内部的空气就要膨胀，这时人会感到晕眩，血管也易破裂，这就是现代高空飞机采用密封舱的原因。

基本小知识

血 管

血管是生物运送血液的管道，依运输方向可分为动脉、静脉与微血管。动脉从心脏将血液带至身体组织，静脉将血液自组织间带回心脏，微血管则连接动脉与静脉，是血液与组织间物质交换的主要场所。各种生物拥有的血管形态各不相同。开放式循环生物，如昆虫，只有动脉。血液自动脉流出直接接触身体组织，再由心脏上的开孔回收血液。闭锁式循环生物，如哺乳类、鸟类、爬虫类、鱼类，则由动脉连接微血管再接至静脉，最后回归心脏。

现在气象台站测量气压常用的水银气压表，就是根据托里拆利实验原理制作的。不过增加了一些装置，使读数更加精确，其误差在±0.1毫米水银柱高的范围内。空气是可压缩的。处在最低层的地面空气密度最大，愈往高处，密度愈小，气压也愈低。气压随高度减少得很快。地面气压值为 1013 毫巴。到了 6 千米高度，气压降到 472 毫巴。10 千米处气压降到 264 毫巴。30 千米处，气压值为 11.52 毫巴。世界气象组织决定，今后气压单位既可用“毫巴”，也可用“百帕”，两者暂时并用，最后统一使用“百帕”。简写符号 hpa，即 100 个帕等于 1 毫巴。

什么叫作大气温度？

大气温度是表示空气冷热程度的物理量。温度常与热量联系在一起，但热量与温度却是两个完全不同的概念。热是能量，而温度是一种量度。一支火柴的火焰，会把手指灼痛，说明它的温度很高。但是当用手去摸冬季取暖的散热片却不致于被烫伤。点燃火柴的温度虽然比散热片高，但火柴提供给房间的热量却比散热片少得多。所以可把温度比作测速计的读数。

用来测量温度的仪器叫作温度表。最简单的温度表是根据液体热胀冷缩的原理制作的。我们平常用的和医用的温度表制作比较简单。将一定量的液体（水银或酒精）密封在管径均匀、下端呈球形、内抽真空的玻璃毛细管之中，因管子内径极细，故温度有微小变化，液柱高度就有明显的升降。把这种温度表放在结冰的水中，将此时的液柱高度定为 0℃，再把它放在沸腾的水中（一个大气压），将这时的液柱高度定为 100℃，其间刻成 100 等分，即为我们常用的摄氏温标，记作“℃”。如果将水的冰点定为 32℃，沸点定为 212℃，中间划成 180 等分，这就是欧美常用的华氏温标，记作“℉”。

科学上常用一种开氏温标，又称绝对温标，记作“K”，它的零度等于 -273.18℃，使用时，常取其近似值 -273℃。摄氏温标与绝对温标的换算关系为：C = K - 273。除了液体温度表外，还有材料制作的温度表，如金属片温度表、电阻温度表等等。

气压带和风带对降水有什么影响？

降水需要两个必要条件：大气中的尘埃与水汽。大气运动的方向是形成降水的重要因素，大气从高温区向低温区运动，水汽凝结成的水滴增大增多，故降水多。大气从低温区向高温区运动，大气中的水滴因蒸发汽化加强，水滴变小减少，故降水少。

全球各地都处在不同的气压带和风带所控制的大气环流运动之中。因此降水的一般规律是：低气压带控制的地区，都是上升气流，空气是由下部高温区向上部低温区运动，水汽易凝结，所以降水多。因此赤道低气压带和副极地低气压带地区，一般都是降水多的地区。高气压带控制的地区，一般都是下降气流，空气是从高空低温区向下部高温区运动，水滴易汽化，所以降水少。因此在副热带高压地区，除了因海陆热力性质差异很大形成的季风地区以外，一般降水少，极地高气压区降水也少。

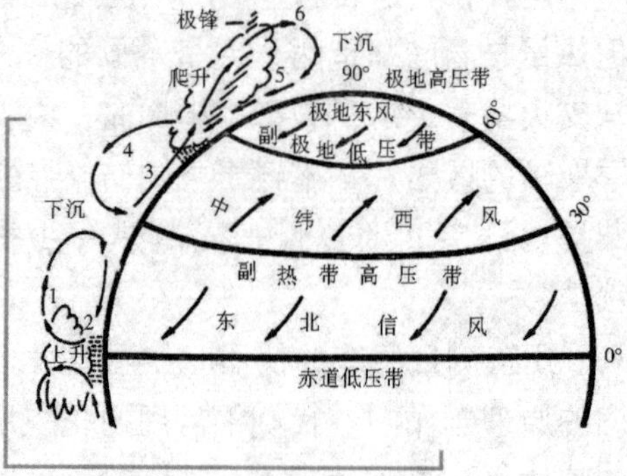

气压带和风带对降水的影响

在风带中，信风带和东风带地区降水少，因信风和东风都是从高纬度低温区向低纬度高温区流动的，水滴易汽化，所以不易形成降水。但是如果信风或东风经过海洋暖流上空，把水汽吹到陆地上，遇到地势高的地区被抬升降温凝结也能形成丰富的降水。西风带中的西风，是从低纬度高温区向高纬度低温区流动的，水汽易凝结，所以降水多。

赤道北侧降水量为什么比南侧多？

赤道北侧从赤道到北纬10°地区降水量为1000～1750毫米，赤道南侧从赤道到南纬10°地区降水量为1000～1500毫米，赤道北侧降水量多于南侧。赤道地带因受赤道低气压带控制，是全球降水丰富的地带。每年春分日和秋分日时，赤道低气压带大致位于赤道至南北纬5°之间，又因地处东北信风和东南信风在此辐合上升，风力微弱，所以也称赤道辐合带、赤道无风带。由于太阳直射点的南北移动，赤道辐合带的位置也随着气压带和风带作季节性的南北移动。它移动的幅度与南、北半球气压系统的分布和强度有关，而气压系统的状况主要是受气温变化的影响。

7月份，赤道辐合带位于赤道以北，南半球的东南信风北移越过赤道，在地转偏向力的作用下偏转成西南风，这时的赤道辐合带由北半球的东北信风和越过赤道偏转为西南风辐合而成。由于北半球陆地面积广大，夏季增温强烈，在南亚形成约996百帕的热低压中心，这时南半球为冬季，在澳大利亚大陆形成约1020百帕高压区，气压梯度力增大，更加强了越过赤道的西南风的势力，使赤道辐合带向北推移到赤道与北纬12°～15°之间。赤道辐合带向北移动幅度大，控制范围广，因此降水量多。

1月份，赤道辐合带移向赤道以南，这时北半球的东北信风向南越过赤道，在地转偏向力作用下偏转为西北风，与南半球的东南信风辐合上升，形成赤道辐合带。由于南半球陆地面积小，海洋面积大，吸收太阳能量的热容量大，夏季增温慢，在澳大利亚大陆形成了1006百帕的热低压中心。与北半球相比，西北风形成的梯度力小，赤道辐合带向南移动幅度小，大致位于赤道与南纬5°附近之间地区，控制的地区范围比北半球小，所以降水量较少。因此由赤道辐合带所形成的降水量，赤道北侧多于赤道南侧。

知识小链接

降水量

降水量是一定时间内，降落到水平面上，假定无渗漏，不流失，也不蒸发，累积起来的水的深度，是衡量一个地区降水多少的数据。其单位是毫米，符号是mm。常用年降水量来描述该地气候，是除气候类型之外的一个重要指标，并用等降水量线来划分各个干湿区域。

信风、西风、极地东风和季风的成因有何不同与联系?

信风、西风、极地东风统称为行星风系。行星风系是在不考虑海陆和地形影响的前提下，对全球大范围地区的低层盛行风带的总称。行星风系成因：

(1) 热力作用。由于太阳辐射在地表分配的不均匀，从而使地表接受太阳辐射的多少，一般随纬度的高低而不同。这就使各地气压的高低也不一样。空气从高气压带向低气压带流动，于是形成了风。

(2) 动力作用。由于地转偏向力的存在，使空气在气压梯度力的作用下产生的风，在南半球向左偏，北半球向右偏。结果形成偏东风和偏西风。

季风是大范围盛行风向随季节有显著变化的风。其成因有：

(1) 热力作用。季风主要是由于海、陆面温度对比季节变化所致。夏季，大陆气温高于海洋，低层气压相应较低，风由海洋吹向大陆。冬季，大陆气温低于海洋，低层气压相应较高，风由大陆吹向海洋。

(2) 行星风系季节性位移的作用。由于太阳直射点的南北移动，致使气压带也随之移动。各气压带之间的风带也就相应产生位移。这种位移的产生，在季风的成因中对热带季风的形成起显著作用，如南亚热带季风。冬季，亚洲大陆低温形成高压区，高压区南部则有从陆地吹向海洋的东北季风或东北信风；夏季，南亚地区持续高温，在印度北部产生的低气压中心，强烈吸引着南半球的东南信风越过赤道，发生右偏而形成西南季风，风由海洋吹向大陆。这种风向的季节性变换，是在行星风系季节性位移作用下产生的。

行星风系和季风在成因上的不同和联系：

(1) 行星风系和季风都是在空气受热不均而产生的气压差（气压梯度）的作用下形成的。行星风系是高低纬之间的差异而形成的，季风则是海陆间的差异而形成的。

(2) 行星风系和季风都受地转偏向力的影响，由于行星风系的规模远大于季风，故所受影响也远大于季风。行星风系属全球规模的风系，季风则属区域性的风系。

(3) 行星风系的季节性位移，是热带季风的成因之一。

洋流的形成和分布规律是怎样的？

洋流，也叫海流，是海洋表层的水，以巨大的规模、相对稳定的速度，缓慢地沿着一定的方向有规律地不断地流动形成的。洋流形成的主要原因是海面受长期而稳定的风向吹送形成的，还与各地海水的密度、海面的高低、地球自转偏向力和陆地轮廓、岛屿的分布等有关。各洋流的分布和流动的方向虽复杂却有规律可循。

（1）在赤道至南北纬 40°或 60°之间，形成一低纬度环流，其流向在北半球呈顺时针方向，南半球呈逆时针方向。每个环流的西部都是暖流，东部都是寒流。

（2）在北纬 40°或 60°以北形成一高纬环流。其环流方向为逆时针方向，环流西部为寒流，东部为暖流。

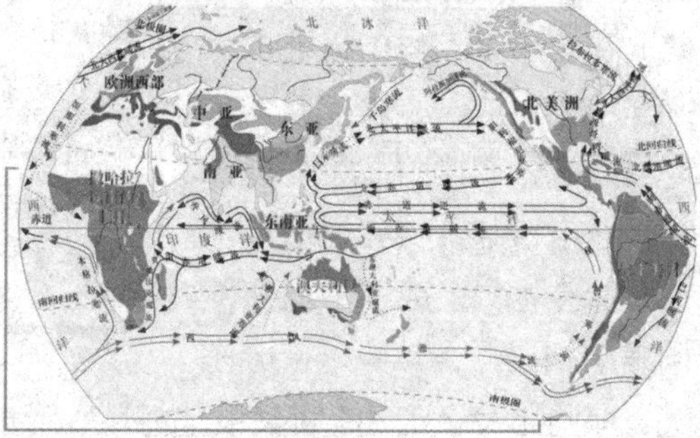

世界洋流分布图

（3）赤道以北的北印度洋，因位于北回归线以南属季风洋流。冬季吹东北季风，表层海水向西流，洋流呈逆时针方向流动；夏季吹西南季风，表层海水向东流，洋流呈顺时针方向流动。

（4）东西方向流动的洋流，除南半球的西风漂流外，都具暖流性质。洋流对大陆沿岸气候有很大影响，寒流经过的地区对气候有降温、减湿的影响；而暖流则对沿途气候有增温、增湿的作用。

太平洋完整的洋流系统是怎样分布的？

太平洋的洋流多而复杂，形成的环流系统在各大洋中是最完整的。在盛行风系、邻近大陆的海岸轮廓、岛屿分布及地转偏向力的影响下，在赤道至南北纬40°左右的范围内，南北各形成一个完整的环流系统。北部为顺时针环流，由北赤道暖流、日本暖流（黑潮）、北太平洋暖流和加利福尼亚寒流组成；南部为逆时针环流，由南赤道暖流、东澳大利亚暖流、西风漂流和秘鲁寒流组成。这一环流系统因位于中纬度，水温较高，所以称为暖水环流系统。在北纬40°～50°以北的太平洋中又形成一个较完整的逆时针环流，由阿拉斯加暖流（阿留申暖流）与千岛寒流（又称亲潮）组成，千岛寒流同黑潮相遇后，其中一部分东流，随同北太平洋暖流回到极地海域，形成一个水温较低的寒水环流系统。在南纬50°以南直到南极大陆的高纬地区，因无陆地阻挡，故西风漂流横贯太平洋、大西洋和印度洋南部，形成全球性的西风环流。

广角镜

黑　潮

黑潮，又称日本暖流，是太平洋洋流的一环，为全球第二大洋流，只居于墨西哥湾暖流之后。自菲律宾开始，穿过台湾东部海域，沿着日本往东北向流，在与亲潮相遇后汇入东向的北太平洋洋流。黑潮将来自热带的温暖海水带往寒冷的北极海域，将冰冷的极地海水温暖成适合生命生存的温度。黑潮得名于其较其他正常海水的颜色深，这是由于黑潮内所含的杂质和营养盐较少，阳光穿透过水的表面后，较少被反射回水面。

暖流、寒流分别是指什么?

暖流和寒流是两种不同性质的洋流。

凡流动的洋流，海水温度比经过的海区水温高的称为暖流，一般从较低纬度流向较高纬度的洋流皆属暖流。暖流流经的海区和沿海地带，一般较同纬度其他海区气温高、空气湿润、雨量充沛，有利于农业生产。

凡流动的洋流，海水温度比经过海区海水温度低的称寒流，一般从较高纬度流向较低纬度的海流皆属寒流。寒流会使流经海区和沿海地带的气温降低、降水减少。东西方向流动的洋流，一般属暖流性质，唯有南半球的西风漂流，由于受南极大陆及海上浮冰的影响，海水温度较低，属寒流性质。

反气旋型大洋环流系统中，大洋东西两侧的洋流是怎样形成的?

反气旋型大洋环流系统中的大陆东岸（大洋西部）的暖流和大陆西岸（大洋东部）的寒流，是几种因素共同作用的结果。

首先，是陆地的阻挡及其形态，使由于风力作用形成的赤道暖流和西风漂流转向为南北方向。

其次，地偏力的作用使这种转向更为明显。

再次，在接近西风漂流（赤道暖流）的海区对西风漂流（赤道暖流）有明显的补偿作用，终于导致形成了这支洋流。

因此，它不是单一因素作用形成的。其中的墨西哥湾暖流则由于不仅有北赤道暖流，还有因南美东部三角形陆地形状造成的南赤道暖流分来的一部分加入，因而形成世界上势力最强、规模最大的洋流。

什么是补偿流?

补偿流是由风力和密度差异而产生的洋流，使出发海区的海水减少，而由相邻海区的海水来补充而形成。在世界大洋洋流中，补偿流包括以下几种：

（1）赤道逆流是一种补偿流。由于信风作用，在南北半球低纬地区形成了自东向西的赤道暖流。赤道暖流自东向西在赤道两侧流去，相邻的赤道海区的海水必然要去补充，结果就形成了自西向东的赤道逆流，显然它是一种水平的补偿流。

（2）反气旋型大洋环流系统中，位于环流东南（南半球则为东北）的寒流和位于环流西北部（南半球则为西南）的暖流，也是补偿流。位于东南部的寒流如加利福尼亚寒流的南段，正处在北赤道暖流的相邻海区，为补偿北赤道暖流而形成；如位于西北部的如日本暖流的北部，处于北太平洋暖流的相邻海区，对由西风吹送形成的北太平洋暖流补充形成补偿流。

(3) 秘鲁寒流中位于秘鲁附近海区的是补偿流中的上升流。这里的表层海水受东南风的影响被吹走，造成底层海水和表层海水间的密度差异，底层海水因此上升形成上升补偿流。同样道理，直布罗陀海峡口西侧大西洋中，表层海水由于密度差异从西向东进入地中海，底层海水上升补偿形成补偿流。而峡口东侧地中海中，由于表层海水温度低、盐度大，海水密度大，而底层相对密度小，致使海水下沉形成下降密度流。

(4) 从北冰洋经白令海峡、格陵兰岛东西两侧向南流入太平洋、大西洋的洋流也是补偿流。北冰洋四周被亚欧大陆、北美大陆环绕，陆上众多的河流注入北冰洋，提高了北冰洋的水位，并形成了和太平洋、大西洋的水位差，致使北冰洋中的海水借道白令海峡等水道向外流去，形成了北冰洋特有的洋流。

知识小链接

白令海峡

白令海峡位于亚洲最东点的杰日尼奥夫角和美洲最西点的威尔士王子角之间，西经169度0分，北纬65度30分，约85千米宽，深度在30~50米之间。这个海峡连接了楚科奇海（北冰洋的一部分）和白令海（太平洋的一部分）。它的名字来自俄国航海家的维他斯·白令，他在1728年俄国军队任职时候穿过该海峡，是第一个穿过北极圈和南极圈的人。

地中海与大西洋间下层洋流是怎样形成的?

在地中海与大西洋之间：表层，海水从大西洋流入地中海；而下层则相反，从地中海流向大西洋。表层属于密度流，那么下层属于什么洋流呢？回答是：也为密度流。

地中海位于亚热带，蒸发旺盛，因此其海面比大西洋低。这样，表层同一水平面上，大西洋的压强便高于地中海，即水平压强梯度力的方向从大西洋指向地中海。在这个力的作用下，水便从大西洋流入地中海（由于受地转偏向力的影响，实际情况略为复杂），这是表层。而在下层则正相反，水平压强梯度力的方向却从地中海指向大西洋。这是因为：在深层，地中海海水的密度比大西洋大得多（因盐分比大西洋高）。这样，下层海水便从地中海流入大西洋。固然，地中海表层的盐度和密度也略高于大西洋，但表层某一水平面上的压强主要受水位影响而密度因相差小不起主导作用。可见，无论是表层还是下层，地中海与大西洋间的洋流都是因同一水平面上压强不同而引起，都属于密度流。在地中海与大西洋内，还分别有下降流和上升流，以分别补偿地中海下层和大西洋表层海水的减少。

季风洋流与西风漂流各有何特点？

季风洋流是洋流的一种特殊形式，在季风的影响下随着季风的变化而在一年中发生两次流向相反变化的洋流。赤道以北的印度洋最典型，它位于热带季风区，夏季半年洋流在西南季风吹送下做顺时针方向流动，加强了南赤道洋流；冬季半年刮东北季风，洋流做逆时针方向流动，形成显著的赤道逆流。

西风漂流，位于南北纬40°～60°西风带的海域内，因受强大的西风推动，海水自西向东连续不断地流动而形成的洋流。在南半球，因没有大陆的阻挡，西风漂流横穿太平洋、大西洋和印度洋的南部，形成环流性质，称为西风环流。在北半球为北大西洋暖流和北太平洋暖流。

印度洋北部的季风洋流是单向流动的吗？

冬季印度洋北部在东北季风的吹送下，海水由东向西逆时针方向流动，夏季由于风向的转变，在西南季风影响下海水从西向东呈顺时针方向流动。是否由于季风关系洋流转向，洋流的流向是单向的呢？那印度洋北部的洋流流到哪儿去了？其实，印度洋北部的季风洋流和世界其他洋流系统一样，都是循环的环流系统，完全遵循物质循环运动的原理，如西风漂流是全球性的循环环流。那么季风洋流是怎样构成环流的呢？

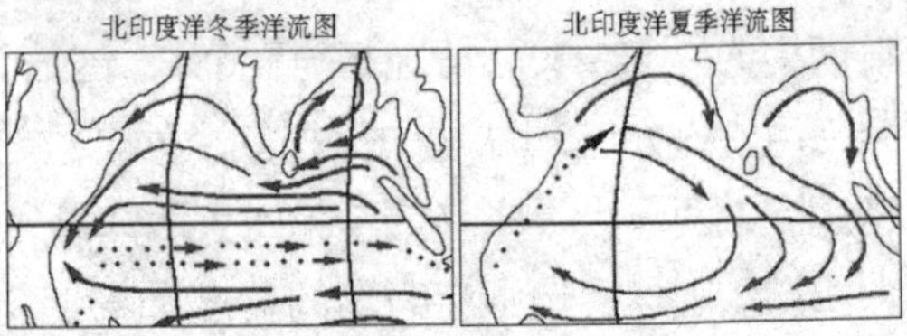

季风洋流示意图

冬季洋流在沿印度半岛、阿拉伯半岛自东向西流，在非洲东北索马里半岛沿海流动的过程中，汇入由补偿作用形成的赤道逆流中，从而形成一个完整的逆时针方向环流系统；夏季洋流，在东部受到中南半岛、苏门答腊岛陆地形状的阻挡影响，向南流，越过赤道后，由南半球地偏力的作用，汇入由信风影响而形成的南赤道暖流，向西流去，这样构成了顺时针方向的环流系统。所以无论冬季，还是夏季，印度洋北部的季风洋流并不是单向孤立的洋流，实质上也是洋流环流系统。不过，就印度洋北部而言，由于受季风影响，洋流方向表现了季节性变化，故称季风洋流。

拓展阅读

印度洋

世界的第三大洋。位于亚洲、大洋洲、非洲和南极洲之间。包括属海的面积为7411.8万平方公里，不包括属海的面积为7342.7万平方公里，约占世界海洋总面积的20%。包括属海的体积为28460.8万立方千米，不包括属海的体积为28434万立方千米。印度洋的平均深度仅次于太平洋，位居第二，包括属海的平均深度为3839.9米，不包括属海的平均深度为3872.4米。

洋流的流向和寒暖流的分布有什么规律?

◎一、洋流的流向规律

（1）在热带和副热带海区的中低纬度的洋流环流，除印度洋北部（大约南纬10°以北）为季风洋流外，在南北半球都形成了以副热带为中心的反气旋型大洋环流，在北半球呈顺时针方向流动，在南半球呈逆时针方向流动。

（2）在北半球中高纬度的洋流环流，是气旋型洋流环流，呈逆时针方向流动。

（3）南极大陆外围的西风漂流（也称西风寒流、西风环流），在南纬 40°附近的西风带内，自西向东环绕南极大陆流动。

（4）北印度洋的季风洋流，因季风影响，冬季呈逆时针方向流动，夏季呈顺时针方向流动。

◎二、寒暖流分布的规律

（1）低中纬度洋流环流的西部是暖流，东部是寒流，除西风漂流是寒流外，其他都是暖流。

（2）北半球中高纬度洋流环流，西部是寒流，东部是暖流。

（3）北印度洋的季风洋流，除夏季索马里洋流是寒流外，都是暖流。

索马里洋流为什么在夏季是寒流？

索马里洋流属于北印度洋季风洋流，其流向随着季节的变化而变化。由于索马里洋流位于季风洋流环流的西部，到了冬季索马里洋流在东北季风的影响下，从东北向西南流动，每昼夜的流速约 115 千米，因季风洋流是跨赤道流动，水温较高，所以索马里洋流在冬季属于暖流，故称索马里暖流。

到了夏季，在强劲的西南季风的影响下，索马里洋流从西南向东北流动，每昼夜流速达 115～150 千米，有时达 220 千米，使表层大量海水迅速流走，附近表层海水补偿不及，因而引起邻近索马里半岛深水海盆中的海水迅速上升补偿，上升流从深海水团补偿到表层的海水，是低盐度的冷海水，上升的冷海水不断随洋流向东北流去，因此，它虽是从低纬度流向高纬度的洋流，但洋流的温度比相邻海区海水的温度低，因此就形成了寒流，所以索马里洋流在夏季称索马里寒流。

秘鲁寒流为什么是世界上最强大的寒流？

秘鲁寒流又称洪堡德寒流，是寒流中最强大的一支。它始于南纬 45°左右，贴近南美西海岸北流直到赤道附近，洋流长3700～5500千米，宽370千米以上，流速平均0.9千米/小时。

在向北流动的过程中，由于受地转偏向力影响，加以沿岸盛行南风和东南风，表层海水向西偏离海岸，使平均深约100米的中层冷水上泛到海面，海水温度很低。年平均水温一般为14℃～16℃，比周围气温低7℃～10℃，使近岸洋面多云雾，日照弱。由于海水上泛带来了大量硝酸盐、磷酸盐等营养物质，促使浮游生物大量繁殖，为鱼类提供了丰富饵料，因此秘鲁沿海成为世界著名渔场之一。

广角镜

磷　酸

磷酸或正磷酸（H_3PO_4），是一种常见的无机酸，是中强酸。由五氧化二磷溶于热水中即可得到。正磷酸工业上用硫酸处理磷灰石即得。磷酸在空气中容易潮解。加热会失水得到焦磷酸，再进一步失水得到偏磷酸。磷酸主要用于制药、食品、肥料等工业，也可用作化学试剂。

西风漂流是怎样形成的?

海洋表层的海水，常年比较稳定地沿着一定方向做大规模地流动，叫作洋流，又叫海流。海流按其成因分类，可分为风海流、密度流和补偿流。盛行风引起的风海流，也叫漂流。由信风引起的漂流，称信风漂流；由西风引起的漂流，称西风漂流。

西风吹过海面时，西风对海面的摩擦力以及西风对海浪迎风面施加的压力，迫使海水向前移

趣味点击

阿拉斯加

阿拉斯加州是一个位于美国西北太平洋东岸的州，第四十九个加入美利坚合众国的州，它也是美国最大的州、世界最大的飞地地区。阿拉斯加州东接加拿大的育空、不列颠哥伦比亚，南邻阿拉斯加湾、太平洋，西濒白令海、白令海峡、楚科奇海，北临北冰洋。原属俄罗斯，1867年被俄国人以720万美元的价格卖给了美国。

动，便形成了西风漂流。表面海水一旦开始流动，地转偏向力和摩擦力便马上发生作用。表层洋流在风力、地转偏向力和下层海水的摩擦力取得平衡时，洋流处于稳定状态，以相等的速度向前流动，此时的洋流就是西风漂流。西风漂流，在北半球海面偏于风向之右45°，在南半球偏于风向之左45°。

西风漂流的地理分布如何？

西风漂流分布在盛行西风带海域，南、北半球各有一个盛行风带，因此在南、北半球都存在西风漂流。

从南、北两个副热带高气压带吹向副极地低气压带的风，由于地球自转偏向力的影响，北半球的南风及南半球的北风，最后都偏转成为西风（实际上南半球为西北风，北半球为西南风）。这种由南、北两个副热带高气压带吹向副极地低气压带的风叫作西风。在南、北纬40°～60°盛行西风的地带叫作西风带。在盛行西风带内的海域出现的洋流，就是西风漂流。

在北半球的西风带内，即北纬40°～60°的地带，既有太平洋和大西洋水域，也有北美洲和亚欧大陆。因此，北半球的西风漂流不能形成全球性的环流圈。在北太平洋，有北太平洋西风漂流，即北太平洋暖流。北半球的这一支西风漂流，是台湾暖流的延伸，流至太平洋的东部（西经145°处）分为两支：一支折转向北，称阿拉斯加暖流；一支折转向南，称加利福尼亚寒流。在北大西洋，有北大西洋西风漂流，即北大西洋暖流。这是北半球的又一支西风漂流，它是墨西哥湾暖流的延伸，在盛行西风吹送下，横过大西洋北部，至北40°附近分为两支：南支向南流，称为加那利寒流；北支向北流，至北纬60°附近，再分为两支，左支最后成为西格陵兰暖流，右支为这支暖流的最后部分，伸入北冰洋。

在南半球的西风带内，即南纬40°～60°的地带，全部为海洋，即南太平洋、南印度洋和南大西洋的一部分，这里风向稳定，风力强劲，海水咆哮，特称为“咆哮西风带”。在南纬40°～50°的海域，海洋宽阔，海水又深，更无大陆阻挡，海水可以作环球流动，故南半球的西风漂流又称为“西风环流”。在东经10°附近，西风漂流分出一支沿非洲西海岸北流，成为本格拉寒流；在东经90°处分出一支向澳大利亚西部流去，称西澳大利亚寒流；在西经90°附近，分出一支沿南美西海岸向北流去，成为秘鲁寒流。

西风漂流的性质是什么?

据洋流的性质可以分为比流经海区水温高的暖流和比流经海区水温低的寒流。寒、暖流的划分是以相对温度为标准的，所以寒流的实际温度不一定都比暖流低；反之，暖流的温度也不一定都比寒流高。

从较低纬度流向较高纬度的洋流，一般说比流经海区的水温高，称为暖流。太平洋、大西洋北部的西风漂流，都是从较低纬度流向较高纬度的，水温比流经海区的水温高，属暖流性质，故将其分别称为北太平洋暖流和北大西洋暖流。

南半球的西风漂流属寒流性质，这是因为：

(1) 海水温度均衡的原因。在南纬 45°以南至南极大陆海岸线之间的海域，即大多数现行世界地图所标示的太平洋、大西洋、印度洋南端一带海域，总面积 7500 万平方千米，大于北冰洋，而与印度洋相当，有人称之为南大洋。南大洋指的是南极周围的海洋区域，水温几乎均衡，即使冬夏也变化甚微，海水温度常年在 ±2℃之间。

(2) 南极大陆周围浮冰的影响。南极大陆周围漂浮在海面上的大大小小冰山，估计有 22 万座，总体积 1. 8 万立方千米。这些冰山能够在海洋上漂浮好几年，最远的可以漂流到南纬 40°附近。由于浮冰的影响，使南西风漂流流经的海区水温很低。

(3) 水体输送的方向与纬线大体平行。就总体而言，西风环流的体积输送方向与风向垂直，偏左。在南美洲东南端的海面上，因受到极地东风的吹拂，海水从较高纬度流向较低纬度，即从南极圈附近北流，水温比流经海区的水温更低，属寒流性质无可非议。其他各处西风环流的主体部分的流向是自西向东的，也就是说与纬线是平行的，加之地转偏向力左偏的缘故，还有小股漂流自南向北流。

总之，南半球的西风漂流水温很低，属寒流性质。

西风漂流有什么影响?

西风漂流同其他洋流一样也具有很大规模，是促成不同海区间，大规模水量、热量和盐量交换的主要因素。对气候状况、海洋生物、海洋沉积、交通运输等方面都有巨大影响。

(1) 影响气候。以北大西洋漂流为例，说明它对西北欧气候的影响。有人计算过，北大西洋暖流每年供给英吉利海峡1米长海岸线的热量，相当于燃烧6万吨煤的热量。这条暖流占据了北大西洋（水深300米以内）八分之七的面积。从佛罗里达海峡流出的水量是900亿吨/小时，为全部大陆径流总和的20倍。在北纬55°~70°之间，欧洲西海岸的最冷月平均气温比加拿大东岸高16℃~20℃之多。甚至在北极圈内出现了不冻港摩尔曼斯克。西欧形成年雨型的温带海洋性气候，也有北大西洋西风漂流的一份功劳。

拓展阅读

鳕 鱼

鳕鱼，又名鳘鱼，是主要食用鱼类之一。鳕鱼原产于从北欧至加拿大及美国东部的北大西洋寒冷水域。目前鳕鱼主要出产国是加拿大、冰岛、挪威及俄罗斯，日本产地主要在北海道。但由于近百年来的过度捕捞，鳕鱼已被列入濒危鱼种，捞捕量被严格限制。

(2) 影响渔场分布。世界上的四大渔场，都与寒、暖流的分布关系密切。例如，东北大西洋渔场，即北海渔场，就是北大西洋暖流与东格陵兰寒流以及挪威暖流与北极寒流的交汇地区，盛产鳕鱼、鲱鱼等，20世纪70年代以来，年产量都在1000万吨以上。

(3) 影响航海交通。在航海路线上，为了确保安全，常选择稳定的信风带航线，而不走多风暴的西风带航线，尽管可以提高时速、节约耗油量。但是，在战争中，也有出乎常人意料之外的事。如第二次世界大战中，震惊世界的珍珠港事件，日本海军就是大胆地选用了多风暴的西风带航线，因为船是顺风、顺流，出乎美军意料之外而偷袭成功的。

世界上最大的洋流是什么？

在浩瀚的大洋上，奔腾着许多条巨大的洋流。它们在风和其他动力的推动下，循着一定的路线周而复始地运动着，其规模比起陆地上的巨江大川则要大出成千上万倍。而所有的洋流中，有一条规模特别巨大，堪称洋流中的“巨人”，这就是著名的墨西哥湾暖流，简称为湾流。

湾流是大西洋热带海域中的几条洋流汇合而成的。最初，在赤道两侧有两条洋流由东向西移动，分别称为北赤道洋流和南赤道洋流。前者循小安的列斯群岛向北流去，后者在巴西东北部海域分为两股，北股称圭亚那暖流，而其主流横越加勒比海，进入美国东南部的墨西哥湾，然后便以大约每昼夜150千米的速度经佛罗里达海峡流入大西洋，被称为佛罗里达暖流。不久，它与奔腾北上的北赤道洋流汇合，共同组成举世闻名的墨西哥湾暖流。在到达加拿大东侧海域后，这股强大的洋流改称为北大西洋暖流，它借助地球偏转力，特别是盛行的西风的威力，浩浩荡荡地一直奔向遥远的巴伦支海。

湾流的规模确实非常巨大。它宽60～80千米，厚700米，总流量达到7400万～9300万立方米/秒，比世界上第二条大洋流——北太平洋上的黑潮要大将近1倍，超出陆地上所有河流总流量的80倍。若与我国的河流相比，它大约要相当于长江流量的2600倍或黄河的57000倍。

湾流的海水温度很高，盐分重，水呈深蓝色，能清晰地与其他海水区分开来。尤其是冬季，它的水温要比周围海水高出8℃以上，加上其流量极大。因而对沿途气候产生很大影响，使得等温线在北大西洋东北部非常明显地向北弯曲。它给西北欧带来的热量，按大陆岸线平均每一千米要相当于6000万吨煤炭燃烧的能量。湾流使西北欧的气温比北半球其他同纬度地区要高出16℃～20℃，沿海港口终年不冻，降水也特别丰沛；虽然已地处寒带，却展现出温带的自然风光，山坡上林木葱茏，平原上田野青绿。

广角镜

加勒比海

加勒比海是大西洋西部南北美洲之间的一个海，面积为2754000平方公里，平均水深2491米。最低点是古巴和牙买加之间的开曼海沟，深达7680米，也是世界上深度最大的陆间海。加勒比海大部分位于热带地区，是世界上最大的珊瑚礁集中地之一。西印度群岛是世界上第二大群岛，岛屿数量仅次于亚洲的马来群岛。其中古巴岛是最大的岛屿，其他还有海地岛、波多黎各岛等大陆岛，其他多数属于珊瑚岛，风景秀丽，充满热带风情。

青少年必知的地理知识

气象气候篇

QINGSHAONIAN BIZHI DE DILI ZHISHI

由于太阳辐射在地球表面分布的差异，以及海洋、陆地、山脉、森林等不同性质的下垫面在到达地表的太阳辐射的作用下所产生的物理过程不同，地球大气层“动荡不安”，这就是我们所说的气候。

气候是地球上某一地区多年时段大气的一般平均状态，是该时段各种天气过程的综合表现。气象要素（温度、降水、风等）的各种统计量（均值、极值、概率等）是表述气候的基本依据。气候与人类社会有密切关系，许多国家很早就有关于气候现象的记载。中国春秋时代用圭表测日影以确定季节，秦汉时期就有二十四节气、七十二候的完整记载。

在历史时期地球上的气候有哪些变迁？

在大理（武木）亚冰期最近一次副冰期结束后约一万年的时期，称为冰后期，即第四纪全新世，这是人类历史发展的重要时期。进入人类历史以来，气候仍然有波动，气温的升降起伏相当频繁，只是变化的幅度较小而已。实质上，这是地质时期气候冷暖交替变化的继续。冰后期的一万年中，共出现过4次温暖时期和4次寒冷时期，气候变动总的趋势是：温暖时期一个比一个短，温暖程度一个比一个低；四个寒冷时期正好相反，寒冷时间一个比一个长，寒冷程度一个比一个强。

竺可桢（1890—1974）

竺可桢教授根据考古资料和历史记载，研究了我国冰后期后半期近5000年的气候变迁。他认为，此期在我国也可以相对地分出4个温暖时期和4个寒冷时期，其特点与世界冰后期气候变动的总趋势相似。

第一个温暖时期（公元前3000年—公元前1000年，仰韶文化时代和河南安阳殷墟时代），我国黄河流域发现有象。第一个寒冷时期（公元前1000—前850年，周代初期），汉水两次结冰，之后紧接着大旱。

第二个温暖时期（公元前770—公元初年秦汉时代），象群栖息北限移到淮河流域及其以南，在公元前659—前627年，淮河流域有象栖息。第二个寒冷时期（公元初—600年，东汉、三国到六朝时代），有淮河封冻的记载（公元225年）。

第三个温暖时期（公元600—1000年，隋唐时代），只在长江以南如信安（浙江衢县）和广东、云南才有象。第三个寒冷时期（1000—1200年，南宋时代）出现了太湖封冻的情况（1111年）。1178年福州的荔枝曾全部冻死。

第四个温暖时期（1200—1300年，元朝初期），在第三个温暖时期，今河南省的博爱和陕西的西安、凤翔都设有管理竹园的竹监司，到了南宋时因气候寒冷，竹子无法生长，竹监司被取消了（凤翔除外），到了元朝初期（1268—1292年），竹监司又重新设立，说明气候又转暖。第四个寒冷时期（1400—1900年，明末至清朝时代）。17世纪是我国最寒冷时期，特别是1650—1700年为最冷，在这50年中，太湖、汉水和淮河结冰4次，洞庭湖结冰3次。江西建于唐朝的柑橘园在1654年和1676年的强烈寒冬中被完全毁掉。在近500年的第四次寒冷期中，即欧洲所谓的“现代小冰期”，温度仍有明显起伏，其中有4次较冷期（即1470—1520年，1620—1720年，1840—1890年，1945起特别是1963年以后）和三次回暖期（1550—1600年，1720—1830年，1916—1945年）。

地球上的冰期是怎么回事？

在距今200多万年前，地球上的气候逐渐进入了一个相对比较寒冷的时期，这是地质史上现在已知的第三次大寒冷时期。由于气候越来越寒冷，世界各地普遍形成了冰川。

最冷的时候，亚洲北部、欧洲北部、北美洲北部以及整个北冰洋，几乎全在大冰层覆盖下，大冰盖最厚的地方甚至超过2000～3000米。那时，在我国境内的一些主要山脉和山麓也有冰川分布。科学家估计，冰川面积最大的时候，世界大陆约有30%的面积被冰川掩盖。现在地球上冰川的面积还有将近1600万平方千米，这仅是冰

趣味点击　仰韶文化

仰韶文化是中国黄河中游地区重要的新石器时代文化，年代为公元前5000年—公元前3000年前，分布在整个黄河中游从今天的甘肃省到河南省之间，以渭水河谷为中心，范围由陕西省宝鸡市向东延伸至河南省。1922年由瑞典学者安特生在河南三门峡地区的仰韶村发现，这一发现成为中国现代考古学诞生的起始点。今天在中国已发现上千处仰韶文化的遗址，其中以陕西省为最多，是仰韶文化的中心。仰韶文化的名称来源于其第一个发掘地——河南省三门峡市渑池的仰韶村遗址。

川最盛时的三分之一左右。这样一个全球性的冰川时代，持续了100多万年，科学工作者称这个时期为第四纪大冰期。

从地球漫长的历史来看，第四纪大冰期并不是一直寒冷的，其间有过多次比较暖和的时期，有时冰川规模比今天还小。但比较起来，地球上炎热的时代比第四纪冰期中的温暖时期要长得多，因此第四纪大冰期仍旧是一个寒冷的时期。

地球上为什么会出现冰期？这个问题，至今还没有确切的解释。有些科学家从地球绕太阳运转的轨道的偏心率变化和地球自转轴对地球轨道的倾斜度的变化来解释，认为地球轨道偏心率增大和地轴对轨道垂线的倾角增大，都可能产生冰期。有的科学家从天文因素来解释，认为地球上的气候变冷，是由于太阳系在宇宙间所处的位置变化引起来的。如果太阳系通过宇宙间的寒冷部分时，地球上获得的太阳辐射较少，地球上就出现了冰期。也有的科学家从地球上两极位置的移动来加以解释，认为在地球的历史中，两极的位置并不是固定的，而是在不同时期有所不同，因此就产生地球上气候的变化。还有的科学家从大气物理现象来解释，认为在火山活动频繁的时期，大气中的二氧化碳增加，而二氧化碳是可以放热的。当火山活动减少时，空气中的二氧化碳也随之减少，地球上的气候就要变冷。也有的科学工作者从地球上构造运动来加以解释，认为地球上发生强烈的造山运动以后，形成了许多高山；由于许多地方高度增加，气温因而降低，出现了寒冷气候。

据研究，目前人类正处在第四纪大冰期之末，是一个比较温暖的时期。估计今后还会有冰期来临。不过即使出现这种情况也不可怕。地球上只有局部地区被冰雪掩盖。从整个地质时代的气候来看，最冷也不过是年平均气温比现在下降7℃~8℃。况且人类适应气候的能力是很强的，加之科学和生产水平的高度发展，对付寒冷气候是不成问题的。

近代的世界气候有哪些变化？

近代的世界气候变化是以冷暖转换和干湿交替为其主要特征的，气温的升降起伏，降水量的多少变化是相当频繁的。以温度为例，在“小冰期”之后，在1850—1940年，地球的平均气温升高0.6℃；1940—1970年，地球平均气温约下降0.3℃。

20世纪初到40年代出现世界范围的增暖现象，在北极最突出，如巴伦支海水面温度1919—1928年比1912—1918年高出8℃，因而在30年代时巴伦支海出现过许多以前根本没有过的喜热性鱼类。这种增暖现象到40年代达到顶点。此后，世界气候变冷，以北极为中心的北纬60°以北，气温愈来愈冷；进入60年代以后，高纬度地区气候变冷的趋势也很明显，如1968年冬，冰岛和格陵兰岛竟被冰块连接起来。我国气温变化的趋势，基本上和全球平均气温演变趋势一致，转折点在40年代。从40年代末开始直到现在，我国气温总的趋势是不断下降。

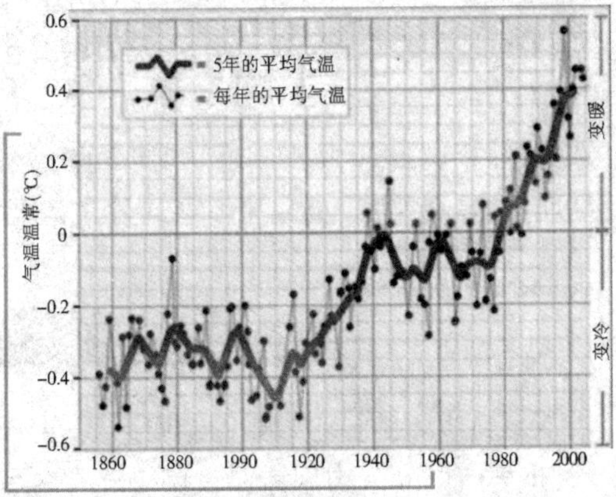

全球气温变化

未来的10年间，世界气候和过去20年的气候相比会不会有多大变化呢？答案不尽相同。在国外有些气候学家设想20世纪40年代开始的变冷趋势还会继续下去，认为目前异常气候的频繁出现是气候恶化的一种征兆，它意味着冰河期或小冰河期即将到来。但另一些气候学家则认为，由于工业高速发展，大气中二氧化碳含量不断增加，世界正进入一个迅速转暖的时期，并且推测，将出现

拓展阅读

冰　岛

冰岛共和国，北欧国家，西隔丹麦海峡与格陵兰岛相望，东临挪威海，北面格陵兰海，南界大西洋。首都雷克雅未克。地理上冰岛经常被视为是北欧五国的一员。今日的冰岛已是一个高度发展的发达国家，以及世界排名第一的人类发展指数。冰岛是联合国、北大西洋公约组织、欧洲自由贸易联盟、欧洲经济区、北欧理事会与经济合作与发展组织的会员国。

全球气温升高，中纬度地区干旱，两极冰雪融化，海平面上升和海水淹没沿海平原等现象。而我国气候学家根据历史气候变化规律分析，认为当前气候变化虽然比较突出，但仍属一般性波动，不会导致持续冷化或干旱化。当前出现的一些异常气候均未超出历史上曾经出现过的严重程度，不能把这种气候异常看成是趋势性的气候变化的开始。美国的一些气候学家认为，未来的气候条件和过去 30 年的平均状况很可能差不多。但大多数人倾向于未来全球温度特别是高纬度地区，将有一个小的增温。

世界气候的分布有什么规律?

世界气候的分布规律，直接表现在各气候类型的排列组合上，一般可分为纬度地带性、非纬度地带性和垂直地带性三方面。

（1）纬度地带性是世界气候分布的基本规律。它是地带性因素造成的，即由太阳光热在地球表面的不均衡分布引起的热力差异和由此产生的全球性气压带、风带及其季节移动，而导致各气候类型普遍具有按纬度更替的趋向。地球表面被划分为五个基本气候带，它是按得到太阳光热的多少来分的，以回归线和极圈为界线，这就是通常所说的纬度带。另外，以最热月平均温度 10℃等温线和最冷月平均气温 18℃等温线作为划分寒、温、热三带的界线。这种气候带，称之为温度带。基本上也是按纬度划分，沿纬向伸展的。

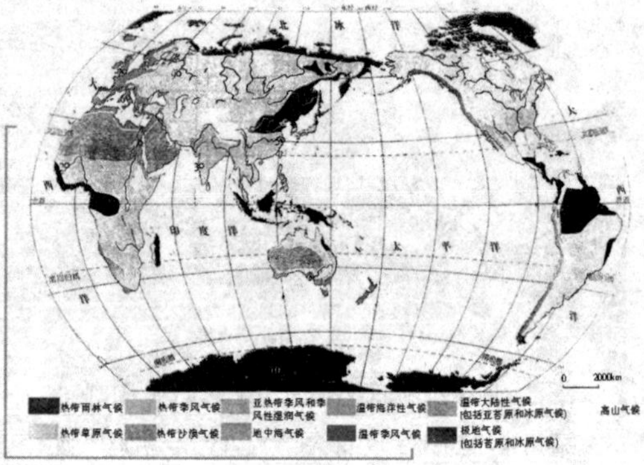

世界气候类型分布图

（2）非纬度地带性规律的成因比较复杂。由于海陆分布、洋流、地形等非地带性因素的作用，不同程度地破坏了气候的纬度地带性，使同一纬度地带的气候，出现西岸、内陆和东岸的差异，由不同地形条件引起的地区差异以及海洋性气候和大陆性气候的差异。尤其是在中纬度地区最为明显，因为中纬地区，冷暖空气经常处于斗争转化状态，气温、降水等季节变化和非周期变化都十分明显。北半球中纬地区陆地面积特别宽广，因此海洋性气候与大陆性气候对比显著，大陆性气候尤为明显，大陆东、西岸产生有规律的差异。

（3）气候的垂直地带性。高耸庞大的山地，在气候上表现出独特的垂直地带性。其垂直变化如同纬度地带性变化，但山地垂直气候带与水平纬度带在成因上和具体特征上，并不完全相同，山地垂直分带的多寡和顺序，主要取决于山地的高度和所处的纬度位置。有足够高度的赤道地区的高山，具备有最完整、最复杂的垂直分带图谱，而高纬苔原地带的高山，垂直分带的图谱最为简单。另外，处于同一纬度地带的山地，距海远近或坡向不同，其垂直分带的开端和顺序也有极大差异。

基本小知识

大陆性气候

大陆性气候是地球中纬度大陆腹地的一种气候类型，由于受海洋的影响较小，有气温年际变化大、降水少的特点。除了北美东海岸地区的温带大陆性湿润气候以外，本气候的冬季通常有一个固定的降雪周期，降水量小且相对主要集中在夏季。大陆性气候主要分布在北半球大陆，其中以亚洲和北美最典型，此外主要分布在高海拔地区。

五个基本气候带是怎样划分的?

关于气候带的划分原则和方法，是随着气候学的发展历史而不断演进的。最早古希腊学者亚里士多德曾以南、北回归线和南、北极圈为界，把地球上分为热带、南温带、北温带、南寒带和北寒带五个气候带。它是完全按照天文因素，即太阳高度和昼夜长短，也就是根据地球表面各地获得太阳光热的多少来划分的。因此，这种分法通常称之为天文气候带。但它的名称是气候名称，可见天文五带是气候带的基础。另外，以回归线和极圈四条纬线划分的五带，都是一定的纬度地带，所以又可以说五带是纬度带。五个气候带的特征如下：

（1）热带：在南、北回归线之间，这是地球上唯一阳光能够直射的地带，地面获得的太阳光热最多。热带地区气候终年炎热，四季和昼夜长短变化都不明显。

（2）温带：是南、北回归线和南、北极圈之间的广大地区。北回归线和北极圈之间为北温带，南回归线和南极圈之间为南温带。温带地区，地面阳光斜射，寒暖适中，得到的光热比热带少，但比寒带多；冬冷夏热，四季分明；夏季昼长夜短，冬季昼短夜长，昼夜长短变化明显。

（3）寒带：南、北极圈以内的地区。北极圈以北的地区是北寒带，南极圈以南的地区是南寒带。寒带地区，太阳斜射得很厉害，一年中有一段时间是漫长的黑夜，因此，获得的太阳光热最少，故称寒带。这里气候终年寒冷，没有明显的四季变化，有极昼、极夜现象。

天文气候带没有考虑下垫面的性质和大气环流与洋流的热量输送，显然是不妥当的。而气候学上通常用等温线为划分气候带的界线，这叫温度带。早在1879年苏潘就提出以年平均气温20℃和最热月10℃等温线划分三个气候带。1953年发表的柯本气候分类法，以气温和降水两个气候要素为基础，并参照自然植被的分布，把全球分为五个气候带，即热带、干带、温暖带、冷温带和极地带。以等温线作为划分气候的界线，比起天文气候带的划分来，前进了一步。

影响气候的地带性因素有哪些？

影响气候的地带性因素是纬度位置和大气环流。

（1）纬度位置是影响气候的基本因素。因地球是个很大的球体，纬度不同的地方，太阳照射的角度就不一样，有的地方直射，有的地方斜射，有的地方整天或几个月受不到阳光的照射。因此，各地方的太阳高度角不同，接受太阳光热的多少就不一样，气温的高低也相差悬殊。一般是纬度越低，气温越高；纬度越高，气温越低。各地区所处的纬度位置不同，是造成世界各地气温不同的主要原因。

（2）大气环流是形成各种气候类型和天气变化的主要因素。大气圈内空气作不同规模的运行，统称为大气环流。它是大气中热量、水汽等输送和交换的重要方式。大气环流的表现形式有行星风系、季风环流、海陆风、山谷风等，人们平常讲的大气环流，主要是指行星风系。大气环流对气候的影响十分显著，赤道低气压带上升气流强烈，水汽易于凝结，降水丰富；副热带高气压带下沉气流盛行，水汽不易凝结，雨水稀少；在信风带气流从纬度较高的地区流向低纬度地区，水汽不易凝结，一般少雨。但在大陆东岸，信风从海上吹来，降水机会较多；在大陆西岸，信风从内陆吹来，降水就少。在西风带控制的地区，大陆西岸风从海上吹来，水汽充沛，降水丰富，越向内陆水汽越少，降水减少；大陆东岸，西风从内陆吹来，降水较少。一般说来，上升气流和从低纬度流向高纬度的气流，气温由高变低，水汽容易凝结，降水机会较多；下沉气流和从高纬度流向低纬度的气流，气温由低变高，水汽不易凝结，降水机会就少。因此，在不同气压带和风带控制下，气候特征，尤其是降水的变化有显著的差异。加之风带和气压带随季节的移动，从而形成各种不同的气候类型。

影响气候的非地带性因素有哪些?

影响气候的非地带性因素是海陆分布、地形和洋流。

（1）海陆分布改变了气温和降水的地带性分布。由于海洋和陆地的物理性质不同，在强烈的阳光照射下，海洋增温慢，陆地增温快；阳光减弱以后，海洋降温慢而陆地降温快。海洋与陆地表面空气中所含水汽的多少也不同，一般说来，在海洋或近海的地区，气温的日变化和年变化较小，降水比较丰富，降水的季节分配也比较均匀，多形成海洋性气候。因此，在相同的纬度，处于同一气压带或风带控制之下的地区，由于所处的海陆位置不同，形成的气候特征也不同。

（2）地形的起伏能破坏气候分布的地带性。地形是一个非地带性因素，不同的地形对气候有不同的影响。在同一纬度地带，地势越高，气温越低，降水在一定高度的范围内，是随高度的升高而增加。因此，在热带地区的高山，从山麓到山顶，先后出现从赤道到极地的气候变化。另外，高大的山脉可以阻挡气流的运行，山脉的迎风坡和背风坡的气温与降水有明显的差异。

（3）洋流对其流经的大陆沿岸的气候也有一定的影响。从较低纬度流向较高纬度的洋流，因含有大量的热能，对流经的沿海地区，起有增温增湿的作用；从较高纬度流向较低纬度的洋流，水温低于周围海面，对所流经的沿海地区有降温减湿作用。因而在气温上，洋流可以调节高、低纬度间的温差，在盛行气流的作用下，使同纬度大陆东西岸气温显著不同，破坏了气温纬度地带性的分布。

基本小知识

背风坡

背风坡是指形成地形雨当中的地形一侧降水较少的那一侧。因为这一面正好处于暖湿气流被地形阻挡的背面，因此而得名。背风坡相对而言，植被和动植物资源较少。光热获得也较少。因此，背风坡地区比较阴冷。人们的居住分布和建筑等人文景观也较稀散。

热带地区有哪些主要气候类型?

热带地区主要的气候类型有以下几种：

（1）赤道多雨气候（也称热带雨林气候）。位于各洲的赤道两侧，向南、北延伸5°~10°。如南美洲的亚马孙平原，非洲的刚果盆地和几内亚湾沿岸，亚洲东南部的一些群岛等。

（2）热带干湿季气候（也称热带草原气候）。这种气候主要分布在赤道多雨气候区的两侧，即南、北纬5°~15°（有的伸至25°）的中美、南美和非洲。其主要特点是由于赤道低压带和信风带的南北移动、交替影响，一年之中干、湿季分明。

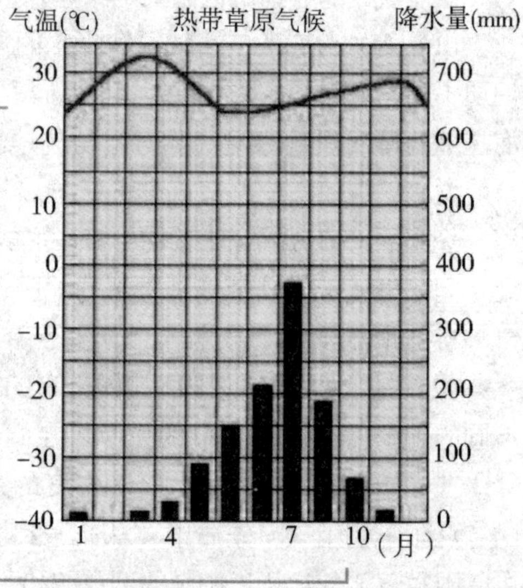

热带草原气候特征

（3）热带干旱与半干旱气候（也称热带荒漠气候）。它分布于热带干湿季气候区以外，大致在南、北纬15°~30°，以非洲北部、西南亚和澳大利亚中西部分布最广。

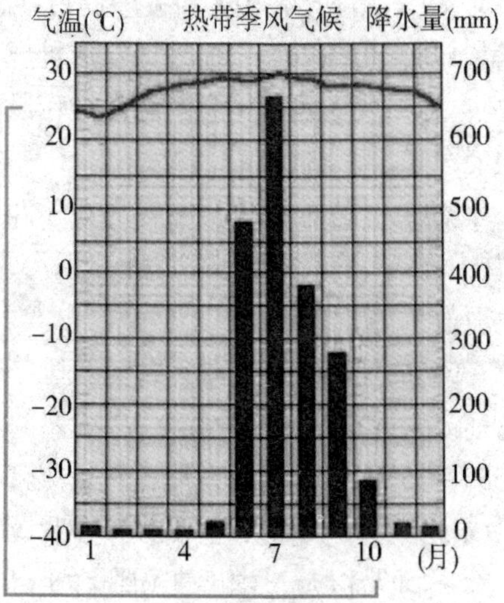

热带季风气候特征

（4）热带季风气候。主要分布在我国台湾南部、雷州半岛、海南岛以及中南半岛、印度半岛的大部分地区、菲律宾群岛。此外，在澳大利亚大陆北部沿海地带也有分布。

（5）热带海洋性气候。出现在南、北纬10°～25°信风带大陆东岸及热带海洋中的若干岛屿上。如中美洲的加勒比海沿岸、西印度群岛、南美洲巴西高原东侧沿海的狭长地带、非洲马达加斯加岛的东岸、太平洋中的夏威夷群岛和澳大利亚昆士兰沿海地带。

温带地区主要有哪些气候类型?

温带是冷暖气流相互角逐的地区，气温、降水的季节变化和非周期变化都很显著。尤其是北半球温带地区的大陆面

广角镜

亚马孙平原

亚马孙平原位于南美洲北部，亚马孙河中下游，介于圭亚那高原和巴西高原之间，西接安第斯山，东滨大西洋，跨居巴西、秘鲁、哥伦比亚和玻利维亚四国领土，面积达560万平方千米，是世界上面积最大的冲积平原。亚马孙平原热带雨林密布，植物种类繁多并富有特种；动物种类亦很丰富，尤多树栖动物。矿藏主要有石油。人烟稀少，总人口约1500万，包括10万生活在密林中的印第安人。

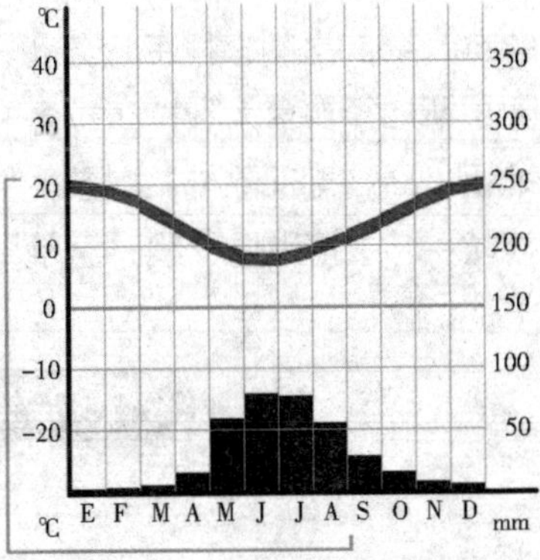

地中海式气候降水与温度示意图

积宽广，地形复杂，气候类型更多。温带地区主要的气候类型有以下几种：

（1）温带海洋性气候。位于大陆西岸，南、北纬40°～60°地区。这种气候在西欧最为典型，分布面积最大，在南、北美大陆西岸相应的纬度地带以及大洋洲的塔斯马尼亚岛和新西兰等地也有分布。

（2）亚热带夏干气候（也称地中海式气候）。位于副热带纬度的大陆西岸，在南、北纬30°～40°地区，包括地中海沿岸、美国加利福尼亚州沿海、南美智利中部沿海、南非的南端和澳大利亚的南端。

（3）温带季风气候。出现在北纬35°～55°的亚欧大陆东岸，包括我国华北和东北、朝鲜的大部、日本的北部以及前苏联远东地区的一部分。

（4）亚热带季风气候。出现在北纬25°～35°亚热带大陆东岸，它是热带海洋气团和极地大陆气团交替控制和互相角逐交汇的地带。主要分布在我国东部秦岭—淮河以南、热带季风气候型以北的地带以及日本南部和朝鲜半岛南部等地。

（5）温带大陆性湿润气候。分布在北纬35°～55°之间的北美大陆东部（西经100°以东）和亚欧大陆温带海洋性气候区的东侧。

（6）亚热带湿润气候。分布在北美大陆东部北纬25°～35°的大西洋沿岸和墨西哥湾沿岸地带，南美洲的阿根廷、乌拉圭和巴西南部，非洲的东南沿海和澳大利亚的东岸等地区。

（7）温带和亚热带大陆性干旱与半干旱气候。这种气候在北半球占有广大面积，主要分布在北纬35°～50°的亚洲和北美大陆的中心部分。

（8）亚寒带大陆性气候（也称亚寒带针叶林气候）。这种气候出现在北纬50°～65°之间，呈带状分布，横贯北美和亚欧大陆。具体来说，在北美从阿拉斯加经加拿大到拉布拉多和纽芬兰的大部分；在亚欧大陆西起斯堪的纳维亚半岛（南部除外），经芬兰和俄罗斯西部（南界在圣彼得堡—下诺夫哥罗德城—叶卡捷琳堡一线）至俄罗斯东部（除南部以外）。

寒带地区有什么样的气候类型?

寒带地区两个基本的气候类型，分别是极地长寒气候和极地冰原气候。

（1）极地长寒气候（苔原气候）。分布在北美大陆和亚欧大陆的北部边缘（南以最热月10℃等温线与亚寒带大陆性气候相接）、格陵兰岛沿海的一部分及北冰洋中的若干岛屿；在南半球则分布在马尔维纳斯群岛、南设得兰群岛和南奥克尼群岛等地。其特征是：全年皆冬，一年中只有1—4个月月平均气温在0℃～10℃之间，冬季酷寒而漫长；年降水量200～300毫米，以雪为主；地面有永冻层，只有地衣、苔藓等低等植物。

（2）极地冰原气候。分布在极地及其附近地区，包括格陵兰、北冰洋的若干岛屿和南极大陆的冰原高原。这里是冰洋气团和南极气团的发源地，整个冬季处于永夜状态，夏半年虽是永昼，但阳光斜射，所得热量微弱，因而气候全年严寒，各月温度都在0℃以下；南极大陆的年平均气温为－25℃，是世界上最寒冷的大陆，1967年挪威人曾测得－94.5℃的绝对最低气温，可堪称为世界"寒极"。地面多被巨厚冰雪覆盖，又多凛冽风暴，植物难以生长。

知识小链接

地　衣

地衣，是由微观的绿藻或蓝藻与丝状的真菌群丛组成的共生生物。地衣的外部形状由真菌形成，因此根据真菌来命名。真菌通常组成地衣躯体的大部分，但是在丝状的和凝胶状的地衣中并非如此。地衣中的真菌通常是子囊菌门的成员，很少是担子菌门的成员。一些地衣分类学家将地衣放在菌藻植物门中，但是这种做法忽略了事实：其成员属于不同的世系。地衣植物有1.8万余种。

什么是"焚风效应"？

"焚风"是由一种由高原或山脉吹向低地的风。气流遇山受阻被迫抬升，空气冷却，水汽凝结，气流越山之后顺坡下沉，此时空气中水汽含量大为减少，下沉气流按干绝热递减率（1℃/100米）下沉增温，以致背风坡比迎风坡同一高度气温为高，最终使山脚或洼地出现短暂的高温干燥天气。例如，1964年8月8日，正是南半球的隆冬之际，可南非的海滨城市诺洛斯却烈日

"焚风效应"示意图

炎炎，气温上升至35℃。诺洛斯的高温正是由非洲高原上吹来的"焚风"所致。

焚风效应对山地区域自然环境局部差异有重要的意义。焚风现象在我国西南峡谷区表现特别明显。例如，云南怒江谷地自然环境具有热带和亚热带稀树草原特征，显然与焚风效应有密切联系。

大气环流对气候的影响是怎样的？

大气环流引导着不同性质的气团活动、锋、气旋和反气旋的产生和移动，对气候的形成有着重要的意义。常年受低压控制，以上升气流占优势的赤道带，降水充沛，森林茂密；相反，受高压控制，以下沉气流占优势的副热带，则降水稀少，形成沙漠。来自高纬或内陆的气团寒冷干燥，来自低纬或海洋的气团温和湿润。一个地区在一年里受两种性质不同的气团控制，气候便有明显的季节变化。从全球来讲，大气环流在高低纬之间，海陆之间进行着大量的热量和水分输送。在经向方向的热量输送上，大气环流输送的热量约占80%。

大气环流对大气中的水分输送也起着重要的作用。大气中水分输送的多少、方向和速度与环流形势密切相关。北半球，水汽的输送以北纬30°附近为中心，向北通过西风气流输送至中、高纬度；向南通过信风气流输送至低纬度。我国的水汽输送，主要有两支：一支来自孟加拉湾、印度洋和南海，随西南气流输入我国；另一支来自大西洋和北冰洋，随西北气流输入我国。南方一支输送量大，北方一支输送量小，两者的界线是黄淮之间和秦岭一线，基本上相当于气候上的湿润和半湿润的界线。

降水的形成离不开天气系统，离不开云、水汽的输入和空气的垂直上升运动。这一切都和环流形势紧密相连。例如，降水量的多少和进入各种天气系统的水汽量有关，暖湿赤道空气的流入能在几小时或一小时以内产生100毫米的降水；雷暴降水量的多少可和流入积雨云内水汽量的多少成正比。

大气环流在气候的形成中起着极其重要的作用。在不同的环流控制下就会有不同的气候，即使同一环流系统，如环流的强度发生改变，则它所控制的地区的气候也将发生改变；如环流出现异常情况，则气候也将出现异常。

大气环流状况的变化，可用经向环流和纬向环流的强弱和转换来表示。某地区在较长时间内的大气环流的变化都有一个该时期的平均状况。当某年某一段长时间内的经向环流和纬向环流的持续时间和转换频率，大大超过该时期的平均状况时，则称某年某一段长时间内的大气环流状况为环流异常。如1972年的主要环流特征，北半球有两个稳定而强大的长波槽脊存在，12月—翌年3月在欧洲上空和北太平洋上空为阻塞高压，大西洋西部和亚洲为低槽；5—9月，欧洲和北美西部为阻塞高压，北美东部和东亚为大槽。整个一年里，北大西洋、北太平洋、欧洲东部和东北部、亚洲西部大部分地区在强大的大范围阻塞高压控制之下，故对于北半球而言，1972年为环流异常年。

基本小知识

温 度

温度是表示物体冷热程度的物理量，微观上来讲是物体分子热运动的剧烈程度。温度只能通过物体随温度变化的某些特性来间接测量，而用来量度物体温度数值的标尺叫温标。它规定了温度的读数起点和测量温度的基本单位。温度没有高极点，只有理论低极点“绝对零度”。“绝对零度”是无法通过有限步骤达到的。目前国际上用得较多的温标有摄氏温标（℃）、华氏温标（°F）、热力学温标（K）和国际实用温标。

由于环流异常，就必然引起气压场、温度场、湿度场和其他气象要素值出现明显的偏差，从而导致降水和冷暖的异常，出现旱涝和持续严寒等气候异常情况。

总之，大气环流因子在气候形成中起着重要的作用。它不仅通过环流的纬向分布影响气候的纬度地带性，而且还通过热量和水分的输送，扩大海陆和地形等因子的影响范围，破坏气候的纬度地带性。当环流形势趋向于长期的平均状况时，气候也是正常的；当环流形势在个别年份或个别季节内出现异常时，就会直接影响该时期的天气和气候，使之出现异常。

怎样理解“风来雨到”？

“风来雨到”是众所周知的一种天气变化现象。一般在夏季较为多见。从降水的类型来看，应属于对流雨中一种较特殊的降水形式。它的形成，一个很重要的前提是在相邻地区强烈受热，空气大规模上升，水汽凝结并产生对流雨以后受其影响而形成的。其特点是：风一定从降水的地区吹来，雨随风而到。一般范围小，历时短，强度大。多表现为雷阵雨。在我国南方盛夏的“双抢”季节，人们往往被这种突如其来的风和雨搞得措手不及。究竟这种风是怎样形成的，雨又是怎么到来的呢？

首先，风的形成和到来主要是由热力性质差异引起的。当某地强烈受热，空气膨胀上升并产生对流雨以后，天空中的云层削弱了到达地面的太阳辐射热量，特别是大量雨水降落后更加剧了大气的冷却程度。从而使气温迅速降低，空气密度增大，气压升高；而相邻地区却还在继续受热，气温高，空气密度小，气压低。这样，在同一水平面上便存在了一个气压梯度，气压梯度促使大气从高气压区向低气压区流动。这就形成了从开始降水的地区吹向相邻地区的风。这就是“风来”的形成原因。

其次，从降水的情况来看，主要与气流性质及其活动有关。前面所述风的到来当然可以促使云层的移动，加快降水的到来。但这只是降的一个条件，而不是主要原因。当开始降水的地区大气强烈冷却后，对于相邻还在继续受热的地区来说，就形成了一种较冷重的气流。这种较冷的气流随着气压的升高，迅速向四周移动。在移动过程中，同所流经地区的暖而轻的气流相遇。这时，暖而轻的气流迅速爬到较冷重的气流之上，在上升过程中，水汽遇冷凝结并迅速形成降水。

综上所述，由于热力性质差异和气流的性质及其活动的共同作用，从而形成了“风来雨到”这种特殊的天气突变现象。

降雨有哪几种形式？

◎台风雨

台风活动带来的降水现象，称为台风雨。台风不但带来大风，而且相伴发生降水。台风云系有一定规律，台风中的降水分布在海洋上也很有规律，但是在台风登陆后，由于地形摩擦作用，就不那么有规律了。例如，风中有上升气流的整个涡漩区，都有降水存在，但是以上升运动最强的云墙区降水量最大，螺旋云带中降水量已经减少，有时也形成暴雨，台风眼区气流下沉，一般没有降水。

台风区内水汽充足，上升运动强烈，降水量常常很大。台风到来，日降水量平均在800毫米以上，强度很大，多属阵性，台风登陆常常产生暴雨，少则200~300毫米，多则在1000毫米以上。我国台湾新寮在1967年11月17日，由于6721号台风影响，一天降水量达1672毫米，两天总降水量达2259毫米。台风登陆后，若维持时间较长，或由于地形作用，或与冷空气结合，都能产生大暴雨。我国东南沿海，是台风登陆的主要地区，台风雨所占比重相当大。

◎ 锋面雨

锋面活动时，暖湿空气中上升冷却凝结而引起的降水现象，称锋面雨。锋面常与气旋相伴而生，所以又把锋面雨称为气旋雨。锋面有系统性的云系，但是并不是每一种云都能产生降水的，现说明如下：

锋面雨主要产生在雨层中，在锋面云系中雨层云最厚，又是一种冷暖空气交接而成的混合云，其上部为冰晶，下部为水滴，中部常常冰水共存，能很快引起冲并作用，因为云的厚度大，云滴在冲并过程中经过的途程长，有利于云滴增大，雨层云的底部离地面近，雨滴在下降过程中不易被蒸发，很有利于形成降水。雨层越厚，云底距离地面越近，降水就越强。

高层云也可以产生降水，但卷层云一般是不降水的。因为卷层云云体较薄，云底距离地面远，含水量又少，即使有雨滴下落，也不易达到地面。

锋面降水的特点是：水平范围大，常常形成沿锋面产生大范围的呈带状分布的降水区域，称为降水带。随着锋面平均位置的季节移动，降水带的位置也移动。例如，我国从5月份，降水带的位置逐渐向北移动，5月份在华南，6月上旬到南岭—武夷山一线，6月下旬到长江一线，7月到淮河，8月到华北；在8月下旬从东北华北开始向南撤，9月即可到华南沿海，所以南撤比北进快得多。

锋面降水的另一个特点是持续时间长，因为层状云上升速度小，含水量和降水强度都比较小，有些纯粹的水成云很少发生降水，有降水发生也是毛毛雨。但是，锋面降水持续时间长，短则几天，长则十天半个月以上，有时长达一个月以上，“清明时节雨纷纷”，就是我国江南春季的锋面降水现象的准确而恰当地描述。

◎ 地形雨

气流沿山坡被迫抬升引起的降水现象，称地形雨。地形雨常发生在迎风坡。在暖湿气流过山时，如果大气处于不稳定状态，也可以产生对流，形成积状云；如果气流过山时的上升运动，同山坡前的热力对流结合在一起，积云就会发展成积雨云，形成对流性降水。

在锋面移动过程中，如果其前进方向有山脉阻拦，锋面移动速度就会减慢，降水区域扩大，降水强度增强，降水时间延长，形成连续阴雨天气，持续可在10—15天以上。

在世界上，最多雨的地方，常常发生在山地的迎风坡，称为雨坡；背风坡降水量很少，成为干坡或称为“雨影”地区。如挪威斯堪的那维亚山地西坡迎风，降水量达1000～2000毫米，背风坡只有300毫米。又如，我国台湾山脉的北、东、南坡都迎风，降水都比较多，年降雨量2000毫米以上，台北火烧寮达8408毫米，成为我国降水量最多的地方。一到西侧就成为雨影地区，降水量减少到1000毫米左右。夏威夷群岛的考爱岛，迎风坡年降水量12040毫米，成为世界年降雨量最多的地方。印度的乞拉朋齐年降水量11418毫米，也是位于喜马拉雅山南麓的缘故。

◎ 对流雨

大气对流运动引起的降水现象，习惯上也称为对流雨。近地面层空气受热或高层空气强烈降温，促使低层空气上升，水汽冷却凝结，就会形成对流雨，对流雨一般在积状云中产生。对流雨来临前常有大风，强大风可拔起直径50厘米的大树，并伴有闪电和雷声，有时还下冰雹。

对流雨主要产生在积雨云中，积雨云内冰晶和水滴共存，云的垂直厚度和水汽含量特别大，气流升降都十分强烈，可达20～30米/秒，云中带有电荷，所以积雨云常发展成强对流天气，产生大暴雨、雷击事件，大风拔木、暴雨成灾常发生在这种雷暴雨中。

淡积云云层薄，含水量少，一般没有雨落到地面。浓积云在

> **趣味点击　雷　电**
>
> 雷电，在大气科学中指大气中的强放电现象。在夏季的雷雨天气，雷电现象较为常见。它的发生与云层中气流的运动强度有关。有资料显示，冬季下雪时也可能发生雷电现象，即雷雪，但是发生机会相当微小。若有严重的火山爆发时，或是原子弹爆炸产生昙状云，空中可能因短路而发生闪电。

中高纬度地区很少降水，但是在低纬度地区，因为含水量丰富，对流强烈，有时可以产生降水。

对流雨以低纬度最多，降水时间一般在午后，特别是在赤道地区，降水时间非常准确。早晨天空晴朗，随着太阳升起，天空积云逐渐形成并很快发展，越积越厚，到了午后，积雨云汹涌澎湃，天气闷热难熬，大风掠过，雷电交加，暴雨倾盆而下，降水延续到黄昏时停止，雨后天晴，天气稍觉凉爽，但是第二天，又重复有雷阵雨出现。印度尼西亚的茂物，一年中雷雨达320天。在中高纬度，对流雨主要出现在夏季半年，冬半年极为少见。

降水有哪些形式?

降水按其外形可分为如下几种：

雨：为滴状的液体降水。水成云（由液态水滴组成的云体）内如果具备了云滴增大为雨滴的条件，并使雨滴具有一定的下降速度，这时降落下来的就是雨或毛毛雨。由冰成云（冰晶组成的云体）和混合云（水滴和冰晶共同组成的云）降下的冰晶或雪花，下落到0℃以上的气层内，融化后也成为雨滴下到地面。

雨按强度的大小，分为小雨、中雨、大雨、暴雨、特大暴雨。长期的连绵阴雨或大雨和暴雨，使得短时期内出现大量降水，形成巨大的地表径流，淹没低洼地区，或江河泛滥，淹没大片土地，致使作物被淹死，农产歉收，给国家带来巨大损失。这就是所谓的水涝天气。在我国常出现“南涝北旱”或“北涝南旱”的情况。如华中地区梅雨期持久，降水多，则长江流域水涝，而华北、东北地区却干旱无水。抗旱防涝的最好措施是大力兴修水利。如建造大、中、小型水库，营造水土保持林、农田防护林等。我国许多地区在这方面都取得了显著成绩。

雪：是由冰晶构成的各种各样的固体降水，雪花的形状很多，有星状、柱状、片状等。但基本形状是六角形的。雪花为什么多呈六角形，花样又如此繁多呢？这是因为冰的分子以六角形为最多，因而形成雪花多是六角形的。雪花形状的多种多样，则与它形成时的水汽条件有密切关系。由于六角形冰晶的面上、边上和角上的饱和水汽压不同，其中角上最大，边上次之，面上最小。当实有水汽压仅大于平面的饱和水汽压，水汽只在面上凝华，形成柱状雪花；当实有水汽压大于边上的饱和水汽压，边上、面上都有水汽凝华，就形成片状雪花；当实有水汽压大于角上的饱和水汽压，边上、面上、角上都有水汽凝华，就形成了枝状或星状雪花。

雪按照降水强度的大小可分为小雪、中雪和大雪。雨夹雪是融化的雪或雪与雨同时下降的降水。

雹：是表面为各种形状的冰块，直径介于 5～50 毫米，个别也有更大的，雹的中心是一个不透明的冰核，周围包着若干层透明的和不透明的冰壳。冰雹天气是一种严重农业灾害性天气。它出现的范围虽小，时间又短促，但来势猛、强度大，并常伴随狂风暴雨，雹粒降落在作物茎、叶和果实上，引起很大的机械损伤。严重的冰雹能使处在开花期和成熟期的作物受到毁灭性的伤害，轻者减产，重者颗粒无收。

冰雹多发生在春末夏初季节交替时。目前人工防雹有两种方法，即催化法和爆炸法。催化法其原理和人工降雨一样，往冰雹云内加入大量碘化银微粒或食盐粉末，破坏冰雹的形成过程，使云内水分分散凝结成小冰雹或水滴，避免造成严重危害。我国许多地方在人工防雹上取得了一定经验和成果。

人工降雨：随着农业生产的发展，如何有效地人工影响局部天气，防御不利的农业天气的出现，已是一个亟待解决的问题。1958 年，我国在吉林省用干冰催化降水进行大规模人工降水试验获得成功，以后，在全国广泛开展了人工降水试验。近年来，由于科学技术迅猛发展，引用了新技术，在云、雾、降水宏观微观结构的探测以及催化方法和技术、效果检验等方面都得到了很大发展。

人工降雨的原理主要有两方面。一方面，云是由很微小的水滴组成的，云滴的体积增长 100 万倍才能成为一个普通大小的雨滴。为了使云滴迅速长大，就要在云内首先形成一部分冰晶或大云滴，但是自然界中并不常常具备这种情况，所以，在不少情况下，有云而无降水。为此，就需要人为地向云中播撒催化剂，使云中能生成一些冰晶或大云滴，促使云滴迅速长大成雨滴而降落。使用的催化剂有多种，对于温度低于 0℃的云层多用干冰或碘化银来“引晶”，叫冷云催化。对于高于 0℃的云层，多用盐粉或氯化钙来引进大云滴，叫暖云催化。另一方面，云中降水量一般与云的体积成正比，所以通过大量引晶使云上部的过冷却水滴冰晶化，同时释放潜能，导致云中上升气流发展，增大云的体积和生命期，从而增加云的降水量。目前，虽然进行了大量地面人工降水试验，然而，飞机播撒催化剂仍是人工降雨试验的主要方式。

人工降雨对缓和局部地区的旱情起到了一定作用，为农业生产做出了贡献。但抗旱的最好措施还是兴修水利，营造水土保持林、农田防护林。

知识小链接

氯化钙

氯化钙，化学式 $CaCl_2 \cdot 2H_2O$ 白色晶体或块状物。熔点 782℃，沸点 1600℃，密度 2.15 克/厘米^3。氯化钙在水中的溶解度很大，0℃时 100 克水能溶解 59.5 克氯化钙，100℃时溶解 159 克。能形成含 1、2、4、6 个结晶水的水合物，无色立方结晶体，白色或灰白色，有粒状、蜂窝块状、圆球状、不规则颗粒状、粉末状。无毒、无臭、味微苦。

最早的人工降雨是哪次?

人们常说："天有不测风云，人有旦夕祸福。"在生产力落后、科学不发达的古代，人们把个人的祸福比作变化莫测的天气，这是十分形象的。就是到了近代，天气的好坏仍然影响着人们的生产和生活。根据历史记载，自公元初到 19 世纪，我国就出现旱灾 1000 多次。因此，自古以来，人们就幻想凭借人工的方法来呼风唤雨。

1890 年，美国国会拨款 1 万美元，在云中进行了爆炸催云致雨试验，但收效甚微。此后，各国又有很多科学家相继进行了研究，做了不少有意义的试验，但结果也都不理想。

1930 年，荷兰人维尔特教授用飞机在 2500 米的高空投掷了 1.5 吨的干冰，结果在 8 平方千米的面积上降了雨，雨量丰沛。这是人工降雨的首次成功。但是，当时维拉尔特并不清楚其中的道理。1933 年，瑞典人贝吉经过反复研究，证实

拓展阅读

干　冰

干冰，是二氧化碳的固体形式。干冰能够急速地冷冻物体和降低温度并且可以用隔离手套来做配置。现在干冰已经被广泛地使用在许多层面了，干冰在增温时是由固态直接升华为气态，直接转化为气体而省略转为液态的程序，因此其相变并不会产生液体，也因此我们称它作"干冰"。要将二氧化碳变成液态，就必须加大压强至 5.1 大气压才会出现液态二氧化碳。

了在温度低于0℃的冷云中，同时存在冰晶和冷却水滴，由于冰晶比过冷却小水滴的饱和水汽气压要低，因此水汽会直接凝华在冰晶上。只要云中有足够数量的冰晶，经过“冰水转化”，就能形成降雨。这样，人工降水的实验就在全世界展开了，并取得了相当可观的成就。我国自1958年以来，人工降雨也取得了可喜的成绩。

发射干冰导弹进行人工降雨

为什么冰雹出现在暖季？

冰雹和雷雨同出一家，它们都来自积雨云，只是产生冰雹的积雨云升降气流特别强烈，这种积雨云又称为冰雹云。积雨云是空气很不稳定的产物。而空气强烈不稳定，在阳光强烈的暖湿季节最容易发生，那时空气中含的水汽很多，而且低层大气又易被太阳晒热的地面烤热，形成下热上冷的很不稳定的空气柱，发生强烈对流，并发展为能产生冰雹的积雨云。积雨云中的上升气流很强，足以支持云中增大的冰雹块，使云中冰雹随着气流的升降，不断与沿途的雪花、小水滴等合并，形成具有透明与不透明交替层次的冰块，当增大到一定程度，上升的气流无法支持时，就降落到地面上来。由于冰雹云云顶可伸展到距地面10千米以上，所以即使在夏季，空中也有足够厚的低于冰点的低温区可以孕育冰雹块。

为什么说气候形成的最基本因素是太阳辐射？

气候的形成因素有三个，即太阳辐射、大气环流和地面状况，各地的气候往往受三者的综合影响。但其中太阳辐射在地表的分布不均，使地球上的热量随纬度增加或减少却是造成各地气候差异的最基本因素。这是因为：

首先，太阳辐射是影响各地气温的基本因素。气候要素有气温、降水、气压和风等，但主要有两个，即气温和降水，而其中气温又是第一要素。固

然，各地气温虽受地形、洋流、大气环流等综合影响，但纬度是基本因素。地球上的气温从赤道向两极递减就是例证。

其次，大气环流是太阳辐射分布不均的结果。大气环流促进了高低纬度间、海陆之间热量和水汽的交换，调整了全球热量和水分的分布，是影响各地降水量的主要因素，有形成气候的基础之说。但众所周知，引起大气环流的基本因素正是太阳辐射在高低纬度间的分布不均。季风环流是大气环流的一部分，其形成固然不是太阳辐射的纬度性差异，但却也是热量分布不均的结果。即海陆间热力差异导致气压差，气压差异引起季风环流。西南季风是季风环流的一部分，西南季风的形成是气压带和风带的季节移动，但这只是现象，其实质仍是太阳辐射分布不均的结果。

综上可见，太阳辐射不但是各地气温高低的主要影响因素，而且也间接影响了各地的降水。所以说太阳辐射是气候形成的最基本因素。

什么是厄尔尼诺现象？

厄尔尼诺又称厄尔尼诺海流，是太平洋赤道带大范围内海洋和大气相互作用后失去平衡而产生的一种气候现象。

“厄尔尼诺”一词来源于西班牙语，原意是“神童”或“圣婴”。相传，很久以前，居住在秘鲁和厄瓜多尔海岸的古印第安人发现，如果在元旦前后，附近的海水比往常格外温暖，那么不久就会降大雨，并伴有海鸟结队迁徙等怪现象。古印第安人称这种打破常规的温暖海流为“神童”海流，即厄尔尼诺海流。1969年，气象学家指出，太平洋赤道上空大气环流的长期变化，与南美海岸出现的异常暖流，即厄尔尼诺海流有关。后来，科学家们发现，许多地区的异常天气都与厄尔尼诺现象有关，“厄尔尼诺”海流对天气的影响是全球性的。

广角镜

厄瓜多尔

厄瓜多尔，全称厄瓜多尔共和国，是一个位于南美洲西北部的国家，于1809年8月10日时脱离西班牙的统治独立建国。由于赤道横贯了厄瓜多尔的国境，再加上在西班牙文中厄瓜多尔的意思就是赤道，因此该国又拥有“赤道国”的别称，或因为盛产香蕉而又被称为“香蕉之国”。首都基多位于皮钦查火山的山麓，高达2850米的海拔，使该市成为全世界第二高的首都。

厄尔尼诺海流是怎样影响天气的呢？地球上空有两个重要的大气环流，一个是纬向的瓦克环流，一个是经向的季风环流。这两个环流影响着东西半球和南北半球的热量、动量及水汽的平衡和交换。一旦这种平衡被打乱，地球上的天气就会出现异常。而厄尔尼诺海流的出现恰恰会影响这种平衡。

人们发现，厄尔尼诺现象一旦出现，太平洋沿岸的海面水温异常增高，海水水位上涨，并形成一股暖流向南移动，使原属冷水域的太平洋东部水域变成暖水域，那里的上升气流也随之加强，于是在正常情况下存在于瓦克环流中的下沉运动便会遭到破坏。几个月之后，赤道附近的低空东风气流也被减弱破坏，甚至转为西风。再过几个月，便影响到太平洋西端，那里将出现下沉气流，破坏或者取代了正常情况下的上升气流。结果造成冬季应该干燥少雨的南美却出现多雨天气和洪涝灾害；半年之后的夏季，应为雨季的南亚和澳大利亚却出现了酷暑和干旱。

科学家认为，“厄尔尼诺”可能与海底地震、海水含盐量的变化等有关。厄尔尼诺现象是周期性出现的，大致是每七年发生一次。据统计，自 1900 年以来，共发生了 32 次厄尔尼诺现象。

同是亚热带，为什么大陆西岸和东岸气候不同？

南北纬 30°～40°的亚热带气候，是温带向热带过渡的气候带，全年有较长时期为副热带高气压带控制。

大陆西岸南北纬 30°～40°，正是副热带高气压带和西风带，随太阳直射点位置的移动而交替变化的地带。夏天，地中海沿岸在副热带高气压带控制下，太阳直射点在北回归线附近，气流下沉，空气在下沉过程中，温度升高，水汽不易凝结，天气晴朗无云，气候炎热少雨。冬季，太阳直射点在南回归线附近，副热带高气压带和西风带南移，这时地中海区正处于西风带内，有北大西洋暖流湿润空气侵入，并常与加那利寒流交汇。冷暖空气相遇，多锋面、气旋雨。因此，大陆西岸冬季温和多雨。大陆西岸，以地中海沿岸最为典型，所以这种夏干冬雨的气候叫地中海式气候。

大陆东岸南北纬 30°～40°是近海区，又以我国秦岭—淮河以南的长江中下游地区最为典型。冬季，亚洲大陆放热快，气温低，在蒙古、西伯利亚一带形成了高气压；太平洋散热慢，温度比大陆高得多，在北太平洋形成低气压和赤道低气压。空气从高气压区流向低气压区，所以我国广大地区，特别是长江中下游地区，冬季经常出现从亚洲内陆吹向海洋的偏北风。在它的影响下，各地天气寒冷干燥，强烈时即为寒潮。夏季，亚洲大陆吸热快，热空气膨胀上升，在印度一带形成了低气压，大洋吸热慢，在太平洋北回归线附近和印度洋南回归线附近形成两个高气压。亚洲大陆的低气压吸引着大洋上的比较冷的空气来补充。冷暖空气势均力敌，在这里徘徊一段时间，形成长江中下游地区的梅雨天气。加上我国地势西高东低，大致呈阶梯状分布，并且延伸到海洋，有利于海洋上湿润空气深入内地，供给大量水气，使我国很多大河滚滚东流，成为亚热带季风气候区。

为何东亚季风冬强夏弱，南亚季风冬弱夏强？

一、东亚：冬季，因亚洲大陆为蒙古—西伯利亚高压所盘踞，高压前缘的偏北风（西北风）就成为亚洲东部的冬季风，由于蒙古—西伯利亚高压比较强大，由陆到海，气压梯度比较陡峻，所以风力较大。夏季，亚洲大陆为热低压所控制，同时太平洋副热带高压西伸北进，因此高低压之间的偏南风（东南风）就成为亚洲东部的夏季风，由于热低压的梯度力不如冬季冷高压前部的气压梯度大，故夏季风比冬季风弱。

二、南亚：冬季，因处亚洲南部，远离蒙古—西伯利亚高压中心，并有青藏高原的阻挡，再加之印度半岛面积较小，纬度较低，海陆之间的气压梯度较弱，所以冬季风不强；夏季，印度半岛的气温特别高，成为亚洲热低压中心所在地，它与南半球副热带高压之间的气压梯度大，故南亚的夏季风强于冬季风。

为什么在回归线附近会形成热带雨林气候？

南回归线附近有三处热带雨林气候类型分布区，这就是非洲最大的岛屿——马达加斯加岛的东侧、澳大利亚大陆的东北部及南美洲巴西东南部。

热带雨林气候主要分布在赤道两侧的赤道低气压地区的南美洲亚马孙平原（这是世界上最大的热带雨林气候区）、非洲几内亚湾沿岸地区及亚洲东南部的马来群岛地区，这是在赤道低气压的控制下，太阳辐射较强，上升气流旺盛，几乎每天降“对流雨”，高温多雨是热带雨林气候的主要特征。上述三个回归线附近地区不在赤道低气压控制范围，而是全年受东南信风的控制。信风一般由较高纬度吹向低纬度，是性质干燥的定向风，为什么这里形成了全年高温多雨的热带雨林气候呢？

基本小知识

热带雨林

热带雨林是地球上一种常见于约北纬10度、南纬10度之间热带地区的生物群系，主要分布于东南亚、澳大利亚、南美洲亚马孙河流域、非洲刚果河流域、中美洲、墨西哥和众多太平洋岛屿。热带雨林地区长年气候炎热，雨水充足，正常年雨量为1750～2000毫米，全年每月平均气温超过18℃，季节差异极不明显，生物群落演替速度极快，是地球上过半数动物、植物物种的栖息居所。由于现时有超过四分之一的现代药物是由热带雨林植物所提炼，所以热带雨林也被称为“世界上最大的药房”。

回答上述问题要从“三个地区”的地理环境的实际出发，根据影响气候形成的三个主要因素：即太阳辐射、大气环流和地面状况的原理来分析。“三地区”虽离赤道远，在回归线副高控制的地区，但该“三地区”的西侧均在地形上是高山或高原，海拔较高，且南北走向，虽是东南信风控制，但“三地区”吹来的东南信风来自于湿热的海洋（印度洋、太平洋及大西洋），马达加斯加山、大分水岭及巴西高原对东南信风从海洋上带来的大量水汽有极其明显地抬升作用，造成地形雨；“三地区”东侧分别受马达加斯加暖流、东澳大利亚暖流和巴西暖流的影响，暖流所经地区增温增湿，更加强了“三地区”地形雨的降水量。从而造成了上述“三地区”终年高温多雨的热带雨林气候。

为什么地中海气候在地中海最为典型？

地中海气候分布在南北纬30°～40°的大陆西岸，在地中海地区最为典型。其典型的原因是：

亚欧非三洲之间的地中海是一个面积较大的陆间海，由于海水的比热比陆地的比热大，冬季水温比陆地高，因此宜于低气压的发展。冬季地中海锋上气旋活动比较频繁，海上水汽供应充足，因此冬雨区较广。夏季海水水温凉，宜于高气压的发展，北大西洋的副热带高压的楔端伸入地中海区，使得地中海及其沿岸大范围地区都在高压楔的下沉气流控制下。因此夏季干旱区域也就特别广大，这就是地中海区的夏季炎热干燥、冬季温和多雨气候最为典型的原因。

其他大洲地中海式气候分布范围狭窄的原因：有的因山脉逼近海岸（如

南、北美洲），使这种气候仅局限于狭窄的滨海地带；有的因大陆面积的限制（如非洲和澳大利亚大陆），这种气候仅出现在南端一隅。

为什么温带海洋性气候冬雨较多？

温带海洋性气候分布在南北纬 40°～60°的大陆西岸，除亚洲、非洲和南极洲没有外，其余各大洲都有，其中以欧洲大陆西部及不列颠群岛最为典型。温带海洋性气候往往仅分布在狭长地带或岛屿上。

温带海洋性气候终年盛行西风，受温带海洋气团控制，冬暖夏凉，年较差小；全年湿润有雨，冬雨较多。因为这里正当温带锋面气旋活动的路径上，气旋雨丰沛。这种气旋从长距离的洋面而来，云和降雨区相当宽广，特别是冬季温带气旋更为活跃，雨日很多。但降水强度并不大，冬季降雨量在全年中所占比例稍大，夏季因受副热带高气压北移影响，气旋活动较少，因此夏雨相对来说比较少。

就西欧来说，沿岸的北大西洋暖流很强大，温度湿度较高，沿岸又特别曲折，地中海、波罗的海等深入内陆，再加上西欧的地势低平，平原和山地皆呈东西走向，故使西风和气旋等可深入内陆，扩大了大西洋影响的范围，使欧洲西部的温带海洋性气候特别典型。

世界上最早的气候分类是怎样的？

世界上最早的科学的气候分类是由柯本提出的。柯本是德国气候学家，生于俄国。1900—1936 年，柯本研究了地球上相距遥远的诸地区本质上相同的气候，首先提出气候型的观念。在确定气候带界限及划分气候型时，柯本虽然也考虑到年平均温度，但认为季节交替的特点是决定性标志。如格陵兰东岸与中国黑龙江，虽然年平均温度相近，但气候悬殊，植物景观也大不相同，关键即在于季节交替的特点有异。

1918 年首次采用温度与降水的指标，参照自然植被的分布，对全球气候进行分类。柯本气候分类拟定了五个气候带：热带多雨气候，没有冬季；干燥气候带；温带，没有经常的雪被；寒带（在北半球大陆上），冬夏很明显；两极地区冰雪气候。他又根据冬干、夏干、常温以及草原气候和沙漠气候，归纳出十一种主要气候型。其气候分类获得广泛应用。1953 年发表的柯本气候分类修改文本，将全球气候划分为五带、十二型、多种副型，明确提出各类气候特征，较好地反映了世界各地气候的实际。其分类系统明确，概念清晰，各气候类型均有定量指标，使用方便，为世界各国普遍采用。但该分类只注意气候表面特征的描述，忽视了气候成因的分析。

世界上最早给风力定级的人是谁？

风的级别是说明风力大小的。我们在天气预报中常常听到“东南风，2 ~ 3 级”这样的话。是谁最早给风力定级的呢？世界上第一个给风力定级的是中国人李淳风。

美丽的波多黎各

李淳风是我国唐代杰出的学者，雍州人，官至太史。幼年时博览群书，对风力产生了浓厚的兴趣。贞观初，他制造了浑天仪，并著有法象书七篇和《乙巳占》等，其中名著《乙巳占》是世界气象史上最早的专著。他把风分为动叶、鸣条、摇枝、集叶、折小枝、折大枝和折木、飞沙石、拔大树及拔根共八级。此外，他还把风由原来的 8 个方位发展到 24 个方位。400 年后，李淳风所著的《乙巳占》传到欧洲，英国学者蒲福才在李淳风的著作基础上，又把风力分为从 0 ~ 12 级，共 13 个级别，以至今天还为人们所惯用。

世界上太阳光最充足的地方在哪里？

“太阳是大地的母亲”，正是由于太阳光的照耀，才使地面富有生气：疾风劲吹，江水奔流，花开果熟生物生生不息。太阳是一个取之不尽的能源。目前，人们正在想方设法，利用太阳能。

为了利用太阳能，人们需要了解哪里阳光多，哪里阳光少。20 世纪 60 年代，人们以为南美的波多黎各是世界上阳光最多的城市。人们在那里连续观测了 6 年，只有 17 个阴天，每年有 362 天阳光普照。

撒哈拉沙漠

到了20世纪70年代，气象观测站增多了，人们发现撒哈拉大沙漠东部阳光最多，那里年平均日照时数达4300小时；也就是说，每天大约有11小时45分钟的时间能见到光辉灿烂的太阳。

撒哈拉大沙漠东部为什么日照如此多呢？因为这里是世界上最干燥的地方。没有能遮住阳光的云层；加上这里纬度较低，日照时间长，因而成了世界上阳光最多的地方。

世界上年温差最大和最小的地方在哪里？

年温差是指一个地方全年中最高气温和最低气温的差别。世界上哪里年温差最大、哪里年温差最小呢？

俄罗斯的西伯利亚小镇维尔霍扬斯克（北纬67°33′，东经133°23′），向有“北半球冷极”之称，是世界上年温差最大的地方。这里，夏季最高气温可升到36.7℃，冬季最低气温又可降至－70℃，这种热冷的剧变，正是典型的温带大陆性气候的一大特征。它给人们生活带来很多困难，为世界所罕见。

南美厄瓜多尔首都基多（距城北的“赤道纪念碑”仅24千米），是世界上最靠近赤道的一个首都，虽然地处热带，由于这儿地势较高（海拔2850米），气温应热而不热。年平均气温为13℃～14℃，年温差仅0.6℃，基本上保持恒温状态，为世界上年温差最小的地方。

广角镜

波多黎各

波多黎各，位于加勒比海的大安的列斯群岛东部，全称波多黎各自由邦。包括波多黎各岛及别克斯、库莱布拉等小岛。北临大西洋，南濒加勒比海、东与美属、英属维尔京群岛隔水相望，西隔莫纳海峡同多米尼加共和国为邻。该国全部人口约400万，首府圣胡安在岛东北部，人口约43万。按照美国国会通过的法律，出生在波多黎各、关岛、美属维尔京群岛、北马里亚纳群岛等美国属地的人，也自动成为美国公民。

世界上降雨最多和最少的地方在哪里？

位于喜马拉雅山南坡的印度小市镇——乞拉朋齐，在1890年8月至1891年7月，一年里降雨24461毫米，(相当于8层楼那么高)，成为世界的“雨量冠军”。在1960年8月1日到次年7月31日，又创造了全年降雨26461毫米的新纪录。最近40多年，乞拉朋齐每年平均降水量超过10000毫米。最多时，仅一个月就降雨9300毫米，大致相当于北京正常年份一年降雨量的15倍。

乞拉朋齐的雷雨夜

那么，世界上降雨量最少的地方在哪里呢？是北非的撒哈拉大沙漠吗？不。虽然那里的雨量也非常少，气候也非常干旱，但还不是世界上最干旱的地方。世界雨量最少的地方在智利。尽管太平洋就在它身边，有用之不尽、取之不竭的水源，然而由于那里盛行离岸风（风从陆地吹向海洋），几乎完全得不到海洋上湿润气流的调剂。智利最北端的阿里卡1943年平均雨量只有0.5毫米，还不足乞拉朋齐年降水量的二万分之一。另一城市伊基克，已连续14年滴水未下，人们只能从高山上背冰化雪，供应生活用水。但这里还不是世界降水最少的地方。智利的阿塔卡玛沙漠，到1971年止，连续400多年滴雨未下，成为世界上降雨最少的地方。

广角镜

乞拉朋齐

乞拉朋齐，是印度东北部梅加拉亚邦东卡西山区的一个小城镇，海拔1484米。它是世界上曾经在一年和一月内降水最多的地区，有“世界雨极”之称。乞拉朋齐位于世界屋脊喜马拉雅山脉的南麓，南亚孟加拉湾北岸布拉马普特拉河和恒河的下游，坐落在东西走向的卡西丘陵南坡的一袋形山坳中，与梅加拉亚邦首府西隆相距约51千米。

水文篇

QINGSHAONIAN BIZHI DE
DILI ZHISHI

海洋面积占地球表面的71%，如果将海洋中所有的水均匀地铺盖在地球表面，地球表面就会形成一个厚度2700米的水圈。所以有人说地球的名字起错了，应该叫作“水球”。

从地球上生命的起源到人类社会的形成，从生产力低下的原始社会到科学技术发达的现代社会，人与水结下了不解之缘。水既是人类生存的基本条件，又是社会生产必不可少的物质资源。没有水，就没有人类社会的今天。水与空气、食物是人类生命和健康的三大要素。人体重量的50% ~60%由水组成，儿童体内的水分更高达80%。可以说，没有水就没有生命。但地球上的淡水资源只占地球水资源总量的3%，在这3%的淡水中，可供直接饮用的只有0.5%。所以说，水是人类的宝贵资源，是生命之泉。

水循环有什么重要意义?

水循环是指地球上的水在太阳辐射和地球重力作用下，不断地进行转化、输送、交换的连续运动过程。水通过蒸发、凝结、降水、径流的转移和交替，沿着复杂的循环路径不断运动和变化，来完成水的循环过程。由于水汽来源不同，降水归宿有别，根据水循环发生的领域，一般分为海洋与陆地之间的海陆间循环、陆地与陆地上空之间的内陆循环、海洋与海洋上空之间的海上内循环。水循环是自然界中最重要的物质循环，对地理环境和人类社会产生巨大影响，其意义非常重大。

水循环

（1）水循环使大气圈、水圈、岩石圈、生物圈之间相互联系起来，以水作为纽带，在各圈层之间进行能量交换，它不但改造了各个圈层，促进各圈层的发展，同时也促进了整个自然界的发展。

（2）水循环把三种形态的水和不同类型的水体联系起来，形成一个运动系统。水在这个系统中挟带、溶解物质和泥沙，使物质进行迁移。

（3）水循环使大气降水、地表水、地下水、土壤水之间相互转化，使水资源形成一个不断更新的统一系统。据研究，全球河水平均每 16 天更新一次，大气中的水每 8 天更新一次。

（4）水循环调节着海陆之间、地区之间水分和能量分布的不均，使它们之间的干湿差异、冷热差异大大减小。就全球而论，海上蒸发量大于降水量，而陆地上的降水量大于蒸发量，通过水循环把海洋上空大气中多余的水汽输送到陆地上，形成降水，实现了全球的水量平衡。

另外，学习水循环和水量平衡原理，使我们对自然界各种水体运动变化规律有一个完整的认识，做到合理开发和利用自然界的水资源，正确改变水的时空分布，在改造大自然的活动中，发挥水的最大效益。

基本小知识

生物圈

生物圈是指地球上所有生态系的统合整体，是地球的一个外层圈，其范围为海平面上下垂直约10千米。它包括地球上有生命存在和由生命过程变化和转变的空气、陆地、岩石圈和水。从地质学的广义角度上来看生物圈是结合所有生物以及它们之间的关系的全球性的生态系统，包括生物与岩石圈、水圈和空气的相互作用。

什么是海陆间水循环？

自然界的水在水圈、大气圈、岩石圈、生物圈四大圈层中通过各个环节连续运动的过程，称为水循环。自然界的水循环时刻都在全球范围内进行着。水循环发生的领域有海洋与陆地之间、陆地与陆地上空之间、海洋与海洋上空之间。

海陆间水循环，也称大循环，是指海洋水与陆地水之间，通过一系列过程所进行的相互转换运动。它的具体过程是海洋表面水经过蒸发变成水汽，水汽上升到空中，随着气流运行，被输送到大陆上空，其中一部分水汽凝结成降水。降落到地面的水，一部分形成地表径流，一部分形成地下径流，两种径流经过江河汇集，流入海洋，就形成了海陆间的水循环。陆地上的水，通过海陆间水循环不断得到补充，水资源得以再生。

陆地上的外流和内流区的水量是怎样平衡的？

陆地上的某个地区在某一段时期内，水量的收入和支出的差额，等于该地区的储水变化量，水量是不平衡的，但多年平均的储水变量的值等于零，水量是平衡的。陆地外流区域的水量，在海陆间水循环过程中，多年平均降水量为11万立方千米，多年平均的蒸发量为6.3万立方千米，多年平均径流量为4.7万立方千米，多年平均的储水变量为零，多年的水量收入和支出是平衡的。陆地外流区域的水量平衡公式是：

（1）ΔS（储水变量）$=P$（降水量）11万立方千米 $-E$（蒸发量）6.3

万立方千米－R（径流量）4.7万立方千米＝0。

（2）P（降水量）11万立方千米＝E（蒸发量）6.3万立方千米＋R（径流量）4.7万立方千米。

外流区域的水量，多年平均收入的降水总量，通过多年平均的蒸发量和多年平均的径流量，支出了和降水总量相等水量，使水量达到了平衡。陆地内流区域的水量，在陆地与陆上空之间的水循环过程中，多年平均降水量为9000立方千米，多年平均蒸发量为9000立方千米，收入的降水量通过蒸发支出了和降水量相等的水量，使水量达到了平衡。综上所述，全球多年平均水量平衡。

为什么赤道地区海水的盐度低于副热带地区海水的盐度？

赤道地区，降水量丰富，除南太平洋秘鲁寒流北部的赤道地区年降水量在100毫米左右外，大部海区年降水量在2000毫米左右，特别是赤道与北回归线之间的太平洋海区，其中大部分海区年降水量在3000毫米以上。年平均蒸发量为1050毫米左右。平均盐度为32‰～35‰。因赤道地区降水量丰富，降水量大于蒸发量，所以盐度较低，盐度低于世界大洋平均盐度（35‰）。

副热带海区，年平均降水量大部分海区为1000毫米左右，年平均蒸发量为1150毫米左右，平均盐度为35.5‰左右。副热带海区因蒸发量大于降水量，所以盐度较高，盐度高于世界大洋平均盐度。赤道地区主要是降水量大于蒸发量，副热带海区主要是蒸发量大于降水量，所以赤道地区海水的盐度低于副热带地区海水的盐度。因此，一个地区海水盐度的高低决定于该地区降水量与蒸发量的对比关系。

知识小链接

盐 度

盐度是指海水中溶解物质质量与海水质量的比值。因绝对盐度不能直接测量，所以，随着盐度的测定方法的变化和改进，在实际应用中引入了相应的盐度定义。盐度的分布变化也是影响和制约其他水文要素分布和变化的重要因素，所以海水盐度的测量是海洋水文观测的重要内容。

太平洋表层水温分布特点及其原因如何？

太平洋是世界上最温暖的大洋，表层海水温度高于其他各大洋。年均温在20℃以上的洋面约占太平洋总面积的88%，其中年均温在25℃以上的面积约达35%。

太平洋与其他大洋一样，其海水温度升高的热力来源主要是太阳辐射，因此，表层海水水温分布理应呈与纬线平行的带状分布。但由于有陆地的存在、洋流性质的不同、气压风向的不一样，使表层水温分布另有特点。

从高低纬度来看，赤道附近年平均水温为25℃～28℃，愈向高纬水温愈低，等温线走向基本上与纬线一致。从东西部来看，在南北纬40°间，东部等温线受寒流影响向低纬弯曲，西部等温线受暖流影响向高纬弯曲，即东部沿岸水温低于同纬度西部沿岸之海水温度；在北纬40°～60°，东部沿岸海水等温线受暖流影响向北弯曲，西部沿岸受寒流影响而向南弯曲，即东部沿岸的海水温度高于同纬度西部沿岸海水温度。而且在北纬45°～50°和南纬50°～60°，海水等温线的分布特别密，这主要是寒暖流交汇处温差变化大的缘故。从南北太平洋来看，南太平洋表层水温要低于同纬度北太平洋表层的水温1℃～2℃，这主要是海陆分布形势使北太平洋受北冰洋影响小，而南太平洋受南极影响大的缘故。从太平洋冬夏水温变化来看，太平洋西部，由于受亚洲大陆的季风和入海径流水温的影响，表层水温具有明显的季节变化，冬冷、夏热。

海和洋有区别吗？

地球表面被陆地分隔为彼此相通的广大水域称为海洋，约占地球表面积的71%。其实海和洋不是一回事，海洋的中间部分称为洋，约占海洋总面积的89%，它的深度大，一般在两三千米以上，海水的温度、盐度、颜色等不受大陆影响，有独立的潮汐和洋流系统。全球分四个大洋即太平洋、大西洋、印度洋和北冰洋。海洋的边缘部分称为海，深度较浅，一般在两三千米之内，约占海洋总面积的11%。

海没有独立的潮汐和海流系统，水温因受大陆影响而有显著的季节变化，盐度受附近大陆河流和气候的影响也较明显，水色以黄绿色较多，透明度小。海按其所处位置的不同，可分边缘海和地中海两种类型。大洋靠近大陆的部分，被岛屿和半岛分隔开，水流交换畅通的称为边缘海，如东海、南海、日本海等；介于大陆之间的海称地中海，如地中海、加勒比海等。如果地中海伸进一个大陆内部，仅有狭窄水道与海洋相通的，又称为内海，如渤海、波罗的海等。

印度洋表面水温为什么低于太平洋？

大洋水温的高低主要取决于纬度位置、海陆分布、洋流运行、海上气象及径流入海水温等因素。

海洋表面平均温度的最高区不在赤道区，而是在北纬10°附近（即热赤道）。这是因为赤道附近蒸发量大、散热快，同时水汽上升至空中成云，云量大又削弱了太阳辐射的缘故。加之南半球海洋面积广阔，而北半球大陆相对集中。因此，在相同纬度的海域，北半球的海水表层温度比南半球偏高。

太平洋洋面处于热带和亚热带的海区的面积广大，表面年均温高于20℃的面积约占整个洋面的80%以上，且北太平洋水域也大于南太平洋。印度洋北部水域狭窄，广大水域在南半球。因此，从整个大洋而言，太平洋面年平均温要高于印度洋。

此外，北太平洋为陆地环抱，仅通过狭窄的白令海峡与北冰洋相接，冷水团影响较小；而南印度洋向南极洲敞开，受南极洲酷寒气候影响大，冷却特别显著，这也是印度洋洋面年均温低于太平洋的一个原因。

北冰洋的水文有什么独特性？

北冰洋位于北极圈内，终年获得的太阳辐射热很少；在其上空，由于冬季是一稳定的高压区，云量很少；再加上洋面广布着冰盖，在这些因素的共同影响下，使其成为世界最冷的大洋。在那里气温终年很低，并多暴风雪。寒季（11月—次年4月）平均气温在-30℃～-40℃，最低达-52℃；暖季（7—8月）平均气温不足6℃。平均年降水量仅75～200毫米，以降雪为主。

故北冰洋水文的最大特点是：水温低，大部分海域海水在0℃以下，因而有大面积的常年不化的冰盖和浮冰。

在寒冷季节，北冰洋一片雪白，冰盖面积以3月份为最大，可达1140万平方千米，占北冰洋总面积的87%；在7、8、9月暖季，岸边冰雪大部融冰，周围“冰山”、浮冰到处漂浮，但北冰洋中心部分仍为冰盖所覆。9月份冰盖面积最小，约700万平方千米，占北冰洋总面积53.4%，但不是连片的冰盖，而是由面积一至几十平方千米的大小冰块组成的冰丛，厚2.5~5米，表面坦或波状起伏，较坚固。北冰洋除冰盖外，还有由极地群岛上陆棚冰入海而形成的冰岛或冰山。冰岛流速慢、表面平面积大（可达600~700平方千米），厚度达30~35米；冰山分布在冰岛周围边缘，面积小。

寒冷的北冰洋

基本小知识

冰　山

冰山是一块大若山川的冰，脱离了冰川或冰架，在海洋里自由漂流。冰的密度约为0.917kg/m³，而海水的密度约为1.025kg/m³，依照阿基米德定律我们可以知道，自由漂浮的冰山约有90%体积沉在海水表面下。因此看着浮在水面上的形状并猜不出水下的形状。冰山非常结实，加之极地的低温环境下金属的强度降低，很容易损坏金属板，因此为极地海洋运输中的极端危险因素。

北冰洋由于海底地形的关系，具有独特的环流系统，大致以罗蒙诺索夫海岭为界，以东为顺时针环流，以西为逆时针环流，在拉普捷夫海也有一个小的逆时针环流。从海流的性质来看，以寒流为主，暖流仅在巴伦支海有斯匹次卑尔根暖流、北角暖流，格陵兰岛西南端有西格陵兰暖流和白令海暖流，影响范围很小。流入北冰洋的水除北大西洋暖流外，还有亚、欧、北美三大洲的一些河流，这些水流使北冰洋水量增多，水面升高，并以洋流的形式向格陵兰海和白令海流出，形成东格陵兰寒流、拉布拉多寒流和千岛寒流，与大西洋和太平洋进行着水量平衡的交换。在流入水量中，90.1%来自大西洋，太平洋仅占8.1%；在流出水量中，大西洋占98.27%，太平洋仅占1.35%。

北冰洋由于气温低、蒸发弱，周围大陆上有大量河水流入，故海水盐度较小，平均盐度为30‰~32‰，是四大洋中盐度最低的大洋。西部北欧海区（巴伦支海和格陵兰海）稍高，为34.5‰~35‰，滨海地区为33‰；东部北极海区较低，平均28‰~32‰，滨海地区海域最低，仅为25‰。

海洋自然带有哪些?

辽阔的海洋与陆地相比，其表面非常单一，表层的温度、盐度、水层动态及海洋生物的分布等也都有一定的纬向地带性。但由于海洋水体具有巨大的流动性，故地带性表现不如大陆明显，各自然带之间的界限只能大体确定，海洋自然带数目也较少。海洋自然带的划分，仍以热量带为基础，生物群的分布也是划分海洋自然带的主要标志之一。根据冬季海洋表层水温的不同，分为冷水（小于0℃）、温水（0℃~10℃）、暖水（10℃~20℃）和热水（大于20℃）四种类型。结合与海水温度、理化特征和水体运动密切联系的浮游生物的数量变化，可将世界海洋分为七个自然带。

海　雀

（1）北极带。包括巴伦支海的大部分水面以外的北冰洋以及北美东部纽芬兰到冰岛一线西北的大西洋部分。这里表层水温低，又因大陆冰冻期长，江河流入海洋的营养盐类不多，故海洋生物种数有限，仅在冰融化的边缘海域，才有浮游生物，并将一些鱼类和其他动物吸引到此处。其中具有经济价值的鱼类主要有北极鳕、白海鲱等；此外，还有鲸目动物（北极鲸或格陵兰鲸）以及海豹、海象和海鸥、海雀、海鹦等。

（2）北温带。北邻北极带，南至北纬40°左右的海域。这里终年受极地气团影响，虽然冬季表层水温较低，但盐度小，含氧量多，水团垂直交换强，水中营养盐类丰富，浮游生物很多，故使大量以浮游生物为饵料的鱼类得到繁殖、生长，成为世界重要渔场的分布区域。本带鱼类的种数远比北极带丰富，主要有太平洋鳕鱼、鲱鱼、大马哈鱼等，它在世界渔业经济中具有重要地位。哺乳动物中，在太平洋部分有海狗、海驴、海獭、日本鲸和海豚；在大西洋水域有比斯开鲸、白海海豚、海豹等。

飞 鱼

（3）北热带。位于北纬40°到北纬10°～18°之间。全年受副热带高压带控制，广大海域水体垂直交换微弱，深层水的营养盐类不易上涌，浮游生物和有经济价值的鱼类都较少。但是，在受赤道洋流影响的海域，含有丰富营养盐类的深层水上涌，使浮游生物和鱼类得以繁殖，形成有价值的鱼类捕捞区。哺乳类动物很少，主要有抹香鲸。本带北部繁殖有多种浮游动物，南部有大量的珊瑚、海龟和鲨等。

（4）赤道带。位于北纬10°～18°和南纬0°～8°。处在赤道低压区，全年气温高、风

拓展阅读

浮游生物

浮游生物泛指生活于水中而缺乏有效移动能力的漂流生物，其中分有浮游植物及浮游动物。部分浮游生物具游动能力，但其游动速度往往比它自身所在的洋流流速来得缓慢，因而不能有效地在水中灵活游动。大多数的浮游生物体型微小，有些种类的浮游生物甚至只有幼虫阶段，而在成熟后则变成体型较大，而且具有更好的移动力。这类浮游生物称作季节性浮游生物，如海胆、海星、双壳类和幼鱼。其他浮游生物则一生的时间都活在浮游状态下，称为终生浮游生物，如挠足类、箭虫、磷虾等。

力微弱、蒸发旺盛，加之有赤道洋流引起海水的垂直交换，使下层营养盐类上升，生物养料比较丰富，鱼类较多，主要有鲨、鲟等，飞鱼为赤道带典型鱼类。

磷 虾

（5）南热带。位于南纬0°~8°到南纬40°之间。本带由于高压特别强盛，致使热带位置向北推移，其他特征和成因均与北热带基本相同。

（6）南温带。处于南纬40°~60°，海洋生物的发育和生长条件与北温带相似。海生植物繁茂，巨型藻类生长极好，浮游生物丰富，是南半球海洋动物最多的地带。这里生活着几种南、北温带均可见到的动物类群，如海豹、海狗、鲸以及刀鱼、小鳁鱼、鲨鱼等。冬季有南方的海洋动物在此越冬，夏季有热带海洋动物前来肥育。在非洲大陆西南和南美洲秘鲁沿海，因有上升流存在，把深层海水中丰富的营养盐类和有机物质带到海水表层，使浮游生物大量繁殖，因而鱼类非常丰富，成为南半球重要的捕捞区。

趣味点击　磷 虾

磷虾是一种类似虾的海洋无脊椎动物。磷虾是须鲸、蝠鲼、鲸鲨、锯齿海豹及海豹的食物，也是一些海鸟的主要食物。在南冰洋的南极磷虾可制造逾5亿吨的生物质能，约为人类的两倍，每年有逾一半的南极磷虾被鲸、海豹、企鹅、鱿鱼和鱼吃掉，而它们会再继续繁殖下一代，以维持种群总数。磷虾分布于世界各个海洋，在南冰洋和日本周围的海洋，商业性的捕磷虾行动是被许可的。

（7）南极带。位于南纬60°以南到南极大陆之间，全年盛行来自极地的东南风，水温很低。在短促的夏季，有温带的回游鱼类来此肥育；南极海域有丰富的磷虾作为饵料，故有较多的鲸类；此外还有海豹、海狗、海驴和一些鸟类。它和北极带一样，生物种类较少，但个别种（如硅藻、磷虾和企鹅等）的数量很多。

海洋水为什么能调节对大气温度?

大气是从地表的热辐射中获得温度的，地表是辐射热能的储存器，而占地表面积71%的海洋自然就成为大气热量的主要提供者。据计算，若把全球海洋100米厚的水层湿度降低1℃，所放出的热量将使大气温度升高60℃。可见，海洋水温度的变化对大气温度起着极深刻的影响。

由于地面和大气全年从太阳辐射中所获得的热量很不均衡，春夏两季获得的热量多于失去的热量，春季平均多为0.052卡/立方厘米·分，夏季平均多为0.072卡/立方厘米·分；而秋冬两季获得的热量又少于失去的热量，秋季平均亏损0.044卡/立方厘米·分，冬季平均亏损0.085卡/立方厘米·分。这样，海洋水就可以把春夏两季储存的热量用于补偿秋冬两季的亏损，它在季节调节过程中所起的主导作用，使海水温度变化比较平缓。

而辽阔的海洋水面，庞大的海洋水体，其热容量又比土壤大2~3倍，比岩石大5~7倍，比空气大3000多倍，加之海水温度的变化比陆地温度变化要小得多，使海洋上空的气温变化比陆地上空的气温变化也缓慢得多。因此，海水对大气温度起着明显的调节作用。

为什么地中海表层水温比大西洋低?

(1) 地中海的热量收入小于大西洋。两地虽然纬度位置相当，太阳常数是相同的，但地面状况却不一样，地中海被亚、欧、非三洲所包围，受陆地性质影响显著，由于海洋和陆地对太阳辐射的不同，所以才产生了温度上的差异。

首先是海洋和陆地对太阳辐射的反射率不同，陆面的反射率远比洋面的大，所以洋面获得的热量就比陆面要多。另外，水的热容量远较土壤和岩石为大，海水的热容量大约为陆地表面热容量的2倍。同时，洋和陆的传热方式也不同。陆面为固体物质，其传热方式大部分依靠吸收和辐射。水是流体，由于波浪、洋流和对流、乱流等作用，水体能发生经常性地混合，不仅有水平方向上的移动，且在垂直方向可达很大深度，从而热量也沿此方向迅速传播。据计算，在水中，热量借乱流交换传播的强度较之土壤中以分子传导的方式输送的强度要大几千倍。

还有，水、陆透射力不同，也导致获得热量的多寡。水有一定的透明度，部分太阳辐射可透射到某一深度。太阳辐射对陆地仅及于地表，虽有部分热量可以向下传导，但比水中透射方式所传送的热量要少得多。根据计算，三大洋平均表温为17.4℃，比近地面平均气温14.4℃高出3℃。因为地中海是一个陆间海，和大西洋相比，广度深度都很小，四周陆地包围，表温比大西洋低2℃，这也和洋陆总体温度的差异是相一致的。

（2）地中海的热量支出大于大西洋。海洋热量的支出项是蒸发占51%，其他如海面的有效回辐射占42%，涡动和对流失去占7%。由于地中海区受副热带高气压带的控制，东北信风的作用和北非、西亚沙漠的影响，海水蒸发强烈，消耗的热量要比同纬度的大西洋海域多。在两地太阳常数几乎是相等的条件下，那么，地中海区域耗热多，所余热量就少，所以水温就低。

（3）大西洋的热容量大于地中海。一般情况，海洋面积大，海水量大，热容量就大。大西洋水体的深度和广度远比地中海大得多，大西洋的热容量就比地中海大。热容量大者蓄热就多，自然水温就要高些。

（4）大西洋中的暖流提高了水温。大西洋西部的墨西哥湾暖流，规模特别强大，它从热带海面带来巨大热量，对流经地区起了增温加湿的作用。它流经北美洲东面的海洋，浩浩荡荡地向东北方向流去，延续成为北大西洋暖流。北大西洋暖流大部向东北流入挪威海甚至北冰洋，小部分在接近伊比利亚半岛时，向南沿欧非海岸南下，形成微弱的加那利寒流，到佛得角群岛附近，与北赤道暖流首尾相接。从整体上

你知道吗

地中海在哪儿？

地中海，由北面的欧洲大陆，南面的非洲大陆以及东面的亚洲大陆被围着。东西长约4000千米，南北最宽处大约为1800千米，面积251.6万平方千米，是世界最大的陆间海。地中海西部通过直布罗陀海峡与大西洋相接，东部通过土耳其海峡和黑海相连。19世纪时开通了的苏伊士运河，接通了地中海与红海。地中海是世界上最古老的海之一，而其附属的大西洋却是年轻的海洋。

看，大西洋中的洋流，暖流影响是主要的，特别是强大的湾流影响，虽有加那利寒流，由于特别微弱，所以大西洋海水表温还是高的。地中海区虽有密度流进行海水交换，只是大西洋从表层流入地中海的海水流量达 175 万立方米/秒，地中海从深层流入大西洋的海水流量达 168 万立方米/秒，多余的仅有 7 万立方米/秒，这个流量根本影响不了地中海的表温，所以地中海的表温也不会因此而升高。

河流水系、水文要素及其影响形成因素是什么?

河流水系一般指集水河道的结构而言的。它包括源地、注入、流程、流域、支流及分布以及落差等要素。不难看出，水系特征和地形关系较为密切，正如中国一句古话所说的："水往低处流。"正是在这个总的基本原则下，只要有水就可形成河流水系，水多，水系就发达。

河流水文即水情，是指河水结构、变化等。如流量、流速、水位、汛期、水温和冰期、含沙量等。影响河流水文变化的最重要因素是河流的补给，即水源。而水源补给，对大多数河流来说主要是雨水补给。因此河流的水文和河流流经地的气候关系密切。冰期，包括凌汛当然也和气候有关。河水含沙量，由河流流经地区地表结构决定，如黄河中游地区，地表结构简单，由极易遭受流水侵蚀的黄土组成，且地面植被很少，从而造成黄河含沙量大的特点。

有人以为河流落差是水文要素。落差是河道陡落情况，是河道本身结构决定的，是地形地势因素影响的。河水再多再少，如没有陡落的河道也不可能造成巨大的落差，如长江中下游之水量很大，但并没有什么落差，所以水能不丰。而长江上游，水量尽管较中下游小，但由于流经我国地势一二级阶梯交界处，故落差很大，水能蕴藏量也很大。

河流是怎样搬运泥沙的?

地面上的大大小小河流都挟带一定数量的泥沙，全世界每年河流要搬走约 180 亿吨泥沙。河流里的水流在重力作用下，沿着河床流动，具有一定的动能，而动能的大小与河流的流量和流速的平方成正比，若水量增加或流速加大，便容易引起侵蚀作用，并将侵蚀物搬运到别处去；若水量或流速减小，搬运物容易发生堆积。

河流搬运泥沙，一般有悬移、跃移和推移等几种形式。

悬移指细小的黏粒和粉沙掺混在水中，以悬浮的形式被携带，不断被水搬运。自然界里的河流为不规则的紊乱水流，并具有大小不等的湍流旋涡。黏粒和粉沙被湍流旋涡中向上流的部分保持在河水的上部，而悬浮在水里，不断被水流带往远方。河流的流速愈大，湍流旋涡愈大，悬移的泥沙也愈多。一但流速减小，悬移的泥沙就会沉积下来。

跃移指河流中、小沙砾在水中呈跳跃式前进的搬运。靠近河床的水流，由于某种原因，在一瞬间流动的能量增大，沙砾便会脱离河床，并在流水的推动下向前移动，随着水流能量的变化，沙砾就会很快下沉，然后又跃起，再下沉，又跃起，不断地跳跃前进。跃移主要发生在河床上20厘米左右的水层里。

推移指较大的砾石在水流推动下，沿河底滚动或滑动的搬运。一般说，流速愈大，对河床上砾石的推动力愈大，所推移物体的重量与流速的6次方成正比，即流速增大到原来的2倍，则推移物的重量是原来的64倍；若流速减小到原来的一半，则推移物的重量是原来的$\frac{1}{64}$。正因如此，山区河流虽水量小，而流速大，河槽中堆积着许多巨大的砾石。而平原河流虽水量浩大，但流速较小，只能搬运细小的泥沙，巨石极少。

在水文测量中，通常用含沙量、输沙率、输沙量等数据反映河流中挟带泥沙的多少。

河流的水位、流速和流量是如何测定的？

陆地上的大小河流，水情都不稳定。有些常年不息地流淌，有些枯水季节断流，有些洪水季节常常泛滥成灾。为了合理地利用河水资源，就必须掌握河流的变化规律。河流水情的变化主要表现为水位的升降、流速的快慢、流量的增减、泥沙的多少以及河水的水温和冰情变化等。

（1）水位，指一定地点、一定时间河水表面的高度。它是以某一点作为水位基面（即水位零点）进行量算的。水位基面一般分绝对基面和测点基面两种：绝对基面是以某海口的平均海平面为标准进行计算的，我国目前河流水位都是以黄海的青岛零点为标准；测点基面是为了便于在河流上就地观测和计算，通常在观测地点最低枯水位以下半米到一米处作为零点的。但是在应用这种观测资料时，须根据测点基面和绝对基面的关系，将其换算成统一的绝对高程。水位的涨落一般是在观测点用水尺或自记水位计进行观测的。水位观测是水文中最重要的项目之一，其他一系列水文要素的计算均受水位资料的影响。根据不同时间水位的记录，可以绘出一条某河流的水位历时曲线，从曲线上可以清楚地看出该点全年水位变化情况。

（2）流速，指单位时间里水流前进的距离。流速在河流横断面上是不均匀的，底层水流由于受河床摩擦力作用，流速较小。流速由水底向水面递增，但水面受空气的摩擦，流速减小，而最大流速在水面稍下一点的位置。从横向分布来说，两岸流速最小，河心流速最大。纵向流速多运用流速仪（旋杯式或旋浆式）进行观测。在小河上，观测流速最简便的方法用浮标法，即在河岸选择甲、乙两点，将浮标放入河面，测出浮标从甲点漂到乙点所需时间，量出甲、乙两点的距离，按照 $V=L/t$ 公式便可求得流速，其单位是米/秒（V：流速，L：甲、乙两点间距离，t：通过 L 距离所用的时间）。

（3）流量，指在单位时间里，通过某过水断面（即河流横断面）水的体积。根据某地过水断面的面积和河流平均流速，按照 $Q=F\cdot V$ 公式就可以求出流量，其单位是立方米/秒（Q 为流量，F 为过水断面的面积，V 为平均流速）。河流水位的变化，主要由流量的增减引起的，因此水位的变化也可以视为流量变化的反映。

为什么尼罗河会变色？

发源于非洲中部的尼罗河，是一条会变色的河。一年中，河水自清澈透明变为绿色，又变为红褐色，最后才恢复其本来面目。

尼罗河是非洲的一条重要河流，是古代埃及文明的发源地。尼罗河的上游分为两端，即白尼罗河与青尼罗河，相汇相融。每年 2—5 月，是尼罗河的枯水期，河水清澈透明。6 月开始，上游的白尼罗河杂带着漂浮的苇草等物流经，于是水色呈绿。到了 7 月，尼罗河进入了泛滥期，占其流量七分之四的青尼罗河此刻水量剧增，大量泥沙使尼罗河呈现出一片红褐色，其中 9 月份的河水最红。到了 11 月，水位下降，红褐色渐渐消失，尼罗河又回到了清澈见底的样子。两岸居民的生活及耕作与尼罗河的变色大有关系。当居民们看到水色的变化，就立即知道河水的动向，及时迁高避洪或播谷耕种。会变色的尼罗河，使两岸的土地成了年年丰收的宝地。

如何区分海洋性冰川和大陆性冰川？

海洋性冰川和大陆性冰川是按冰川的性质分类的，也即按冰川所处的地区的气候条件、冰川物理性质以及冰川周围环境等综合指标加以区分的，两者有着明显的区别。

雪 蚤

海洋性冰川分布在受降水丰沛的海洋湿润气流控制和影响地区。冰川收入多，支出也多，活动性强。冰川雪线附近气温较高，一般在－1℃～－6℃，降水特别丰富，可达1200～3000毫米，降水的影响常超过气温的影响。冰川依赖充沛的固体降水所提供的物质条件而生存，并且雪线高度也较低。珠峰南坡冰川雪线比北坡低，原因即在于此。由于冰川温度接近0℃，所以冰川运动速度较大，年流速可达100～300米，冰川地质作用强烈，侵蚀地形发育，冰舌末端常可伸入郁郁葱葱的森林之中。冰川上有生物存在，有冰蚯蚓、雪蚤、雪藻、苔藓等。

大陆性冰川发育于降水稀少的大陆性气候区。大陆性冰川收入少，支出也少，活动性弱。雪线附近温度低，一般在－8℃以下，降水比较稀少，年降水量不到1000毫米，一般在500～800毫米，几乎没有液态降水。冰川主要依赖低温严寒提供的冷储条件而生存。冰川补给少，消融不太强烈，年消

趣味点击　冰 舌

冰舌是山岳冰川离开粒雪盆后的冰体部分，呈舌状，故名。与消融区大体相当，是冰川作用最活跃的一段。表面常有冰面流水，冰裂隙，冰内还能形成冰洞、冰钟乳、冰下河，其前端常因冰雪补给和消融对比的变化而变化，发生冰川的进退。冰舌的长度、宽度大小差异很大，由冰川形成和发展的条件决定。

融量在1000～2500毫米。因此，冰川水分循环速度不大，冰川作用能力小，冰川运动速度很慢，年流速30～100米以下。冰川地质作用微弱，堆积地形发育。冰舌末端位置较高，远离森林带。冰川上面基本上无生物，仅在个别冰川上可见雪藻。珠峰南坡由于受印度洋上来的西南季风的影响，降水多，冰川上降雨雪充沛，所以发育成典型的海洋性冰川。而珠峰北坡地处背风坡受大陆性气候影响大，冰川上降水稀少，冰川消融很弱，属于典型的大陆性冰川。

通常所说的地下水从哪儿来的？

地下水是宝贵的资源，它可以解决工业用水、生活用水、农田灌溉和发电等方面的需要。地下水总量达2340万立方千米，可谓“地下海洋”。一般说，地下水有以下几种来源：

（1）大气降水和地表水的下渗。大气降水或地表积雪融化后，由于地表疏松多孔，一部分水渗透到地下的土层里和岩石空隙里；河湖出现高水位时，也有明显的渗透作用。这是地下水的主要来源。

（2）水汽凝结水。大气和土层中的水汽，在夜间温度降低到凝结点，大气、土层中的水汽就凝结成水，渗入到地下，形成地下水。特别是在气候干旱的沙漠地区，白天沙子被太阳晒得很热，晚上大气变冷，近地表的水汽或赋存于沙子空隙里的水汽就凝结成水。这成为沙漠地区地下水的重要来源。

（3）岩浆水（即原生水）。地下深处的岩浆在凝固的过程中释放出一部分水汽，沿岩层裂缝上升，温度降低凝结成液态地下水，或岩浆分异出来的氢气和氧气直接结合成温度较高的地下热水。

此外，在沿海地区的松散地层中，有时还有古代海洋的残留水；在地质年代里，古海洋底部饱含海水的沉积岩，在海水退却后，一部分被封存起来，也成为地下水的组成部分。

如何区分承压水和潜水？

地下水有两种不同的埋藏类型，即埋藏在第一个稳定隔水层之上的潜水和埋藏在上下两个稳定隔水层之间的承压水。潜水和承压水除了埋藏条件不同外，还有一定的区别。

（1）潜水的补给主要是当地的大气降水和部分河湖水。承压水则是依靠大气降水与河湖水通过潜水补给的。

（2）潜水受重力影响，具有一个自由水面（即随潜水量的多少上下浮动），一般由高处向低处渗流。承压水受隔水顶板的限制，承受静水压力，有一个受隔水层顶板限制的承压水面和一个高于隔水层顶板的承压水位（即补给区和排泄区水位的连线）。承压水是由静水压力大的地方流向静水压力小的地方。

（3）潜水埋藏较浅，受气候特别是降水的影响较大，流量不稳定，容易受污染，水质较差；承压水埋藏较深，直接受气候的影响较小，流量稳定，不易受污染，水质比较好。

（4）潜水以地面蒸发或出露为地表水和泉水的方式排泄；承压水则转化为潜水，主要以泉水的形式排泄。

另外，钻到潜水中的井是潜水井。潜水井的水位一般应该是和当地的潜水位一致的，如过量抽取，潜水井的水位就会逐渐低于当地的潜水位，形成地下水漏斗区。打穿隔水层顶板，钻到承压水中的井叫承压井，承压井中的水因受到静水压力的影响，可以沿钻孔上涌至相当于当地承压水位的高度。在有利的地形条件下，即地面低于承压水位时，承压水会涌出地表，形成自流井。虽有上涌，但不能喷出地面者叫半自流井。

最大和最小的洋分别是哪个？

人们把海洋分成四部分，这就是太平洋、大西洋、印度洋和北冰洋。

在四大洋中，辽阔无比的太平洋是最大的一个，其面积达 17967 万平方千米，占世界海洋总面积的 49.8%，近似等于其他三大洋面积的总和，其面积比陆地面积的总和还大$\frac{1}{5}$。太平洋之最并不只限于面积，它也是世界上最深的洋。太平洋的平均深度为 4028 米。世界上深度超过 6000 米的海沟共有 29 个，太平洋就占了 20 个。世界上水深超过 10000 米的六大海沟，全部为太平洋所占有。既然太平洋面积最大，平均深度也最大，那么太平洋的水量也是最大的。地球上共有水量 14 亿多立方千米，其中太平洋就占了一半。它的水量，是印度洋的 3 倍，是陆地全部水量的 16 倍。长江是我国最大的河流，它每年流入海洋的水量达1万亿立方米，但要把太平洋灌满必须花费整整70万年。太平洋的岛屿最多，大小有数万座，其中南太平洋就有两万个以上。太平洋还是珊瑚礁最多和分布最广的洋。整个大洋岛屿的总面积有440多万平方千米，约占世界海洋岛屿总面积的45%。太平洋是个形如椭圆的大洋，中心点在莱恩群岛附近。洋周的“环太平洋带”是世界上最大的火山、地震分布带。全球60%以上的活火山和80%以上的地震都集中在太平洋。

拓展阅读

珊瑚礁

珊瑚礁是石珊瑚目的动物形成的一种结构。这个结构可以大到影响其周围环境的物理和生态条件。在深海和浅海中均有珊瑚礁存在。它们是成千上万的由碳酸钙组成的珊瑚虫的骨骼在数百年至数千年的生长过程中形成的。珊瑚礁为许多动植物提供了生活环境，其中包括蠕虫、软体动物、海绵、棘皮动物和甲壳动物。此外珊瑚礁还是大洋带的鱼类的幼鱼生长地。

世界最小的洋，是位于亚欧大陆和北美洲之间的北冰洋。它大致以北极为中心，绝大部分在北极圈内。它的面积为1300多万平方千米，它只有太平洋面积的$\frac{1}{14}$，约占世界海洋总面积的3.6%。北冰洋以狭窄的白令海峡与太平洋相通，通过挪威海、格陵兰海、加拿大北部群岛之间的各海峡与大西洋相通。北冰洋所处的纬度很高，得到的太阳光线很少，气候严寒，多暴风雪。北冰洋洋面上，终年覆盖着冰雪，冰盖面积即使在最暖的季节，也要占整个洋面的$\frac{2}{3}$。北冰洋的冰层厚度一般为2～4米，在巨大的冰块上可以行驶汽车，降落飞机。在北冰洋的北极点附近每年有近6个月（10月—次年3月）的黑夜，另外6个月为终日白昼。

最热和最冷的海分别是哪个？

位于亚洲和非洲之间的红海，长2100千米，平均宽约290千米，面积45万平方千米，接近两个英国那么大。红海里生长着大量蓝绿藻，藻体死后变成棕红色，使海面发红，因此得名。世界海洋表面的平均水温为 17℃，而红海的表面水温 8 月份可达 27℃ ~32℃。原因是，红海位处北回归高压带区，有太阳直射，加上腹背受阿拉伯半岛和北非热带沙漠气候影响，常年闷热，因此水面总是热乎乎的，被称为世界最热的海。

自从海底扩张和板块构造学说问世以来，人们认为非洲和阿拉伯半岛之间，地壳下存在着地幔物质对流，对流物引起地壳张裂，形成了今日的红海。这种张裂带和东非大裂谷同为一带，张裂作用已经进行了 2000 万年之久，目前仍以每年 1 厘米的速度继续扩张。海底扩张形成了地壳裂缝，岩浆沿裂隙不断上涌，使海底岩石加热，因而海水底部温度特高，深海盆内的水温竟高达 60℃，成了海里的“热水洞”。这也是红海水温特高的原因之一。

在南极的威德尔海，因海水不断受到来自南极大陆的冷风和冷冰的袭击，因此终年很冷。冷海水比温海水比重大，冷水下沉后，使上部温海水再度冷却，如此反复交换，致使整个海域特别寒冷，常常出现冰层，温度多在 0℃以下，为世界上最冷的海。

最咸和最淡的海分别是哪个？

世界各地海洋，盐分含量并不完全相同。有的海域盐分很高，有的海域盐分很低，浓淡之差可达 130 多倍。世界上最咸的海，是亚非大陆之间的红海，盐度可达 42‰，个别海底地方，盐度达 270‰，几乎成了饱和溶液。世界上最淡的海，是北欧的波罗的海，盐分含量仅 6‰左右，该海北部和东部的一些水域，盐度只有 2‰。

是什么原因使它们有这么大的差别呢？红海地处北回归线附近，纬度低，又居干热地带，蒸发量大，盐度自然很高。科学家们最近发现，红海在历史上曾有几度海进海退现象。海进时期，封闭的浅海环境有利于高浓度的海水储存保持；海退时期，浅海干涸，海底形成了很厚的盐层。如此反复，使红海形成了世界上最咸的海。

世界海水的平均含盐度为 35‰，而欧洲的波罗的海却远远不及，靠近外海的地方为 2‰；中部海域为 6‰ ~8‰；而北部和东部只有 2‰，已经同淡水差不多了。

波罗的海位于欧洲大陆和斯堪的纳维亚半岛之间，四面几乎全为陆地环抱，仅在西面有3条又窄又浅的海峡通向大洋，十分近似于一个内陆海。正因为海域封闭，同外海的海水交换很少，外面含盐度高的海水很难深进来。加之流入波罗的海的河流有250条，它们带来的大量淡水，平均每年有472立方千米之多。而当地气候又比较凉湿，海面蒸发很微弱，只勉强与海面降水相抵消（一般海洋蒸发量总要明显超过降水量），于是形成了含盐度低的特点。

由于含盐度低，波罗的海的海水是灰绿色的，一些海湾里则呈现棕黄色，只有中部海域在晴天时才能看到一点蔚蓝色。波罗的海在冬季比较容易结冰，给海上运输带来不便。而且含盐度低也影响了海洋生物的生长，水产种类大大减少，个体明显减小，如鳕鱼只有大西洋的五分之一大。另一方面，含盐度低使得一些淡水动物能在波罗的海栖息，如鲈鱼、鳊鱼、狗鱼等。

知识小链接

鳊 鱼

鳊鱼，学名鳊，亦称长身鳊、鳊花、油鳊；古名槎头鳊、缩项鳊。在中国，鳊鱼也为三角鲂、团头鲂（武昌鱼）的统称。该鱼全长40厘米，比较适于静水性生活。主要分布于中国长江中、下游附属中型湖泊。因其肉质嫩滑，味道鲜美，是中国主要淡水养殖鱼类之一。

最大和最小的海分别是哪个？

珊瑚海是太平洋的一个边缘海。它的西部紧靠澳大利亚大陆东北岸；北缘和东缘为新几内亚岛、新不列颠岛、所罗门群岛、新赫布里底群岛等所包围；南部大致以南纬30°线与太平洋另一边缘海塔斯曼海邻接。海域总面积广达479.1万平方千米，比世界上第二个大海阿拉伯海要大四分之一。珊瑚海介于新几内亚岛和所罗门群岛之间的一部分海域，有时又称所罗门海。海底大致由西向东倾斜，交错着若干海盆、浅滩和海底山脉，有不少地方海深3000～4500米。所罗门群岛和新赫布里底群岛内侧有一长列狭长深邃的海沟，这里是全海域最深的地方，最大深度达到9140米。珊瑚海平均水深为2394米，在各海中不算突出，但因其面积大，所以海水总体积达1147万立方千米，比阿拉伯海多9%，约相当于我国东海的43倍。

人们想象中海洋都是非常辽阔的，但有一个海却例外。当人们在海中航行时，可以清楚地看到它的两岸。这个海就是土耳其西部、位于亚欧大陆之间的马尔马拉海。它的面积仅1.1万平方千米。如果说珊瑚海是海中的“巨人”。马尔马拉海也就是海中的“侏儒”了。

马尔马拉海长280千米，宽80千米，呈椭圆形。它东北面通过长31千米的伊斯坦布尔联结黑海，西南面通过长61千米的恰纳卡莱海峡联结地中海，自古以来就是黑海地区通达外海的航行要道。著名的古城伊斯坦布尔（旧称君士坦丁堡）位于马尔马拉海北岸伊斯坦布尔海峡的入口处，它扼守着亚欧两大洲之间海陆交通的枢纽之地，具有重要的战略意义。

岛屿最多的海是哪个？

爱琴海为地中海的一部分，位于希腊半岛（巴尔干半岛的延长部分）和小亚细亚半岛间，南北长610千米，东西宽300千米，面积21.4万平方千米，平均深度570米。

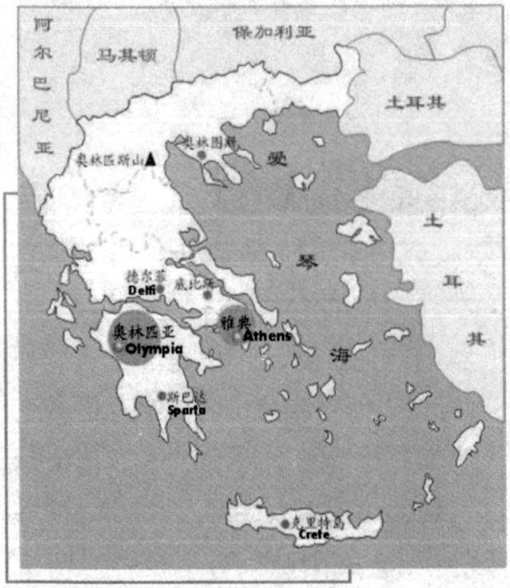

爱琴海位置

爱琴海岸特别曲折，港湾众多，岛屿星罗棋布。西方古时曾称为Archipelago，原义“主海”（首屈一指的海）。由于海中岛屿太多，此名又含有“多岛海”之意，后来人们专门用作“群岛”的称呼。爱琴海的岛屿之多，在全世界50多个海中，无其他任何海可以相比。其岛屿遍布海内各处，其中希腊的属岛大体从北至南分为七部分：色雷斯海（爱琴海最北端）部分，包括萨索斯和萨莫色雷斯岛等；东爱琴海部分，包括莱斯沃斯等岛；北斯波拉泽斯群岛，包括斯基罗斯岛和塞萨利亚半岛以东的一组岛屿；基克拉泽斯群岛，包括米洛斯和安德罗斯等岛；萨罗尼克群岛，包括萨拉米斯等岛；佐泽卡尼索斯群岛，包括罗得等13座岛屿；克里特岛及其属岛。土耳其的属岛自北而南主要有格克切岛(旧名伊姆罗兹岛)、博兹卡岛、阿利贝伊群岛和乌宗岛等。

最长和最短的河流分别是哪条？

尼罗河，阿拉伯语是“大河”的意思，全长6600千米，是非洲第一大河，也是世界流程最长的河流。

尼罗河上源有两条：一条是发源于东非高原的白尼罗河，另一条是发源于埃塞俄比亚高原的青尼罗河。这两条河在苏丹首都喀土穆汇合后，才正式称为尼罗河。白尼罗河和青尼罗河水量的变化不一样。白尼罗河的河水，上游来自终年多雨的热带雨林地区，全年水量变化很小。青尼罗河的河水来自夏季多雨、冬季干旱的热带草原地区，水量变化很大。夏季青尼罗河水量最大，湍急的河水挟带了大量的泥沙和有机物，流入平原后，沉积于两岸低地，在开罗以下，形成了巨大和肥沃的尼罗河三角洲。尼罗河有定期泛滥的特点。自喀土穆至开罗，尼罗河流经广阔的沙漠地区，为沿岸国家的农业生产提供了宝贵的水源。早在公元前6000年，古埃及人民就在尼罗河两岸孳养生息，创造了辉煌的古代文明。尼罗河下游是人类文明最早的发祥地之一。

拓展阅读

尼罗河三角洲

尼罗河干流进入埃及北部后在开罗附近散开汇入地中海，形成了尼罗河三角洲。它以开罗为顶点，西至亚历山大港，东到塞德港，海岸线绵延230千米，南北长约160公里，东西宽250公里，面积约2.4万平方千米。尼罗河三角洲土地肥沃，人口密集，是古埃及文明的发源地。

最短的河流是美国俄勒冈州林肯郡的D河。D河是魔鬼湖与太平洋之间的通道。在低潮时流长仅134米——还不足1000米的$\frac{1}{7}$，它是世界上最短的河流。

流量最大、流域面积最广的河流是哪条?

南美洲北部的亚马孙河，是世界上水量最大、流域面积最广的河流。从它的上游马腊尼翁河河源到亚马孙河河口，全长6480千米，仅次于尼罗河。整个亚马孙河流域面积为705万平方千米，是尼罗河的2.5倍，约占南美大陆面积的五分之二，范围之广，为世界各大河所不及。

亚马孙河

亚马孙河水的流量也最大。它的流域内大部分地区雨量充沛，又有安第斯山脉雪峰的冰雪融水，全年水量均匀，河口年平均流量达12万立方米/秒，每年流入大西洋的水量达3800立方千米，约占世界全部河流水量的九分之一。在远离河口300多千米的大西洋上，还可以看到亚马孙河黄浊的河水。

含泥沙量最大的河是哪条?

黄河是世界上含沙量最大的一条大河。据一些水文站的统计，每年平均每立方米河水含沙量达34～155千克，最高的年份平均有391千克，暴雨时有的地方竟超过600千克。黄河每年输往下游的泥沙约16亿吨，占全国外流河总输沙量的60%。要用16万艘万吨轮，才能把这些泥沙运走。

黄河干流进入下游，河道宽阔，水流缓慢，中游带来的泥沙，每年约有4亿吨淤积在河床中。根据观测，每年河床平均升高约10厘米。这样年复一年，使下游河道成了巨大的“地上河”，两岸全靠人工筑堤保护。现在河床一般比堤外的地面高出数米，有的高达10米以上。黄河好像悬在空中，又叫“悬河”。

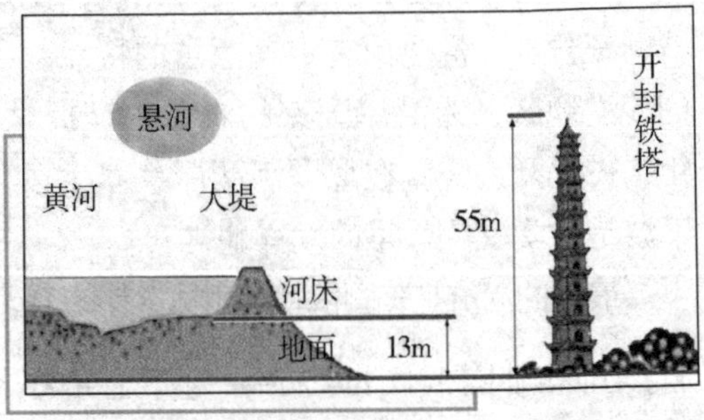

“悬河”示意图

“悬河”全靠堤防，给沿岸人民带来很大的威胁。据记载，新中国成立前的2000多年间，黄河溃堤泛滥达1593次，较大的改道有26次。1933年，黄河洪水决口72处，山东、河北、河南等省67个县受灾，土地被淹12000平方千米，淹死18000多人，360万人流落异乡。

流经国家最多的河流是哪条?

多瑙河位于欧洲，它全长2850千米，仅次于伏尔加河，是欧洲第二条长河。多瑙河发源于德国南部的黑林山东坡，向东流经奥地利、捷克和斯洛伐克、匈牙利、前南斯拉夫、保加利亚、罗马尼亚和乌克兰等国家，最后在罗马尼亚的苏纳港附近注入黑海。多瑙河是流经国家最多的河流。

多瑙河水力资源蕴藏丰富。多瑙河三角洲河网密布，水面面积约占二分之一。这里芦苇面积达17万公顷，年产量250万吨，约占全世界芦苇总产量的1/3。多瑙河水量大，每年的客货运量很大，其中国际货运量占三分之一以上，它对于沟通各国也起了重要的作用，成为欧洲的黄金水道。

最狭长的淡水湖是哪个?

非洲东部裂谷带上有许多狭长的湖泊。其中中部的坦噶尼喀湖，长约650千米，与我国北京至徐州的距离差不多。湖面最宽处80千米，最窄处只有40千米，为世界上最狭长的淡水湖。湖的面积为34000平方千米，比我国的海南岛还要大些。

坦噶尼喀湖在淡水湖中不仅以狭长居冠，也以深著名。1946—1947年，有个比利时的考察队对它进行了详细的研究。他

趣味点击　河　马

河马是淡水物种中的最大型杂食性哺乳类动物，是生物分类法里河马科中的两个延伸物种的其中一个。原来遍布非洲所有深水的河流与溪流中，现在范围已缩小，主要居住在非洲热带的河流间。它们喜欢栖息在河流附近沼泽地和有芦苇的地方。生活中的觅食、交配、产仔、哺乳也均在水中进行，是世界上嘴巴最大的陆生哺乳动物。

们利用回声探深仪测量，测得的最大深度为1470米，仅比世界上最深的贝加尔湖（1620米）浅150米，而居世界深湖第二位。坦噶尼喀湖湖底有南、北两个深水盆地。1470米的最大深度是在南深水盆地测得出的，而北深水盆地的最大深度为1310米。

坦噶尼喀湖的红鹤

坦噶尼喀湖的湖岸线蜿蜒曲折，滨湖平原也很狭小。湖面平静如镜，湖岸景色秀丽，气候宜人，植物生长繁茂。湖中有鳄鱼和河马，鱼产丰富，水鸟很多，周围有大象、羚羊、狮子、长颈鹿等，是考察野生动物的理想场所和天然的渔场，也是诱人的游览胜地。

最大的淡水湖群在哪里？

美国五大连湖

北美洲是多湖的大陆，淡水湖面积居各洲的首位。中部高原区有世界上面积最大的淡水湖群，人称北美“地中海”。其中的苏必利尔湖，面积8万多平方千米，约有我国16个鄱阳湖或40个太湖那么大，是世界上最大的淡水湖。其次为休伦湖、密歇根湖、伊利湖、安大略湖，合称为“五大湖”。总面积244800平方千米，总蓄水量为23000立方千米，相当于密西西比河全年水量的40倍。

五大湖各湖之间有水道相通。由于湖面逐级下降，联络水道中便产生了急流和瀑布。如伊利湖湖面高出安大略湖约100米，有

广角镜

尼亚加拉瀑布

尼亚加拉瀑布是一座位于北美洲五大湖区尼亚加拉河上的瀑布，平均流量2407立方米/秒，与伊瓜苏瀑布、维多利亚瀑布并称为世界三大跨国瀑布。尼亚加拉瀑布以美丽的景色，巨大的水利发电能力和极具挑战性的环境保护工程而闻名于世，是非常受游客欢迎的旅游景点。

著名的尼亚加拉瀑布。五大湖水系的船运繁忙，已成为世界上最大的内河航运系统之一。各湖之间有深达 8 米的运河，可通行 14000 ~ 16000 吨的商轮。

为什么死海淹不死人?

死海位于阿拉伯半岛，约旦河的最南端，是世界上湖面海拔最低的湖泊。相传在公元 70 年，古罗马统帅狄度为了处决战争中被俘来的奴隶，将他们带到死海，欲将他们投进湖中淹死。然而，当带有手铐脚镣的奴隶被投入死海后，一个个都神奇地浮在水面上。不久，水浪又把奴隶们送回了岸边。狄度再次命令士兵把奴隶投入湖中，结果奴隶们仍和上次一样，平安地回到了岸边。

为什么人在死海中不会被淹死呢？原来，二三百万年前，由于地壳运动，当地产生了一次巨大的地表断裂，从而形成了死海。死海的两岸是悬崖绝壁，最高处达 700 米左右。尽管有约旦河和哈萨河中的水流入死海，但是，这里的气候是又干又热。死海如同一个大蒸笼，不断地蒸发着流进湖中的河水，却把盐留在湖中。天长日久，湖水中的盐分越积越多。现在，盐分最多的地方其含盐量可达 300‰左右，要比普通海水的含盐量大好多倍。水中的含盐量大，其相对密度自然也大，死海中的水相对密度为 1.2 左右，而正常人体的相对密度最大也不会超过 1.1。在这样的水中，人自然就浮起来了。

最高的瀑布在哪里?

在南美洲委内瑞拉东南部的圭亚那高原上，奥里诺科河的许多支流穿山越岭，奔腾而下。 路上形成许多大大小小的急流瀑布，其中最负盛名的是安赫尔瀑布。它位于卡罗尼河支流卡劳河的源流——丘伦河上。

丘伦河上游是地下河，在圭亚那高原的奥扬特普伊山顶部东缘，河水从地面以下 60 多米的砂岩层中出露，沿着陡峻的崖壁和多层石级飞泻直落深渊，落差达 979 米，其气势之磅礴可想而知。这个令人神往的世界最高的瀑布，却隐藏在森林密布、高山耸立的峡谷之中。陆地上根本无路可通，好像有意叫人可望而不可即。

1937 年 10 月 9 日，美国飞行员吉姆·安赫尔（死于 1956 年 12 月 8 日）在这里坠机而发现了瀑布。为了纪念安赫尔，瀑布从此得名。如果想看一眼

水文篇

安赫尔瀑布那神秘的雄姿，只有乘飞机做“冒险”旅行。当飞机钻进深山峡谷时只能低飞，乘客们紧张地注视窗外，既担心机翼碰到两边绝壁上嶙峋的巨石，又生怕失去那美好的一瞬。在那一瞬间，可以看到一条从蓝天白云里飘然而出的水帘从眼前一掠而过，这就是安赫尔瀑布。

最宽的瀑布是什么？

在世界无数的瀑布中，最宽的瀑布是非洲赞比西河上的莫西奥图尼亚瀑布。这个瀑布平均以一千多立方米/秒的水量，形成一幅宽达 1800 米的水帘，从 108 米的高度飞流而下，气势极其雄伟。瀑布爆发出雷鸣般的响声，方圆几十千米的人们都能听到。当地人叫它“莫西奥图尼亚”，其意思就是“声若雷鸣的云雾”。

莫西奥图尼亚瀑布

莫西奥图尼亚瀑布以风景优美著称。宽阔的水帘，在谷中冲击起水珠云雾，可飘到 1500 米的高空，形成如烟似雾的白云，2000 米外都可以看到。如果你在 5—8 月的干季到那里去游览，透过水雾可以望见七彩缤纷的长虹。在 11 月以后雨季晴朗的月夜，可以透过水雾，望见绚丽多彩的夜虹。这种奇景，为世界所罕见。

广角镜

赞比西河

赞比西河又名利巴河，当地方言意为“巨大的河流”。赞比西河是南部非洲的最大河流，也是非洲大陆流入印度洋的第一大河。它发源于赞比亚西北部边境海拔 1300 米的山地，干流流经安哥拉、纳米比亚、博茨瓦纳、津巴布韦、赞比亚和莫桑比克等国，支流还流经马拉维，干流注入莫桑比克海峡，全长 2660 千米，流域面积 135 万平方千米。河口多年平均流量 7080 立方米/秒，径流量 2232 亿立方米，仅次于刚果河，居非洲第二位。

土壤生物篇

土壤是有生命的自然体。在每平方米的草原土壤里除了盘根错节的根系外，还有约1210万头土壤小动物，每克肥沃的农田土壤中除了（数以万计）根系及其脱落物外，还有25亿个细菌，40万个真菌，5万个藻类生物，3万个原生动物。因此，土壤是生物的乐园，是自然界最复杂的生态系统之一，也是自然界最丰富的生物资源库。土壤中大量的生物的存在，使土壤具有明显的呼吸作用，存在着旺盛的物质与能量的新陈代谢。

土壤又是生命的摇篮。土壤不仅是生物的栖息地，是生物作用的对象，同时也是地球生命诞生与进化的温床。有证据表明，土壤巨大的表面及复杂的多孔多相体系，对于生命的产生与进化至关重要。如细菌与黏粒结合，可使细菌在极端严酷的条件下存活，地球上生命也有可能起源于土壤。现在人们已发现在土壤中普遍存在着DNA质粒或片段在不同生物细胞间的迁移，可导致物种变异或进化。

什么是土壤？

土壤是指位于陆地表面、具有一定肥力而能够生长植物的疏松层。它的本质属性是具有肥力。所谓肥力，是指土壤为植物生长供应和协调水、肥、气、热的能力。土壤处在岩石圈、大气圈、水圈和生物圈相互紧密接触的地带，是连接各自然地理要素的枢纽，是结合无机自然界和有机自然界的中心环节，它是一个与周围环境不断进行物质和能量交换的开放系统。土壤又是一个独立的生态系统，这是因为：

土壤剖面图

（1）土壤存在特有的食物链。植物通过光合作用摄取和固定大量能量，并通过根部从土壤中吸取大量养分和水分。植物的枯枝落叶及动物残骸、排泄物，富集在土壤表层。这些有机质残体，成为土壤微生物、动物——消费者和分解者的食物，这些细小动物，又是某些捕食性小动物的食物。这样，便形成了土壤的食物链：动植物有机残体及植物根系→植食性小动物→捕食性小动物。

（2）土壤存在独特的物质循环和能量转化。土壤中的营养元素，通过生物的吸收、分解和转化，形成了生物小循环。微生物和土壤动物在共同分解有机质的过程中，不断向环境中释放热能；又使有机质腐殖质化，储存在土壤中，长期供植物生长之用。也就是说，输入土壤的物质和能量，经过转移变化，一方面维持土壤本身的活动，另一方面又以输出的形式作用于外界环境，形成土壤的肥力特性。

土地不是土壤。它们的区别是：

（1）土地和土壤同属于陆地表层。但土壤是指具有一定的肥力，能够生长植物的那一部分疏松表层；而土地却包括土壤、石山与冰川、沙丘等陆地表面。

（2）土壤是由矿物质、有机质、空气和水分四部分组成的；土地则包括岩石、岩石的风化物和土壤三部分。所以土壤是土地的一部分。

土地和土壤是相互联系，又有区别的两个概念。它们都是自然界与人类活动综合作用的产物。

世界各地的土壤类型有哪些？

亚、欧大陆：亚、欧大陆是最大的大陆。山地土壤占三分之一，灰化土和荒漠土分别占16%和15%，黑钙土和栗钙土占13%。地带性土壤沿纬度水平分布由北至南依次为：冰沼土、灰化土、灰色森林土、黑钙土、栗钙土、棕钙土、荒漠土、高寒土、红壤、砖红壤。但在东、西两岸略有差异：大陆西岸从北而南依次为：冰沼土、灰化土、棕壤、褐土、荒漠土；大陆东岸自北而南依次为：冰沼土、灰化土、棕壤、红黄壤、砖红壤。在灰化土和棕壤带中分布有沼泽土。半荒漠和荒漠土壤中分布着盐渍土。在印度德干高原上分布着变性土。

知识小链接

灰化土

灰化土寒温带针叶林植被下发育的土壤。广泛分布于欧亚大陆北部和北美洲的北部，东西呈连续带状，南半球仅见于山地垂直带中。约占地球陆地面积的9%。在冷湿针叶林下，土壤终年处于湿润状态，从而创造了还原淋溶的条件；以真菌为主体的微生物分解林下凋落物，产生以富里酸占优势的大量有机酸，而又得不到中和，使土壤溶液保持酸性至强酸性。在强酸性条件下，有机酸使土体发生螯合淋溶和淀积作用，形成灰化土。

美洲：北美洲灰化土较多，约占23%。由于西部科迪勒拉山系呈南北走向伸延，从而加深了水热条件的东西差异，因此，北美洲西半部土壤表现明显的经度地带性分布。北美大陆西半部（灰化土带以南，西经95°以西，不包括太平洋沿岸地带）由东而西的土壤类型依次为湿草原土、黑钙土、栗钙土、荒漠土；而在东部因南北走向的山体不高，土壤又表现出纬度地带性分布，由北至南依次为冰沼土、灰化土、棕壤、红黄壤。北美灰化土带中有沼泽土，栗钙土带中有碱土，荒漠土带中有盐土。南美洲砖红壤、砖红壤性土的分布面积最大，几乎占全洲面积的一半，主要分布于南回归线以北地区，呈东西延伸。在南回归线以南地区，土壤类型逐渐转为南北延伸，自东而西依次大致为：红黄壤、变性土、灰褐土与灰钙土，再往南则为棕色荒漠土。安第斯山以西地区土壤类型是南北向排列和延伸的，自北向南依次为：砖红壤、红褐土、荒漠土、褐土、棕壤。

非洲：非洲土壤以荒漠土和砖红壤、红壤为最多，前者占37%，后两者占29%。由于赤道横贯中部，土壤由中部低纬度地区向南北两侧成对称纬度地带性分布，其顺序是砖红壤、红壤、红棕壤与红褐土、荒漠土，至大陆南北两端为褐土和棕壤。但在东非高原因受地形的影响而稍有改变。在砖红壤带中分布有沼泽土，在沙漠化的热带草原、半荒漠和荒漠带中分布有盐渍土。

澳大利亚：土壤以荒漠土面积最大，占44%，次为砖红壤和红壤，占25%。土壤分布呈半环形，自北、东、南三方面向内陆和西部依次分布热带灰化土、红壤与砖红壤、变性土与红棕壤、红褐土与灰钙土、荒漠土。

基本小知识

砖红壤

砖红壤是热带雨林或季雨林中的土壤在热带季风气候下，发生强度富铝化作用和生物富集作用而发育成的深厚红色土壤，以土壤颜色类似烧的红砖而得名。砖红壤是具有枯枝落叶层、暗红棕色表层和棕红色铁铝残积层的强酸性铁铝土。但中国的雷州半岛和海南岛北部由玄武岩母质发育的砖红壤呈暗红色。土层深厚，质地黏重，黏粒含量高达60%以上，呈酸性至强酸性反应。

生物圈的核心部分是指什么？

生物圈的厚度估计20～30千米，但有正常生命活动能力的生物不可能遍布生物圈上下各处，而是比较集中生存于距离地球表面不远的范围内。因为这一层有适于生物生存的各种有利条件。地面以上100米，大致相当于木本植物的最大生长高度；水面以下 200 米，大致是阳光能够透射的深度。这一薄层是生物繁殖和生命活动最活跃的圈层。生态学上把这一薄层叫作“生命薄膜”，即生物圈的核心部分。

如何区别生物圈及生态系统？

生物之所以能成为地球上非常活跃的特殊圈层，归根结底是由于绿色植物能够进行光合作用。光合作用是生物界最基本的物能代谢，也是生态系统内部的物质循环和能量转换的前提。生物则是生态系统的物质转换者和能量传递者。

在一定生境中，相互有直接或间接关系的各种生物的总称，或生物有规律的组合，为之生物群落。由生物群落及其无机环境所构成的自然界的任何部分，只要其中生物和它们无机环境之间进行连续的能量和物质交换，就叫作生态系统。

明显地，生物圈同生态系统一样，都是由生物及其生存环境组成。生物圈可视为地球上最大的生态系统。不同的是，生物圈概念广泛，是指地球上所有生物及其生存环境的总称。而生态系统的概念则包括：①一般指自然界的任何部分，范围可大可小；②强调了系统内生物与无机环境之间进行连续的物能交换；③无论哪级、哪类生态系统，都具有一定边界和空间范围、特有的生物群落及其环境。

植物为什么会对生长环境具有指示作用？

植物的生长和发育是依靠植物本身与周围环境进行物质和能量交换而维持的。植物的生长依赖于环境条件，因此，环境条件影响着植物的分布，植物对于生长的环境有明显的指示作用。气候和土壤是对植物生长影响最大的环境条件。植物生长必须有一定的热量、光照和水分，这主要取决于气候状况；植物生长所需的营养元素主要取决于土壤。由赤道到极地热量分布显著不同，植物也有明显差异。如热带雨林、温带落叶阔叶林和寒带针叶林就明显不同。光照条件不同植物也不一样，因此有喜光植物、喜阴植物等。植物对水分条件也有明显的反映。如湿润地区的植物叶茎繁茂，一般叶大而柔软；而在干旱地区的

蜈蚣草

植物，一般地上部分不茂盛，而地下根系十分发达，植物的叶小甚至变成细刺状。

因此，不同植物要求不同的环境条件，可以说在相当大的程度上，植物是自然环境的一面镜子，植物对其生长的环境具有明显的指示作用。

例如，铁芒箕生长在红壤等酸性土壤中；马尾松为喜光植物，生长在酸性土壤中；碱蓬生长在盐碱土中；骆驼刺为干旱地区的植物；芦苇则生长在湿润、地下水丰富的地区；映山红生长在酸性土壤中；蜈蚣草则性喜钙质土；侧柏则生长在石灰性土等碱性土壤中；冷杉为喜阴植物。

陆地低纬度地区主要分为哪些自然带？

热带雨林

纬度自然带的存在早已为研究者们所承认，但关于地球陆地自然带的划分原则和数量，尚无统一的意见。这里所引用的地球陆地自然带，反映了大多数学者所划分的地带，每一自然带的典型和最富有表现力的特征是植被类型，因而这也反映在这个自然带的名称及其特征的描述上。

纺锤树

（1）热带雨林带。分布于赤道带

的湿润大陆地区和岛屿上。如亚马孙平原、刚果盆地和东南亚的岛屿。本带气候属于赤道多雨类型，终年高温，各月平均气温在25℃以上；降水充沛，年降水量在2000毫米左右。整个环境过度湿润，适于热带雨林生长。这里树种繁多，乔木高大，常绿浓密，林冠排列多层，林内藤本植物纵横交错，附生植物随处可见。林中动物以鸟类和猿猴目为活跃。林下的风化壳上，发育着热带的砖红壤。

斑 马

（2）热带稀树草原带。位于热带雨林带的两侧，在非洲和南美洲有着广泛的分布，而在澳大利亚、中美洲和亚洲的相应地带分布不广。本带气候属于热带干湿季分明的类型，最大的特征是一年中有长达4个月以上的干季。热带稀树草原也称萨王纳群落，主要是由高大的禾本科植物所构成，在草本植被中间，零星地分布着成片的乔木或独株的乔木，如非洲的波巴布树、南美洲的纺锤树等。它们具有能储藏大量水分的旱生构造。热带稀树草原的季相变化非常明显，雨季草木繁茂，干季草原呈现一片黄褐景色。善于疾驰的食草动物在这里得到了很好的发展，如斑马、长颈鹿、犀牛、羚羊；食肉动物也很丰富，如狮、豹等。茂密的草本植物

拓展阅读

马尾松

马尾松是常绿乔木，高达45米，胸径1米；干皮红褐色，呈不规则裂片；一年生小枝淡黄褐色，轮生；冬芽圆柱形，端褐色叶两针一束，亦有三针一束，马尾松针叶又分长短，长的达30厘米，叫长叶马尾松；短的仅10厘米以内，叫短叶马尾松。球果长卵形，长4~7厘米，径2.5~4厘米，有短柄，成熟时栗褐色脱落而不，脱落而不宊存树上，种鳞的鳞背扁平，横不很显著，鳞脐不突起，无刺。

土壤生物篇

引起生草过程的发育，因此土壤中进行着腐殖质、氮和灰分养料元素的积聚，形成红棕色土。

（3）热带荒漠带。此带位于副热带高压带和信风带的背风侧，在北非的撒哈拉、西南亚的阿拉伯半岛、北美的西南部、澳大利亚的中部和西部、南非及南美部分地区表现明显。气候属于全年干燥少雨的热带干旱与半干旱类型，植被贫乏，有大片无植被的地区。植物以稀疏的旱生灌木和少数草本植物以及一些雨后生长的短生植物为主。动物种类和数量都很少，成土过程进行得十分微弱，形成荒漠土。

陆地上中纬度地区主要有哪些自然带？

（1）亚热带常绿硬叶林带。分布在南北纬30°~40°的大陆西部。如地中海沿岸、非洲大陆的西南端、澳大利亚大陆的西南沿海、北美洲的加利福尼亚沿海地区以及南美洲西部的智利中部。本带气候属亚热带夏干型，主要形成常绿硬叶林带，以常绿灌丛林为主，发育着褐色土。

常绿阔叶林

（2）亚热带常绿阔叶林带。分布在南北纬25°~35°的大陆东部，如我国的长江流域、日本的南部和美国的东南部、澳大利亚的东南部、非洲东南部以及南美洲的东南部。气候属于亚热带季风气候和亚热带湿润气候，常绿阔叶林（又称照叶林）是这里的主要植被，发育着亚热带的黄壤和红壤。

（3）亚热带荒漠草原带。本带处在热带荒漠和亚热带森林带（包括亚热带常绿硬叶林带和亚热带常绿阔叶林带）之间，在北半球位于热带荒漠带的北缘；南半球则出现在澳大利亚的南部以及非洲和南美洲南部的部分地区。气候属于亚热带干旱与半干旱类型。随着由热带荒漠向纬度较高地区推进，年降水量有所增加，但最大降水量常在低温时期，夏季则高温、少雨，使本带干旱、缺水。植被类型属于荒漠草原，通常生长有旱生灌木及禾本科植物，在较湿润的季节里有短生植物的生长，土壤属于半荒漠的淡棕色土。

黄鼠

（4）温带阔叶林带。又称夏绿阔叶林带，主要分布于温带大陆的东部和西部（中部是草原、荒漠草原和荒漠）。亚洲东部的夏绿林，包括我国东北和华北、日本群岛、朝鲜半岛、俄罗斯的堪察加半岛和萨哈林岛（库页岛）等地区，受温带季风气候影响，阔叶树种类成分较欧洲丰富，有蒙古栎、辽东栎以及槭属、椴属、桦属、杨属等组成的杂木林。欧洲西部的夏绿林受温带海洋性气候影响，往往形成单一树种组成的纯林，如山毛榉林、栎林等。北美洲夏绿林分布在五大湖以南，直到阿巴拉契亚山脉、密西西比河流域和大西洋沿岸低地。这里主要是温带大陆性湿润气候，植被以美洲山毛榉和糖槭组成的山毛榉林为主。温带阔叶林的土壤主要为棕色森林土、灰棕壤和褐色土。动物种类比热带森林少，但个体数量较多，主要以有蹄类、鸟类、啮齿类和一些食肉动物为最活跃。

（5）温带荒漠带。本带主

拓展阅读

啮齿类

啮齿目是哺乳动物中的一目，其特征为上颌和下颌各两颗会持续生长的门牙，啮齿目动物必须通过啃咬来不断磨短这两对门牙。哺乳动物中40%的物种都属于啮齿目，而且在除了南极洲的其他所有大陆上都可以找到其大量的踪迹。一般常见的啮齿目动物有老鼠、松鼠、豪猪、河狸、草原犬鼠和美洲旱獭。啮齿目有尖锐的门牙，可以用来啃咬树干、咬碎食物和咬击掠食者。大多数的啮齿目动物以种子或植物为食，但也有少数以昆虫或甚至鱼类为食。一些物种在历史上被视为害虫，会偷吃人类的储粮和传播疾病。

要分布在亚欧大陆中部和北美大陆西部的一些山间高原上以及南美大陆南部的东侧。气候属于温带大陆性干旱类型。这里植被贫乏，只有非常稀疏的草本植物和个别灌木；土壤主要是荒漠土。

（6）温带草原带。从东欧平原的南部到西伯利亚平原的南部，这是一条东西走向很宽的温带草原带；北美洲中部和南美洲南部的温带草原，由于一系列非地带性因素的影响，改变了呈东西向带状的分布形式。温带草原的气候属于温带大陆性半干旱类型，植被以禾本科植物为主；土壤主要是黑钙土和栗钙土；啮齿类（如黄鼠、野兔）、有蹄类和一些食肉动物（如狼、狐等）是温带草原的主要动物。

陆地上高纬度地区主要有哪些自然带？

（1）亚寒带针叶林带，主要分布在北半球大陆中、高纬度地区，在北纬50°~70°之间。如亚欧大陆北部和北美大陆的北部，呈宽阔的带状东西伸展。这里属于亚寒带大陆性气候，冬季十分寒冷，夏季温暖潮湿。形成了由云杉、银松、落叶松、冷杉、西伯利亚松等针叶树组成的针叶林带；发育着森林灰化土；动物界主要以松鼠、雪兔、狐、貂、麋、熊、猞猁等耐寒动物为多。

（2）苔原带主要分布在亚欧大陆及北美大陆的最北部以及北极圈内许多岛屿。这里气候严寒，冬季漫长，多暴风雪，夏季短促，热量不足，土壤冻结，沼泽化现象广泛。这些环境条件，不利于树木生长，因而形成以苔藓和地衣占优势的、无林的苔原带；土壤属于冰沼土；动物界比较单一，种数不多，特有驯鹿、旅鼠、北极狐等，夏季有大量鸟类在陡峭的海岸上栖息，形成“鸟市”。

（3）冰原带几乎占有南极大陆的全部、格陵兰岛的大部以及极地的许多岛屿。这里全年由冰雪覆盖，气候终年严寒，最暖月的平均温度仅在某些地区高于0℃。植物非常稀少，仅在高出于冰雪之上的岩崖上，才有某些藻类和地衣的生长。冰原带的动物界也很贫乏，南极大陆没有陆生哺乳动物，仅在沿岸地区特有企鹅一类的海鸟；在北极诸岛上有时可以看到白熊和白狐；在南、北半球冰原带的海水中，有鲸和海豹等。

自然带分布有哪些规律？

陆地自然带的分布主要有以下的基本规律：

（1）纬度地带性。各自然带大致沿纬线方向延伸成一定宽度的带状排列，并按经线方向有规律地南北更替的变化。纬度地带性的产生，主要是太阳辐射受地球形状的影响，从赤道向两极递减的结果。不同纬度的地带，不仅热量条件不同，而且水分条件也有差异，因此形成了不同的植被和自然景观。

（2）经度地带性。自然带从大陆滨海地区向内陆逐渐更替，大体上与经线相平行伸展成条带状。它的产生主要受水分条件的影响，同时也必需具备一定的热量条件。

（3）垂直地带性。在高山地区，从山麓到山顶水热条件随高度的增加而变化，这种垂直的气候变化影响到生物，土壤也相应发生垂直变化，因此形成山地的垂直自然带。对某个具体的山地来讲，它总是处在一定的纬度带内，因此纬度地带性也必然给它打下烙印。此外，山体的高度、走向、坡向以及海陆位置等也对垂直地带性变化有重要影响。

（4）非地带性。在地球表面，海陆分布、地形起伏等不具备地带性规律，称之为非地带性因素。在它的影响下自然带的地带性分布规律遭到破坏，变得很不完整或不很鲜明，使自然环境更加复杂多样。如在北纬50°~70°的大陆上是东西延伸的针叶林，而南纬50°~70°由于大部分是海洋，因而没有亚寒带针叶林的分布。南美安第斯山南段的西侧是多雨的温带森林，而同纬度的山脉东面却是干燥的巴塔哥尼亚沙漠。

基本小知识

针叶林

针叶林是以针叶树为建群种所组成的各类森林的总称。包括常绿和落叶，耐寒、耐旱和喜温、喜湿等类型的针叶纯林和混交林。主要由云杉、冷杉、落叶松和松树等属一些耐寒树种组成。通常称为北方针叶林，也称泰加林。其中由落叶松组成的称为明亮针叶林，而以云杉、冷杉为建群树种的称为暗针叶林。

从以上可以看出，地球上陆地自然带的分布受多种因素的影响，受各方面规律的支配，其中热量条件是最基本的。在纬度地带性的基础上，又叠加上经度地带性、垂直地带性和非地带性诸方面的作用，使得自然带的分布既有一定的规律，又错综复杂。

喜马拉雅山南北坡自然带分布有何不同?

珠峰附近的垂直自然带，南坡明显而复杂，北坡比较简单。

这是因为南坡相对高度大，面迎来自印度洋的西南季风，降水丰富，气候的垂直分带明显；北坡相对高度小，基带是青藏高原的一部分，又处于背风坡，降水较少，气候寒冷，自然带的垂直分带简单而又不怎么明显。南坡出现一系列的森林带，而北坡没有，出现的只是高寒环境下形成的草甸草原、寒荒漠与积雪冰川带。南坡积雪冰川带反比北坡要低四五百米，这和南坡降水丰富，北坡降水少有密切关系。南坡的冰川属海洋性冰川，海拔较低；北坡冰川则属大陆性冰川，海拔较高。

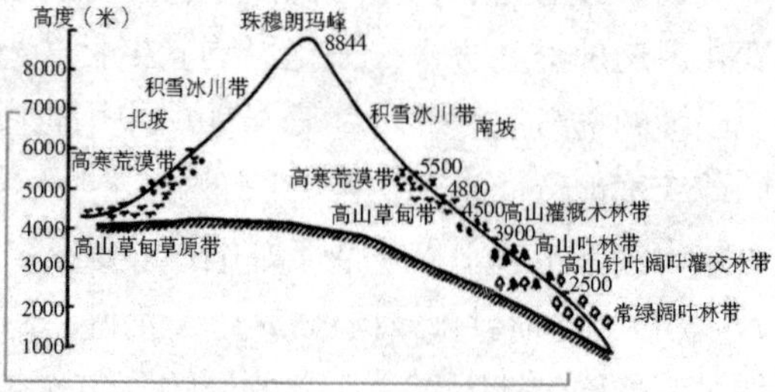

喜马拉雅山南坡和北坡自然带

山地垂直自然带分布是地带性还是非地带性现象?

在高中地理教学中，学生往往问到这样一个问题：山地的垂直自然带的分布是受非地带性因素的地形影响，因而属非地带性现象？这是讨论较多的一个问题。

在研究自然带的分布时，是在假设的“理想大陆”基础上，来研究自然带的分布规律。也就是说，水平地带性是基于“理想大陆”的基础上，没有考虑地形起伏的影响。因而，山地本身的存在就是对水平地带性的干扰和破坏，是一种相对于水平地带性的非地带性因素。但是，山地随高度而产生的垂直地带现象，是作为非水平地带性因素本身又存在地带性现象。也就是说，山地的垂直分布自然带是受非地带性因素影响下的地带性现象。地带性现象，都是符合一定的分布规律的现象。而非地带性现象，是受其他各种因素（如海陆分布、地形因素等）使地带性分布中断或产生违反常规的分布。如：天山山麓的绿洲它周围是温带荒漠，而山地的垂直带谱，是一种连续的、有规律的分布，应属地带性现象。

怎样区分热带沙漠与温带沙漠？

热带沙漠与温带沙漠都是干旱气候的产物，但是这两种沙漠有许多不同之处。

（1）分布规律不同。热带沙漠主要分布在南、北回归线附近的大陆内部和大陆西岸。如北非的撒哈拉沙漠、西亚的阿拉伯沙漠、南亚的塔尔沙漠、北美的墨西哥沙漠和加利福尼亚沙漠、南非的卡拉哈里和纳米布沙漠、澳大利亚中西部沙漠、南美的阿塔卡玛沙漠等。温带沙漠主要分布在温带大陆的内部。如中亚的卡拉库姆和克齐尔库沙漠、蒙古的大戈壁、美国西部的大沙漠以及我国的塔克拉玛干沙漠等。

（2）形成原因不同。热带沙漠终年为副热带高气压带和信风带控制，气流下沉增温，相对湿度减少，不易成云致雨。加上近地面层风从大陆吹向海洋，所含水汽少。此外沿岸又有寒流经过，使下层空气冷却干燥，难以成雨。温带沙漠多半深居大陆内部（南美巴塔哥尼亚沙漠因特殊的位置和地形除外），距海遥远，加上山地阻碍，地形闭塞，湿润

趣味点击　双驼峰

双峰骆驼，也叫双峰驼，是骆驼的一种，与单峰骆驼不同，有双峰，主要栖息在中亚。双峰骆驼的身高超过2米，体重超过725公斤。主要以草、树叶和谷物为食，一次最多可以喝下120升的水，其身体特征非常适应于干燥炎热的沙漠气候。今天全世界大约有140万头双峰骆驼，但几乎全部是驯养品种，世界自然保护联盟已将该物种列为极度濒危。

的海洋气流难以到达。

子午沙鼠

（3）气候特点不同。热带沙漠地区全年高温少雨，夏季各月平均气温高达34℃以上，冬季各月平均气温一般不低于10℃，气温日较差一般为15℃～20℃，个别地方甚至可达40℃以上，气温年较差小于日较差是热带沙漠重要特征之一。年降水量极少，一般不超过200毫米，如撒哈拉沙漠地区年降水量不到50毫米，阿塔卡玛沙漠的伊基克曾有14年不下雨的记录。温带沙漠地区夏热干燥，夏季各月平均气温一般高于10℃，冬季寒冷，冬季各月平均气温一般要在0℃以下，气温的年较差和日较差都远远大于热带沙漠。年较差小于日较差，冬季有少量降雪是温带沙漠重要特征之一。降水稀少，年降水量不足250毫米。

（4）植被、动物不同。热带沙漠植被稀疏，有的地方甚至大面积裸露，植物种类贫乏，只有些耐旱灌木或速生草本植物点缀在沙漠中，根系发达、叶小多刺。如撒哈拉沙漠的柽柳，地上部分不过3～4米高，主根可深达20多米，没有叶子，靠枝干进行光合作用。动物稀少，啮齿类和爬行类动物占优势，大多动物具有耐饥渴、善奔跑的能力。如非洲的鸵鸟，能以33米/秒的速度行走，被称为动物界竞走的冠军。温带沙漠植被也很贫乏，多是稀疏的草本植物和灌木丛，具有发达根系和耐盐碱的习性。典型动物如双峰驼、子午沙鼠等。

森林在改造自然、保护环境中有什么重要作用？

（1）森林具有调节气候的功能。森林地区气候温和，夏凉冬暖，昼凉夜暖；同时林冠层能截留降水的10%～30%，通过叶面蒸腾到大气中增加大气湿度。一般来说，在林带的向风面，1～3倍树高的范围内和林带的背风面15～20倍树高的范围内，风速可降低40%～50%，因此森林具有降低风速的功能。森林使大气湿度、云量和降水量有所增加，从而缓和了气温的日变化和年变化。

（2）森林能保持水土，涵养水源，有利于地下水下渗，使不稳定的地表径流变成稳定的地下水径流。

（3）减弱公路、铁路上来往车辆和火车对居民带来的噪声影响；调节居民区的气候，美化生活环境；净化化工厂对大气的污染，同时，也防止其污染影响到居民生活；保持水土，防止水土流失。

森林一旦被破坏会造成以下问题：①水土流失加重，水旱灾害增多，河流含沙量增大；②气候恶化，气温的日变化和年变化加大，尘暴盛行；③生态平衡失调，动植物资源毁灭，生态系统中食物链中断，发生一系列连锁反应。

生物对地理环境有什么影响？

生物是地理环境的产物，又对地理环境的形成和发展起着非常重要的作用。主要表现在：

（1）使自然界的化学成分进行了迁移。由于植物、动物、微生物的共同作用，使自然界中的化学元素进行迁移、运动、更替或循环。它包括：①绿色植物通过光合作用，把无机物合成有机物，把太阳能转变成生物化学能。②植物的产物是动物和微生物的食物来源。③动植物呼吸作用消耗有机物，使其一部分转变成无机物，散放到无机环境中。④有机残体或废物中的化学元素，经微生物分解作用，以无机物形式归还到环境中去。

（2）改造着大气圈、水圈、岩石圈。①生物作用改变了大气成分。原始大气主要成分有二氧化碳、甲烷、氢和氨，而不是氮和氧。后因生物生命活动的参与，氮和氧浓度大增，

你知道吗

什么是铜草？

铜草属唇形科、香薷属，学名叫海州香薷。这种草在铜矿区分布很多，人们常常根据这种草的分布情况来寻找铜矿。铜草为一年生草本植物、茎直立四棱形，高 30～50 厘米，有柔毛；叶对生，披针形或条状披针形；花冠唇形，淡紫色，上唇两裂，下唇三裂，果实为 4 个小坚果，近卵形。铜草是一种能吸附土壤中铜金属的植物，人们说“见铜草，便有铜”，这便是铜草名称的来由。

二氧化碳含量大减，逐渐变成现今空气的化学组成状况。一般认为，氧因绿色植物光合作用而富集；氮一部分是由于细菌分解各种氮化物而被释出来的，另一部分是从原始大气中氨分离出来的。原始大气中的二氧化碳，一部分参与了有机物的合成，另外更多的为海水和海洋生物吸收、溶解、沉积。②生物对地表水、地下水化学成分起制约作用。表现在有机体在新陈代谢过程中，从水中吸收某些化学元素和化合物，而释放出另一些化学元素和化合物。③生物加快了岩石的风化和土壤的形成。

怎样利用植物寻找矿藏？

在某些矿区的岩石或土壤中，成矿的元素或与成矿有关的元素的含量要比无矿地区高。这种现象被称为元素的地球化学异常。在矿区生长的植物，会受到元素异常现象的影响，表现出与其他地区的同类植物不同的特征。另一方面，植物还可以通过根系吸收土壤中的成矿元素或与成矿有关的元素，造成植物机体中这些元素含量增高。这种现象可以通过仪器测定出来。

矿区土壤中某些元素含量很高，有些植物的外观会因此而发生变化。这些易受影响的植物就可以用作找矿的指示植物。比如我国长江中下游一些铜矿区生长的海州香薷（铜草），就是一种寻找铜矿的有效指示植物。当土壤中铜的含量增高时，海州香薷也由稀疏、高大、多分枝的植株，变为密生、不分枝的瘦小植株，并且由原来的绿色变为紫红色。

再如在铀矿区，一般植物几乎不能生长，可是箭叶姜菜却长得格外茁壮，因而它就成为找铀矿的重要指示植物。在锰镍钴含量较高的地区，植物的叶子一般有褪色现象，这就为勘探矿藏提供了有力的线索。

利用植物找矿的另一种方法是对植物体内的某些元素含量进

广角镜

镍

镍是化学元素之一，化学符号为 Ni，原子序数为 28，具磁性，属过渡金属。镍是银白色金属，密度 8.9 克/厘米^3。熔点 1455℃，沸点 2730℃。质坚硬，具有磁性和良好的可塑性。有好的耐腐蚀性，在空气中不被氧化，又耐强碱。主要用于合金（如镍钢和镍银）及用作催化剂。

行分析测定。如果一个地区的植物体内某种成矿元素含量很高，可能预示这一地区含有某种矿床。比如在铜矿区土壤上生长的草本植物海州香薷和女娄菜，对铜有较强的吸收能力，所以它们的灰分中含铜量可达 0.1% ~0.3%，而在无矿区，同类植物中的含铜量则远没有这么高。但是，有些植物对某种元素本来就具有特殊的选择、吸收性，不管在哪里生长，体内该种元素的含量都很高，这种情况不具有指示找矿的意义。

美国曾对松树和圆柏进行元素含量分析，根据分析结果在科罗拉多地区圈出了铀矿化地段。芬兰曾利用植物中镍的含量圈出 4 米厚的冰碛层下的镍矿体。中非也曾依靠荨麻属植物来寻找铜矿和钴矿。目前，利用植物找矿还不普遍，但在某些地区，比如林区和不便利用其他方法找矿的地区，利用植物找矿已收到明显的效果。

绿化对保护环境有何重要作用?

（1）绿色植物是大自然“吸收毒气和制造氧气的工厂”。根据测定，每公顷森林一天可以吸收 1 吨二氧化碳，放出 750 千克氧气。每个成年人，一天吸进氧 0.75 千克，呼出二氧化碳 1 千克。1 公顷森林可供 1000 人呼吸之用，再加上城市中工业生产所放出的二氧化碳，每人需占有大约 35 平方米的绿地，才能保持空气中氧气和二氧化碳的正常比例。有些植物，如柳杉还能吸收空气中的二氧化硫，扁豆叶可以吸收氟化氢，烟草可以吸收汞。

（2）绿色植物是大面积的“天然吸尘器”。绿色植物尤其是森林，对粉尘有阻挡和过滤吸收作用，减尘率可达 21% ~39%。这是因为森林降低了风速，起到降尘作用。又由于各种类型的叶片，可以大量吸附粉尘，使空气得到净化。例如，林地比裸地吸尘能力大 75 倍。又如长满草的足球场比没有草坪的足球场的近地层上空的粉尘量要少$\frac{2}{3}\sim\frac{5}{6}$。

（3）绿色植物是“天然的隔音板”和“大面积的消声器”。噪声是大城市的一大污染，它严重影响人们的健康、工作和学习。科学研究表明：适合人们生活环境的声音应为 30 ~40 分贝，晚上不得超过 45 分贝，白天不得超过 60 分贝。否则，可恶的噪声不仅会引起人的“噪声性耳聋”，而且还能使人产生头痛、头晕、耳鸣、失眠、心慌、多梦、疲乏、神经衰弱等病症。树木和草地能减弱噪声。由于树木、花草高低不一，叶子大小各异，千姿百态，使声音通过这些障碍物体就会发生多次反射，从而使声波在传播过程中大大削弱；此外，植物的叶子表面有绒毛和大量气孔，正如电影院凹凸不平的墙壁、天花板上的吸音板一样，所以把绿色植物誉为天然的“消声器”和“隔音板”。

（4）绿色植物能杀菌抗病。有不少植物能分泌杀菌素。例如，桉树分泌的杀菌素，能杀灭结核菌和肺炎菌。悬铃木（法国梧桐）的分泌物能在3分钟内杀灭细菌。据调查，绿地空气中的细菌比市中心区减少多于80%。这就说明植物具有杀菌作用。

总之，绿化大地，可以净化空气，防治环境污染。

建立自然保护区有什么重要作用？

自然保护区是在原始的自然状态系统中，选择具有代表性的地段，人为地划定一个区域，并采取有效的保护措施，对那里的生态系统加以严格的保护。世界各国对自然保护区的建设都非常重视，往往以自然保护区的数量和占全国总面积的百分比，作为衡量一个国家的自然保护事业、教科文事业发展水平的重要标志之一。建立自然保护区的重要作用在于：

广东省肇庆市鼎湖山自然保护区

（1）建立自然保护区可以积极保护生态平衡，有利于加强研究合理的生态平衡和对人类环境的保护。在设立自然保护区的地方，可以使生态系统保持在原始状态或接近原始状态，消除人类的破坏和干扰。

（2）有助于加强生物物种的研究和利用物种资源。由于人类活动的规模日益增大，不少物种在未被充分认识之前消失了，这给人类开始利用自然资源带来了巨大的损失。科学研究表明：每消灭一种植物，就会有10～20种依附于该种植物的动物随之消失。

（3）可以深刻地了解生物间的制约关系。生物在演化过程中，形成相互依存、相互制约的内在联系。这种关系反映在食物链的组成上，构成一个地区相对稳定的生态系统。人类准确地认识这种关系，才可能更好地利用自然、改造自然，这是设立自然保护区重要目的之一。

（4）自然保护区是天然的科学实验基地。自然保护区保存了大量的物种和丰富多彩的生态系统、生物群落及其生存的环境，这就为科学研究提供良好的基础。同时，也是普及科学知识，进行教学实习的天然课堂。

（5）可以作为旅游的基地。自然保护区保存了天然生态系统和大量野生动植物，或保存了完整的地质剖面，对旅游者有很大的吸引力。尤其是某些风景秀丽的自然保护区，更是旅游者向往之地。所以，自然保护区是发展旅游的重要胜地。

（6）具有明显的生态效益。自然保护区保护了天然植被及其组成的生态系统，在改善环境、涵养水源、保持水土等方面具有重要作用。

从上述可知，自然保护区对于保护自然界生态平衡，促进生产，开展科学研究，发展旅游等都有十分重大的作用。

最大的热带森林区在什么地方？

亚马孙平原地处赤道低纬带，南北介于巴西高原与圭亚那高原之间，西接安第斯山，东临大西洋。面积约560万平方千米。平原除西部边缘外，海拔大部分都低于150米。由于终年受大西洋暖湿气团控制，气候炎热潮湿，雨量充沛，年平均温度在25℃～27℃，年平均水量在1500～3500毫米，且年内分配均匀。高温多雨的气候使这一地区成为世界最大的热带森林区。这片森林面积达260万平方千米，木材蓄积量500亿立方米。植物种类繁多，仅巴西境内就有4000多

被森林覆盖的亚马孙平原

个树种，主要树木有维罗拉豆蔻、桃花心木以及许多棕榈科植物，藤本植物和附生植物也非常发达。近年来，亚马孙平原毁林开荒现象日益增多，森林面积不断减少，对环境保护和生态平衡都有重大影响。众所周知，森林对于保护自然环境具有重大作用，它能大量吸收二氧化碳，排出人类所需要的氧气，如果森林被大量破坏，工业发展所产生的二氧化碳就不能被植物吸收。二氧化碳是一种温室气体，它将使气温逐渐升高并造成与人类生活不协调的自然环境，这是人类所面临的一大难题。保护森林、保护环境将是人类共同的利益所在。

拓展阅读

藤本植物

藤本植物，又名攀缘植物，是指茎部细长、不能直立、只能依附在其他物体（如树、墙等）或匍匐于地面上生长的一类植物，最典型的如葡萄。藤本植物在一生中都需要借助其他物体生长或匍匐于地面，但也有的植物随环境而变，如果有支撑物，它会成为藤本，但如果没有支撑物，它会长成灌木。例如，漆树科和茄科的一些品种。

为什么贝加尔湖有海洋动物？

俄罗斯的贝加尔湖很大，且令世人称奇的是，湖水不仅有2000多种特有的淡水湖动物，还生活着大量的海豹、鲨鱼、龙虾、海螺等只有在海洋中才能见到的动物。

科学家对此进行了不断探索，认为贝加尔湖以前是“北方的海洋”，以后发生地壳运动，周围高山隆起，它却相对下降，形成了湖泊。以后，周围众多的河流汇入湖泊，渐渐地冲淡湖水，使之成为淡水湖，结束了它作为海洋的历史。原来大多数生活在海洋中的海洋生物灭绝。但是，有些生存能力特强的动物，慢慢地适应了淡水环境，成为世界上特有的淡水动物，如贝加尔海豹等。

也有学者认为，贝加尔湖中的淡水类海洋动物，有可能是从海洋中慢慢到达贝加尔湖，逐渐习惯了淡水中生活，便形成了淡水湖中的“海洋动物”。

资源能源篇

QINGSHAONIAN BIZHI DE DILI ZHISHI

能源和资源是指在目前社会经济技术条件下能够为人类提供大量能量的物质和自然过程，包括煤炭、石油、天然气、风、河流、海流、潮汐、草木燃料及太阳辐射等。能源分一次能源、二次能源。资源分为可再生能源和不可再生能源。大自然赋予人类多种多样的能源，一是来自太阳的能量，包括太阳辐射能和间接来自太阳能的煤炭、生物能等；二是来自地球本身的能量，如地热能和原子能；三是来自地球和其他天体相互作用所产生的能量，如潮汐能。

纵观社会发展史，人类经历了柴草能源时期、煤炭能源时期和石油天然气能源时期，现在正向新能源时期过渡，并且无数学者仍在不懈地为社会进步寻找开发更新更安全的能源，可以相信能源的多元时代即将来临。但是，至今人们能利用的能源仍以煤炭、石油、天然气为主，在世界一次能源消费结构中，这三者的总和占93%左右。

什么是可更新资源与不可更新资源？

自然资源是指人类可以直接从自然界获得，并用于生产和生活的物质与能量。自然资源主要包括土地资源、水资源、气候资源、生物资源和矿产资源等。自然资源按其性质可以分为两类：

（1）不可再生资源，也叫作不可更新资源。主要是指各种矿产资源，它们需要经过漫长的地质年代和具备一定的条件才能形成，对于短暂的人类历史来说，可以认为是不可再生的，或者说是不可更新的。例如，无论哪一种矿产，其储量都是有限的，随着人类的不断开发，必将愈来愈少，最终是可以开采完毕的。

（2）可再生资源，也叫可更新资源。主要是指各种生物资源，还有其他一些资源，如土地资源、水资源和气候资源等。它与不可更新资源有明显的区别。因为只要利用合理，保护得当，可更新资源能够循环再现和不断更新，从而得到永续不断的利用。

水是可再生，但为何某些地方还闹“水荒”？

这个问题主要有四方面原因：可供开发利用的水资源并不多；水资源地区分布极不平衡；人口剧增；工农业飞速发展和水污染日益严重。下面具体阐述：

（1）在当今经济技术条件下，可供人类开发利用的水资源并不多。据现代资料估计，地球上水资源总量为13.86亿立方千米，其中96.7%的水集中在海洋里，要淡化海水，代价是极其昂贵的，目前大部分情况还无法利用。而大陆上所有淡水资源总储量约2820万立方千米，其中85%集中在南极和格陵兰地区的冰盖和高山渺无人烟的冰川中，它在现阶段内也难以利用。地球上实际上能为人类开发利用的水资源主要是河流径流和地下淡水，而目前能够为人类开采利用的河流径流和地下淡水一般只能达到40%。可见，绝大部分水资源，受当今经济技术条件的限制，尚未被开发利用，可用水量有限。

（2）水资源的地区分布极不平衡。地球上有三分之一的地区是严重缺水的荒漠和半荒漠地区。从各大洲的分布情况看，亚洲的河川径流总量13190立方千米，居世界各洲首位；南美洲次之，达10380立方千米；而大洋洲最少，仅1965立方千米。然而，人均水量的分配情况就不同了，南美洲人均径流量最多，达58100立方米，超过世界平均值的5.5倍；而人口较多的亚洲和欧洲最少，人均径流量分别为6465立方米和4850立方米，只有南美洲的$\frac{1}{10}$。

(3) 人口的激增和工农业生产的迅速发展，使工农业用水和生活用水迅猛增加。

(4) 水污染日益严重，也是造成当代水资源紧张的一个重要原因。目前现代工业每年排放的废水达6000立方千米，需要2万~2.5万立方千米的干净水才能稀释和净化。在污染源不断增加的情况下，全世界遭受污染而无法利用的河流越来越多，大大降低了水的利用程度，产生水资源紧缺。

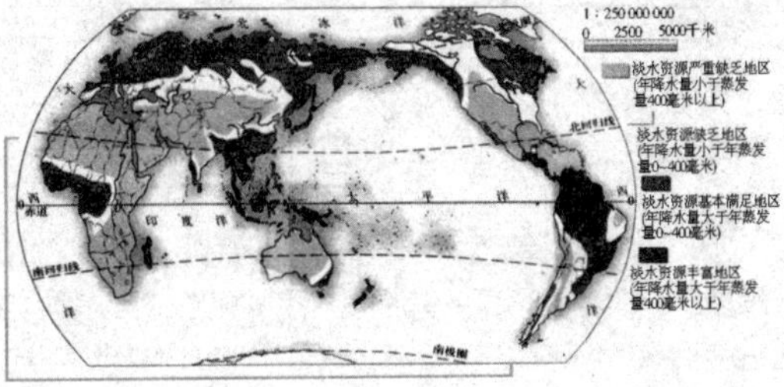

世界水资源分布图

什么是能源?

在人类的生活和劳动环境中，无时无刻不在进行着能量的转化和传递。凡是能够为人类提供某种形式能量的物质或物质的转换运动过程，都称为能源。它们满足了人类对热能、电能、机械能、化学能等各种形式能量的需要，是人类经济生活中不可缺少的物质技术基础。

凡是以现存形式存在于自然界，可直接取得而不改变其基本形态的天然能源，统称为一次能源，如煤炭、石油、天然气、油页岩、水能、生物能、风能、海洋能等。一次能源经过人为加工，转换成其他形式的人工能源，称为二次能源，如煤气、蒸汽、焦炭、人造石油、汽油、煤油、柴油、电能、氢能、沼气能等等。通常所说的能源，一般不包括二次能源在内。

按照目前开发与利用状况，可将能源分为常规能源和新能源两类。到目前为止，已被人们广泛应用，而且使用技术又比较成熟的能源，称为常规能源，如煤炭、石油、天然气、水能及生物能等。太阳能、地热能、风能等虽早已被利用，但大规模开发的技术还不成熟，应用还不广泛，直到现在才进一步受到人们的重视；其他还有核能、沼气能、氢能、激光和海洋能等，也只是近些年来才被人们所认识和应用，而且在利用技术和方式上都有待改进和完善，这些都被称为新能源。

基本小知识

地热能

地热能是由地壳抽取的天然热能，这种能量来自地球内部的熔岩，并以热力形式存在，是引致火山爆发及地震的能量。人类很早以前就开始利用地热能，例如利用温泉沐浴、医疗，利用地下热水取暖、建造农作物温室、水产养殖及烘干谷物等。但真正认识地热资源并进行较大规模的开发利用却是始于20世纪中叶。

能源是怎样分类的?

能源的家族十分庞大，人们为了深入研究和开发利用各种能源，曾按照不同的分类方法对它们进行排列组合，“对号入座”。分类方法有：按能源的形成和来源划分，按利用状况划分，按是否能够再生划分，按取得方式划分，等等。此外，根据污染程度、使用情况、储存和输送的性质等方法也可以对能源加以分类。

根据能源对环境的影响和污染的程度，可以分为清洁能源和非清洁能源。凡是在使用中对环境没有污染或污染很小的能源，称为清洁能源，如太阳能、水能、风能、海洋能等。凡是在使用中对环境造成或可能造成严重污染的能源，叫作非清洁能源，如煤、石油等。

按照使用情况，可以分为燃料、非燃料两类能源。燃料能源包括矿物燃料（如煤炭、石油、天然气等）、生物燃料（如木材、沼气、碳水化合物、有机废物等）、化工燃料（如丙烷、甲醇、酒精、苯胺、火药等）和核燃料（如铀、钍、氘、氚等）。非燃料能源有水能、风能、太阳能、海洋能、地热能、激光、电能等。

从能源的储存和输送的性质，可以分为含能体能源和过程性能源。凡是包含着能量的物体都叫作含能体能源，它们可以被人们直接储存和输送，各

种燃料能源和地热能都是含能体能源。过程性能源是指在运动过程中产生能量的能源，它们无法被人们直接储存和输送，如风、流水、海流、潮汐、波浪等能源。

什么是“能源问题”？

20 世纪 70 年代，世界范围内出现了一个前所未见的“能源危机”问题，它主要表现为石油短缺和油价上涨，使主要资本主义国家以石油、天然气等燃料为主的能源供应发生严重恐慌以及由此造成的经济混乱和社会动荡。

国外一部分人，有一种流行观点，认为“能源危机”是全球性的资源危机，认为能源特别是石油，由于长期开采，资源已近枯竭，无法满足日益增长的需求。实际上，这种观点是不符合实际的。以石油和天然气论，仅目前已探明的储量即可满足至少 30—50 年的需要，而尚待查明的地质储量则更多。此外，从油页岩、沥青砂和烟煤中生产人造石油和煤气的技术问题已经解决，在经济上也是可行的，其资源的数量就更大了。从煤炭来看，仅目前有开采价值的储量就足以满足人类两个世纪的需求，而其地质资源的总量更为可观。如果再考虑到其他能源（如水力、原子能、太阳能等），则现有能源足以在相当长的时期内保证人类经济生活正常发展的需要。而在这段时间内，人类还一定会在更广泛地开发利用新能源上取得成功。因此，所谓“能源危机”实质上并非资源危机。

“能源危机”是许多政治、经济因素综合发生作用的结果，是资本主义基本矛盾在新的政治、经济形势下的产物。在资本主义制度下，能源的开发、利用服从于资本家追逐高额利

拓展阅读

油页岩

油页岩是富含有机物的沉积岩，粒度小，主要成分为油母质，可自其提炼出液态烃类。虽然名为“油页岩”，但事实上地质学家并不全然将之归类为页岩，且油母质与石油并不相同。油母质的加工成本比石油高，因此就价格及环境冲击方面而言，油母质常被视为石油的替代品。油页岩沉积层分布于全球各地，估计所有沉积层共储有 2.8～3.3 兆桶可采油量。

润的目的，能源资源，尤其是石油资源遭到掠夺性的开发。许多国家长期奉行弃煤用油的片面能源政策，致使油、气消费量激增，而煤炭工业却持续衰退，资源得不到合理利用。在能源的生产、运输，尤其是在消费方面，都普遍存在着严重的浪费。发达国家长期以来依靠掠夺中东和其他产油国的廉价石油，以维持其能源的巨大消费。但是，自 20 世纪 60 年代以来，亚、非、拉石油生产国为保卫国家资源、发展民族经济、维护本国利益，在政治上和经济上对它们的控制与掠夺进行了坚决的斗争，使西方国家按自己的意愿长期维持旧的国际经济秩序的企图越来越难以实现。它们恣意掠夺发展中国家廉价能源的时代已一去不复返了。对能源增长的社会需求与资本主义的能源供销体制之间的矛盾，西方发达国家与发展中国家在能源开发和能源贸易之间的矛盾，以及通过能源危机所反映出来的世界资本主义经济体系的危机，这些正是能源问题的社会经济实质。

世界能源问题应该怎样解决?

能源，是人类赖以生存和进行生产的不可缺少的资源。近年来，随着生产力的发展和能源消费的增长，能源问题已被列为世界上研究的重大问题之一。解决世界能源问题的根本途径，主要有两个方面：其一是广泛开源，其二是认真节流。

所谓开源，就是积极开发和利用各种能源。在继续加紧石油勘探和寻找新的石油产地的同时，积极开发丰富的煤炭资源，还要大力开发水能、生物能等常规能源，加强核能、太阳能、风能、沼气、海洋能、地热能以及其他各种新能源的研究和利用，从而不断扩大人类的能源资源的种类和来源。

所谓节流，就是要大力提倡节约能源。节能是世界上许多国家关心和研究的重要课题，甚至有人把节能称为世界的“第五大能源”，与煤、石油和天然气、水能、核能等并列。在节能方面，在有计划地控制人口增长的同时，重点要发挥先进科学技术的优势，提高各国的能源利用效率。如果世界各国家和各地区都能改进各种用能设备，不断提高能源的质量标准和降低单位产品的能耗，加强科学管理，适当控制生活能源的合理使用，就能使能源更加有效地用于生产和生活之中，从而解决人类面临的能源问题。

酸性岩、基性岩和中性岩各与哪些矿产有关?

岩石的性质，一般以含二氧化硅成分的多少而定。

酸性岩：二氧化硅的含量为65%～75%，硅铝矿物的数量大大超过铁镁矿物，长石以碱性长石为主，石英含量占岩石的$\frac{1}{4}$～$\frac{1}{3}$的岩浆岩，为酸性岩。深成相以花岗岩为代表，喷出相以流纹岩为代表，颜色一般较浅，深成相分布很广，多呈大范围的岩基。同酸性岩类有关的矿产非常多。如金、银、铜、铁、锡、铅、锌、钼、钨、锑、汞、铍、铌、钽及稀土元素等。

基性岩：二氧化硅的含量为45%～52%，铁和镁含量较高的岩浆岩，称为基性岩。常见的基性岩有深成岩中的辉长岩，浅成岩中的辉长辉绿岩，喷出岩中的辉绿岩和玄武岩。在深成岩体中，可以找到钛磁铁矿和镍矿，有的含钒形成了钒钛磁铁矿床。

超基性岩：二氧化硅的含量低于45%，含镁和铁很多、色深、比重大的岩浆岩，称为超基性岩。其主要成分是橄榄石和辉石。代表的岩石有橄榄岩、纯橄榄岩和金伯利岩等。同超基性岩有关的矿产是铬、镍、铂、金刚石和石棉等。

中性岩：二氧化硅含量为52%～65%，较基性岩含铁、镁量较少，含钾、钠、铝量较多的岩浆岩，称为中性岩。矿物成分中以中性长石和角闪石为主，石英很少，多呈灰色或浅绿灰色。常见的中性岩有侵入岩中的闪长岩，喷出岩中的安山岩等。两者都同铁、铜矿床有关。

矿产资源分布有什么规律?

（1）矿产的形成与岩石性质具有密切的关系。不同的矿产往往形成于不同的岩石中，有些矿产的本身就是岩石。例如，非金属矿产的煤、石油、天然气、石膏等，都形成于沉积岩中；非金属矿产的石墨、大理石等，则形成在变质岩里。而金属矿产的钨、锡等，一般形成在岩浆岩里。

（2）不同的地质构造区，则往往形成不同的矿产分布。在地壳沉降地区，如果气候湿润，生物繁盛，则生成煤、石油和天然气；气候炎热干燥则形成石膏和岩盐等矿产；气候湿热，有利于铝土矿形成，世界上铝土矿主要集中分布在赤道地区。在地壳岩层褶皱隆起的地区，随着地壳上升隆起，地下深处含有各种金属物质的岩浆侵入，生成多种金属矿产。

（3）由于制约矿产生成的地壳运动、岩浆活动和古地理条件等在地质历史过程中的发展变化是有一定规律的，因此矿产的形成在时间上的分布也是有规律的。比如，在古生代早期，地球上还没有出现陆生植物，所以在古生代早期及其以前就不可能形成大煤田。古生代后期、中生代的侏罗纪和新生代的第三纪，分别是地球上第一次、第二次和第三次出现大规模的森林时期，因此形成了地质史上的三个重要的成煤期，同时也是石油和天然气形成的三个重要时期。

矿产的地理分布，虽然有以上的规律，但由于地球上各地的地质历史、地壳运动、岩浆活动和沉积环境的差异，因此矿产的地理分布也是不平衡的。

地壳中最多的金属是什么？

100 多年以前，谁要是把铝说成是地壳中最多的金属，他一定会被人讥为傻瓜。因为当时铝的稀贵程度比黄金还高。据说，当时法国的拿破仑二世有一套铝制刀叉匙食具，只有在接待最尊贵的客人时，才舍得拿出来一用，比较次一等的宾客，用的只是金银器之类。

铝真是稀有金属吗？从现在人们知道的情况看，铝在世界上并不稀有，铝是地壳中最多的金属。在地壳的总重中，铝要占 8.23%，差不多比铁含量还多出一倍。通常人们所说的“泥土”中，铝的含量就有 15% ~20%。由于铝为地壳中众金属之“王”，因此科学家把我们脚下所踩的大地谓之“硅铝层”。硅铝层在大陆上平均厚度为 20 千米左右。金属铝一般用电解法提炼所用的矿石有铝矾土、霞石、明矾土之类。提炼一吨铝，大约要消耗 1.6 万千瓦小时的电能。在当时电还没有使用的时代，炼铝是多么地不容易，无怪乎铝的“身价”要比金贵。

铝不但以量多在地壳中取胜。当今世界，除铁元素外，它还是用途最广的金属。人们的衣食住行，都直接或间接与它有关。铝是世界上“轻量级”金属的冠军，飞机、汽车、火车、船舶、武器、建筑等，人们已经采用铝和它的合金作为外壳。铝的导电性虽略低于铜但由于造价便宜，比重轻盈（为铜的$\frac{1}{3}$），现代电线、电缆工业，许多已经采用铝代替铜。由于铝能耐氧，导热性又强，居民家庭的炊具、器皿，很多就是用铝做成的。

为什么说黄金是“金属之王”？

黄金主要以游离态存在于自然界中，它总以自己的光泽吸引着人们，所以，黄金是人类最早发现和利用的金属之一，一向被称为“金属之王”。耀眼的金黄色，使黄金具有美丽的外表；稀少的产量，使黄金成为古今中外引人注目的金属。

黄金的一个突出特点就是比重大而硬度小，它的比重高达 19.37，一千克黄金的体积，只相当于每边长 3.71 厘米的立方体。黄金很软，用指甲都可以在它表面划出痕迹。黄金的熔点比较高，达到 1065℃，因而有“真金不怕火炼”之说。

黄金还不会腐烂，化学性质十分稳定，从低温到高温，从室内到室外，从地下到地上，一般不氧化，也不溶于一般的酸和碱，但王水却是它的“克星”（王水是一份浓硝酸和三份浓盐酸的混合液，腐蚀性极强，能溶解金、铂和某些在一般酸类中不能溶解的金属）。不仅如此，黄金的延展性和可锻性很高。例如用 1 克黄金可以拉成 4000 米长的金丝，或者压成厚仅十万分之一毫米的金箔 28 平方米，也就是说，黄金压成的最薄金箔，十万张才一毫米厚。黄金还具有良好的导热性以及比许多金属都高的导电性。

正因为黄金有这么多与众不同的个性，再加上它在自然界的出产数量很少，所以使其有极高

广角镜

硝　酸

硝酸的分子式 HNO_3，是一种有强氧化性、强腐蚀性的无机酸。硝酸的酸性较硫酸和盐酸小，易溶于水，在水中完全电离，常温下其稀溶液无色透明，浓溶液显棕色。硝酸不稳定，易见光分解，应在棕色瓶中于阴暗处避光保存，严禁与还原剂接触。硝酸在工业上主要以氨氧化法生产，用以制造化肥、炸药、硝酸盐等。

资源能源篇

的身价和广泛的用途。黄金在传统上主要是用来作为货币和制造装饰品。黄金制的装饰品除各种首饰如戒指、项链、手镯等外，还用于建筑物上的描金、贴金及镏金，由于黄金不氧化，所以能经久不变。如大家都熟悉和敬仰的天安门广场上的人民英雄纪念碑，上面的题字即经过镏金，这些字虽经长期的雨淋日晒，但仍然金光闪闪。黄金还用于器皿装饰、镶牙，制作笔尖、奖章等。

高温高压下金刚石为什么形成外生矿床?

矿物金刚石和金刚石矿床是两个有联系的不同概念。矿物是化学元素在一定地质条件下形成的产物。所以矿物金刚石所反映的是说明它曾产于超基性的金伯利岩中。而矿床则反映的是有用矿物的富集环境。故原生金刚石矿属内生矿床是毫无疑问的。然而，由于超基性岩很容易风化，金刚石则是十分坚硬、很耐风化的矿物。所以，它能被搬运到较远的地方沉积下来，形成次生金刚石矿。

像这样的矿产还有许多，如：金、锡、水晶等等。因此，在解答这类问题时，要将矿物成因、矿物的物理、化学性质和富集环境等问题综合起来考虑。

为什么说盐类意义非凡?

自然界里有各种各样的盐类，却没有一种能够在食物营养上代替食盐。正是由于这一点，有人说，盐业是地球上“永恒”的行业。食盐不仅是人类不可替代的食用品，而且在化学工业生产上还有着极为广泛的用途，被人们称之为“化学工业之母”。

食盐在化学工业上之所以如此重要，这是因为我们常见的五种基本化工原料——硫酸、硝酸、盐酸和烧碱、纯碱中，有三种是用食盐生产出来的，这就是盐酸、烧碱和纯碱。盐酸、烧碱和纯碱的用途是十分广泛的。像冶金工业、造纸工业、纺织工业、玻璃陶瓷工业、制药工业等，都是它们的用武之地。此外，生产合成洗涤剂、塑料、肥皂、染料、橡胶、尼龙、味精、酱油等也都离不开它们。

通常情况下，我们只要把食盐电解，就可得到烧碱、氯气和氢气等物质。氯是浅黄绿色的有毒气体，有一股强烈的刺鼻的气味，是生产漂白粉和有机农药必需的原料之一。生产聚氯乙烯、多晶硅等也离不开氯气。在生产中，通常是把氯气放在氢气中燃烧，就得到氯化氢，然后再把氯化氢溶于水就是盐酸。盐酸的用处很多，像合成橡胶的生产，染料、皮革、药品、化肥等的制造和生产，都需要它。通常每生产1吨尼龙66就需要半吨多盐酸。如果我们把氨气和二氧化碳放在一起，食盐还可生产出纯碱，如果再与合成氨厂携手合作，还可以生产出氯化铵等。氯化铵不仅是肥料，而且还可以做药物、干电池等。

纯碱的用途很大，像生产一吨钢，一般就需要10~15千克纯碱；如果生产一吨铝，则需要半吨左右的纯碱。此外，化肥、造纸、纺织等工业部门同样也需要大量的纯碱。

说到烧碱，它与我们的关系也是很密切的。把烧碱加入到动植物油中，再在锅里煮一下，就可制造出肥皂和甘油。如果把植物纤维溶于烧碱后便可生产出人造丝。此外，像颜料的生产、玻璃的生产，都离不开烧碱，甚至精炼石油时，也需要烧碱。

电解食盐除了可以得到氯气、氢气、烧碱外，还可以得到金属钠。金属钠是一种银白色的金属，它非常软，我们用普通的小刀，就能把它切成薄片。它“生性”极为活泼，很容易与其他物质化合在一起。所以在自然界很难找到金属钠。如果把金属钠扔入水中，它就会浮在水面上飞速旋转，剧烈地放出气泡，并发出强烈的爆鸣声。原来，钠与水作用可以生成烧碱和氢气，同时产生大量的热，致使氢气燃烧而发出爆鸣声。所以，如果把大量的钠放入水中，那将发生强烈的爆炸。因而我们在储存金属钠时，只好把它浸在煤油里，不让它与水接触。

也正因为金属钠有如此活泼的“性格”，所以在冶炼某

拓展阅读

烧　碱

氢氧化钠（NaOH），俗称烧碱、火碱、苛性钠。常温下是一种白色晶体，具有强腐蚀性。易溶于水，其水溶液呈强碱性，能使酚酞变红。氢氧化钠是一种极常用的碱，是化学实验室的必备药品之一。氢氧化钠在空气中易吸收水蒸气，对其必须密封保存，且要用橡胶瓶塞。它的溶液可以用作洗涤液。

些稀有金属的时候，常请它来帮忙。原来，许多稀有金属都与氧结合在一起形成氧化物，在提炼过程中，如果加入金属钠，钠便可以把这些氧化物中的氧原子“夺”过来，使那些稀有金属“解放”出来。

用钠我们还可制造出钠光灯。由于钠光灯发出的黄光射程远，发光效率高，因而铁路上用的信号灯，许多就是使用钠光灯。大量的金属钠还被用于合成橡胶的生产和飞机、舰艇的制造。此外，金属钠的过氧化物对解决高山和水下缺氧，有其独特的作用，它能把人们呼出的二氧化碳吸收，同时又能放出人们所需要的氧气。这便使得潜水员在水下作业时，就不必戴有“长气管的面具”，大大延长了潜水员在水下工作的时间，提高了工作效率。

核能属于一次能源还是二次能源？

一次能源是指自然界现成存在，并可直接取得而不改变其基本形态的能源。如煤炭、石油、天然气、生物能、水能、风能、地热能、太阳能等。二次能源是指一次能源经过加工、转换和传递成另一种形式或种类的能源，如电力、蒸汽、焦炭、煤气、气油和柴油，此外在生产过程中排出的余热、余能，如高温烟气、可燃废气、废蒸气、排放的有压流体等也属二次能源。

核能又叫原子能，它可分为核聚变能和核裂变能两类。核聚变是指轻原子核（如氢核）在极高温度下聚合时（如热核反应）放出的热量，核聚变的燃料有氘、氚，它们均可从自然界中直接取得，属于一次能源。核裂变是重原子核（如铀核、钍等）在裂变时放出来的能量，核电是利用核反应堆裂变铀等核燃料放出巨大能量来发电，它不可能从自然界直接取得，它是由核燃料经过加工、转换而成的，为二次能源。

煤球和煤饼应属一次能源还是二次能源？

一次能源经过加工转换成另一个种类，很容易判别，如水能传递成机械能、转换成电能、转换成热能、转换成光能等，很容易判别它们都是二次能源。

一次能源经过加工转换成另一种形式（形状、结构），就不好判别它究竟是不是二次能源。判别的方法主要看一次能源转变为另一种形式后结构（所含分子的种类、压力、密度、温度）有无变化。如果只是形状变化了，结构没有变化，那么这种转换虽然经过了人类加工，也不能称之为二次能源。如将树木砍伐经过加工制成木瓣子，木瓣子就不是二次能源。因为木瓣子和树木相比，它所含分子的种类、压力、密度等内部结构根本没有什么改变。如果结构变化了，那么这种转换后的能源就是二次能源。如把水加工成热水，热水与水相比，内部的压力、温度、密度发生了变化，所以热水是二次能源。把水变成高压水，高压水压力发生了变化，是二次能源。从石油里提炼出来的汽油是二次能源，因汽油较之于石油所含分子的种类单一化了。

煤球和煤饼是以煤做原料，加入适量的黄泥作黏合剂，再用模子压制而成的另一种形式的能源产品，应属二次能源。第一，煤球和煤饼不可能从自然界中直接取得，只有经过人类的加工和转换才能得到。第二，煤球和煤饼改变了原来的形状和结构，即转换成了另一种能源形式。煤球和煤饼比起煤粉来，结构变得紧密，缩小了颗粒间的平均距离，密度增大形成了一个块状结构。另外，煤球和煤饼里含有黄土，可以看作分子种类增加了。第三，这种形式的转换是人们生活所需要的。煤球和煤饼与煤粉相比，更加能充分地燃烧，提高了燃烧值，提高了利用率。

沼气属于一次能源还是二次能源？

沼气最早发现于沼泽和池塘之中，是污泥中埋藏的植物体发酵腐烂生成的气体，所以被称为“沼气”。它是一种可燃性气体，主要成分为甲烷（CH_4）、二氧化碳。人们把秸秆、人畜粪便、动植物遗体和含有机物的废物堆积在发酵池中，并在一定温度、湿度、酸碱度和缺氧条件下，经嫌气性微生物的发酵作用，也能产生沼气。目前，真正作为能源的沼气，并不是天然产生的，而是人工制取的，所以沼气应属于二次能源。

核能到底是不是安全可靠的新能源？

自从苏联切尔诺贝利核电站发生泄漏事故以来，世界上引起一场轩然大波，许多人对核能颇有“谈虎色变”的恐惧感，在教学中同学们也提出问题：

切尔诺贝利核电站

核能到底是不是安全可靠的新能源？

核电站是有一系列严格的安全措施的。一座大型压水堆电站，允许的排放量对附近居民的最大照射仅为天然放射性本底的5%。核电站在正常运行中，由于燃料元件包壳、压力系统和安全壳三层屏障的包容，以及放射性废气、废液排放前的一系列处理，加上严格的排放标准和管理，最终的排放量是很小的。世界各国的核电站，放射性物质的实际排放量均在允许范围之内，周围的大气和水中没有监测到放射性水平的增加。对于废气、废液处理过程中的浓缩物，经固化处理后运至厂外储存库也可作永久的安全的贮存。所以，核电站在正常运行时，排出废物很少，有利于保护环境。当然，建造核电站必须高度注意安全，防止可能的核污染和核事故发生。

知识小链接

核辐射

核辐射，或通常称之为放射性，存在于所有的物质之中。核辐射是原子核从一种结构或一种能量状态转变为另一种结构或另一种能量状态过程中所释放出来的微观粒子流。核辐射可以使物质引起电离或激发，故称为电离辐射。电离辐射又分直接致电离辐射和间接致电离辐射。直接致电离辐射包括质子等带电粒子。间接致电离辐射包括光子、中子等不带电粒子。

同时，人类本来就生活在天然的放射性环境中，关键是辐射剂量的大小和对生物的效应。国际放射防护委员会提出的允许辐射剂量，为每人每年500毫雷姆（自然界原有的辐射和医疗照射除外）。带夜光表1年接受的辐射剂量1毫雷姆，看彩色电视约1毫雷姆，做一次心肺透视为40毫雷姆。在核电发达的英国，据调查，每人每年由于核电站所受的核辐射小于0.1毫雷姆，核电站边界的人接受的核辐射也只有2毫雷姆。核电站与烧煤电站比较，对环境的污染危害要小得多。据分析，一座100万千瓦的煤电站通过烟囱排放的放射性辐射剂量接近5毫雷姆，比核电站的排放量要大3倍。同时，烧煤电站的烟尘污染则更为严重。

正由于核能是安全可靠的能源，世界核电工业发展迅速。1988年，全世界的核电站已有400多座，核电站发电量已占全球电力生产总量的16%以上。

地热资源是怎样形成的?

地球内部有巨大的热能，仅按目前可供开采的地下3千米范围以内的地热资源计算，就相当于2.9万亿吨煤炭资源。地下热能的总量约为地球上贮存全部煤的能量的1.7亿倍。地球内部的热能，是地球在漫长的演变过程中积累起来的。地球在演化过程中所积累的能量，有外来能和地球本身的内能，起主导作用的是岩石中所含的铀、钍、钾、锕等放射性元素，在衰变过程中所产生的热能。

地表以下分散的地热资源在一定的地质条件下富集起来，就形成了可以利用的地热资源。地下温度随着深度的加深而逐渐增高，在常温层以下，平均每深100米，温度增高3℃，在地壳15千米以下，地热增温率逐渐减小。因此当地表水下渗受热，或是地下水与地下炽热的岩体相接触，就变成地下热水或蒸汽。如果地下热水沿着断层或裂隙上升到地表，就形成了温泉、热泉、间歇泉、沸泉和热水湖等多种地热资源。

西藏羊八井地热发电站

地壳中地热资源的分布是不均匀的，但分布是有规律的。世界上已发现的高温地热区，绝大多数分布在环太平洋带和地中海—喜马拉雅带的板块构造边缘地带。这些地带地壳不稳定，地壳内部的热能易从这些薄弱地带传到地表，因而地热能比较丰富。我国已发现的温泉有2600多处，其中西藏有水热活动区600多处，地热资源很丰富。我国东南沿海和西藏、云南一带，有许多温泉和热泉，是地热资源丰富的地区。我国东南沿海，包括台湾省在内，是属太平洋地热带，而我国的西藏和云南等地，是属地中海—喜马拉雅地热带。

水能发电为什么说比较理想？

（1）从建设工期长短来看，单独计算时，水电站是比火电站长些。然而，火电建设工期如果加上配套的煤矿和铁路的建设工期，就比水电站建设工期长。一般情况下，建设一座中型水电站，常用3—5年，有些建设条件好的水电站，工期还可以缩短。例如，我国的新丰江水电站，装机容量近30万千瓦，建设工期仅2年零3个月；装机容量40多万千瓦的盐锅峡水电站，建设工期为3年零2个月；装机容量高达65万千瓦的新安江水电站，也只用了3年的时间就全部竣工投入运行。

新丰江水电站

（2）从投资多少来看，一般每千瓦火电的平均投资约相当于每千瓦水电平均投资的70%。但是，水力发电以水作能源，而水不用投资；火电如果以煤为能源，则修建相应的煤矿和铁路，也需要一定的投资。这样，每千瓦火电投资不是低于水电，而是相当或略高于水电。

（3）从成本高低来看，水电站投产后，一般发电成本低，积累较多，收益较大。例如，我国在上世纪70年代末期，每千度水电的销售成本相当于煤电成本的35%，而每千度水电的发电成本仅相当于煤电成本的23%左右，所以，平均水电成本仅相当于煤电的$\frac{1}{3}$。

（4）从经济效益大小来看，水电站对水能的有效利用率远比以煤为燃料的煤电站对煤炭的有效利用率高得多。一般，煤电站对煤炭发热量的有效利用率只有30%左右，而水电站对水能的有效利用率，小型水电站可以达到60%～70%，大中型的则高达80%～90%。同时，在自然条件和技术经济条件适宜的地区，河流的水能还可实现梯级开发。水电站除发电供给能源以外，由于修建水库，大多还有防洪、灌溉、航运、养殖水产、改善环境、发展旅游等综合效益。

（5）从环境效益的好坏来看，水电是干净的能源，现代化的水电站环境比较洁净，没有污染，机械化和自动化的水平较高，便于管理。同时，水电站管理人员只相当于同等规模煤电站管理人员的$\frac{1}{5}$左右。在为承担高峰负荷而急需起动时，水电站要比火电站具有明显的优越性。当然，开发水能，建设水电站，必须修建水库，筑坝拦水，大多要淹没农田和迁移居民，同时，水电站在布局上比煤电站较多地受到自然条件的限制，且水库蓄水量和发电量也有年际不稳定性。

总起来看，在自然条件与经济技术条件允许的地区，建设水电站比火电站要优越，即“从全面衡量，水能发电是比较理想的能源”。

海洋能是指什么?

大海蕴藏着极为丰富的自然资源和巨大的可再生能源。那波涛汹涌的海浪、一涨一落的潮汐、循环不息的海流、不同深度的水温、河海水交汇处的盐度差等，都具有可以利用的巨大能量。另外，从占地球表面积约70%的海水中，还可以取得丰富的热核燃料和氢。

海洋能主要来源于太阳能。它的分布地域广阔，能量比较稳定，而且变化有一定规律，可以准确预测。例如，海水温差和海流随季节而变化，而潮汐的变化则具有一定的周期性。

目前，世界各国有关海洋能源的研究和利用还处于初始阶段，因而海洋能属于有待开发利用的新能源。其中，对于潮汐能的开发技术比较成熟，已进入技术经济评价和工程规划阶段；波浪能的利用处于试验研究阶段；海洋热能的利用正在进行工程性研究；海流和盐度差能的利用，仅处于原理研究阶段。

我国海洋能资源非常丰富，而且开发利用的前景十分广阔。全国大陆海岸线长达1.8万多千米，还有5000多个岛屿，其海岸线长1.4万多千米，整个海域达490万平方千米。如果将我国的海洋能资源转换为有用的动力值，至少可达1.5亿千瓦，相当于目前我国电力总装机容量的2倍多。在海洋能的开发利用方面，当前我国还仅仅处于起步阶段，一些沿海地区先后研制成了各种试验性的发电装置，并建成了试验性的潮汐电站，为今后进一步开发利用海洋能源打下了初步的基础。

全世界海洋能的总储量，约为全球每年耗能量的几百倍甚至几千倍。这种海洋能是取之不尽、用之不竭的新能源。在不远的将来，海洋能在造福于人类方面，将发挥巨大而重要的作用。

为什么说中国西南三省和西藏水能资源最为丰富？

河流的水能资源取决于河流径流大小和落差。中国西藏东南部察隅、珞渝地区，年降水1000～4000毫米不等，是多雨地区，川滇黔三省也属多水地带，而这四省区的地貌类型错纵复杂，特别是川滇西部，由中国地势第一级阶梯到第二阶梯的过渡地带上，山高谷深，河流湍急。如长江上游金沙江，自宜宾以上3500千米，落差6000米，占长江总落差的90%，单就虎跳峡段，那里山峰高出河谷2000～3000米。江面仅宽几十米，短短16千米的河段落差竟达200米。丰富的水量加上巨大的落差，形成极为丰富的水力资源。

据资料证明：金沙江自云南石鼓至四川宜宾长1200千米，落差达1500多米。初步规划可建8～10座200万～1000万千瓦的巨型电站，总装机可达5000万千瓦，这里是我国未来

广角镜

雅鲁藏布江

雅鲁藏布江是中国最高的大河，位于西藏自治区，也是世界上海拔最高的大河之一。发源于西藏西南部喜马拉雅山北麓的杰马央宗冰川，上游称为马泉河，由西向东横贯西藏南部，绕过喜马拉雅山脉最东端的南迦巴瓦峰转向南流，经巴昔卡出中国境。也拥有着世界第一大（深度、长度）峡谷，获得中国世界纪录协会世界最深大峡谷、世界最长大峡谷两项世界纪录。

的最大水电基地。长江支流雅砻江、乌江、大渡河，有的已经开发或待开发，出现了龚嘴、乌江渡、铜街子等一大批水电站。雅鲁藏布江大拐弯处切穿喜马拉雅山，形成世界罕见的大峡谷，水力蕴藏仅次于长江。此外横断山区的河流（称西南国际水系）、珠江水系上游在本区各河，水力资源都很丰富。

当然黄河上游刘家峡至青铜峡、松花江上游白山至丰满河段及长江中游支流的汉江石泉至丹江口河段，都实现了梯级开发，有的已取得巨大的综合效益，除汉江外，其他地区降水少、地区径流不丰富，每年冬季停发有一定的蓄水过程。上述几例不但不能和川藏滇黔相匹比，而且就连与珠江上游红水河段相比也逊色得多。丰富的径流和落差，是取决于水力资源丰沛与否的关键，而湿润地区的丰沛降水和崎岖的地形为水力开发提供了基础。

巴斯托电站是个怎样的太阳能电站？

巴斯托电站位于美国加利福尼亚州南部阳光充足的沙漠地区，在洛杉矶东北约100千米的地方，于1982年11月建成，又称为太阳能一号电站。它由高塔、集热设备、反射镜、蒸汽涡轮发电设备等部分组成，装机容量1万千瓦，年发电达300万千瓦·时，是目前世界上最大的太阳能电站。

巴斯托电站

巴斯托电站安装有1880个追日议，由金属圆柱支撑，柱顶有一块10米见方的银灰色金属板，远远望去，宛如 把把巨大的方形伞，顶着阳光，斜支在沙漠之上。这些“伞”就是把太阳能转换成电能的跟踪器。顶部的光电板与支柱的衔接处有一个万向节，在电子计算机的控制下，跟踪器可以根据光电板面所接受阳光的强弱，自动调节板面同太阳的角度。这些庞然大物都很“聪明”，早晨，太阳尚未升起，它们就垂直而立，将最大平面对着熹微的东方；傍晚，它们总是恋恋不舍地送走最后一缕晚霞，然后转动180°，又静候着翌日黎明的曙光。为数众多的追日仪，把太阳射线集聚到安装在高90米的圆柱形钢塔顶上的热收集器里。

一个电子数据处理设备控制系统，可使追日仪不断地跟踪太阳，并使中央热收集器经常处于反射光线的焦点中，表面温度可达485℃左右。再通过热交换器把蓄热材料里储存的大量热能转变成蒸汽，经汽轮发电机组发电。

巴斯托电站还有一个热量储存体系，可保证天黑以后继续运转。大约20%的热蒸汽被输入到热交换器内加热一种专用油，再用泵把加热的油注入绝热的储备容器内。夜晚或阴天，这些所储存的热能，也可在一定时间内照常发电。

风能是怎么应用的?

风是一种巨大的能源，远远超过矿物能源所提供的能量总和，是一种取之不尽、尚未得到大量开发利用的能源。风能是空气在流动过程中所产生的能量，而大气运动的能量来源于太阳辐射。由于地球表面各处受太阳辐射后散热的快慢不同，加之空气中水蒸气的含量不同，从而引起各处气压的差异，结果高压地区空气便向低气压地区流动，从而形成了风，因此，风能是一种不断再生的没有污染的清洁能源。

太阳不断地向地球辐射能量，而到达地球的太阳辐射能中，约有20%被地球大气层所吸收，其中只有很小的一部分被转化为风能，它相当于10800亿吨煤所储藏的能量。据计算，风能量大约相当于目前地球上人类一年所消耗能量总和的100倍。

风能的大小和风速有关，风速越大，风所具有的能量就越大。通常，风速为8～10米/秒的5级风，可使小树摇摆，水面起波，吹到物体表面的力，每平方米面积上达10千克；风速20～24米/秒的9级风，可以使平房屋顶和烟囱受到破坏，吹到物体表面的力每平方米面积上达50千克；风速为50～60米/秒的台风，对于每平方米物体表面的压力高达200千克。整个大气中总风力的约四分之一在陆地上空，而近地面层每年可供利用的风能，约相当于500万亿度的电力。由此可见，风能之大是多么的惊人。

19世纪末，人们开始研究风力发电。1891年丹麦建造了世界上第一座试验性的风能发电站；到了20世纪初，一些欧洲国家如荷兰、法国等，纷纷开展风能发电的研究。第二次世界大战期间，人们开始用小型螺旋桨式风车发电。风速为7～15米/秒的风力可发出300～500瓦的电，而且还能给蓄电池充电、用来照明或开动小型机器设备。60年代中期，由于石油供应比较充足，所以一些经济发达的国家对风能发电的研究兴趣有所减退。70年代中期以来，由于能源供应紧张，加之石油、煤炭对环境的污染日益严重，所以很多国家又开始对风能发电的研究重视起来，而且近年来还广泛开展了风能在海水淡化、航运、提水、供暖、制冷等方面的研究，使风能的利用范围得到了进一步扩大。

当前，世界各国对风能的利用，主要是以风能作动力和发电两种形式，其中以风力发电为主。以风能作动力，就是利用风轮来直接带动各种机械系统的装置，如带动水泵提水等。这种风力发动机的优点是：投资少、工效高、经济耐用。目前，世界上有100多万台风力提水机在运转。澳大利亚的许多牧场，都设有这种风力提水机。很多风力资源丰富的国家，还利用风力发动机铡草、磨面和加工饲料等。

煤是什么，怎样形成的?

煤是一种固态的，可以燃烧的或用作工艺原料的沉积岩，是地球上能源矿产中最主要的一种，系古代植物经过复杂的生物化学作用和地质作用而形成的。煤的形成需要一定的条件：

第一，要有大量的植物生长和繁殖。在地质时代，石炭纪、二叠纪和侏罗纪等气候温暖潮湿、植物茂盛，是地球上主要的成煤期。

第二，植物遗体要有合适的堆积环境。适合植物遗体堆积的环境主要是沼泽，其次是湖泊及海滨低地。后者经植物遗体的堆积淤浅最终也会演变成沼泽。在沼泽环境中有丰富的水分，为植物繁殖创造了条件，水分又使植物遗体与大气

拓展阅读

石炭纪

石炭纪约处于地质年代2.86亿至3.6亿年前，它可以区分为两个时期：始石炭纪和后石炭纪。石炭纪是古生代的第五个纪，开始于距今3.55亿年—2.95亿年，延续了6500万年。石炭纪时陆地面积不断增加，陆生生物空前发展。当时气候温暖、湿润，沼泽遍布。大陆上出现了大规模的森林，给煤的形成创造了有利条件。

形成煤的植物

隔绝，免于氧化。

第三，要求地壳缓慢下沉，下沉的速度同植物遗体堆积的速度保持平衡，即植物遗体的堆积，补偿填充了地壳下降造成的空间，使地表依然保持沼泽条件。由于有节奏的地壳运动和反复堆积，在同一地区往往具有很厚的煤层或很多层煤。

由植物遗传转变为煤的过程（统称成煤作用），一般要经过三个阶段：

（1）菌解阶段，即泥炭化阶段。当植物堆积在水下被泥沙覆盖起来的时候，便逐渐与氧气隔绝，由嫌气细菌参与作用，促使有机质腐烂分解而生成泥炭。这一阶段也可以说是生物化学作用的阶段，通过这种作用，植物遗体中氢、氧成分逐渐减少，而碳的成分逐渐增加。

（2）煤化阶段，即褐煤阶段。由于地壳下降，已形成的泥炭物质被继续堆积的泥炭或其他的泥沙、砂等沉积物覆盖。这样，一方面便形成完全封闭的环境，细菌作用逐渐停止；另一方面泥炭便开始压紧、变硬、脱水和胶结，碳的含量增加，过渡成为褐煤。

（3）变质作用阶段，即烟煤及无烟煤阶段。褐煤是在低温低压条件下形成的。如果褐煤埋藏在地下较深位置，就会受到高温高压的作用，使褐煤的物理、化学性质发生显著变化，便逐渐变成烟煤。烟煤进一步变质，可成为无烟煤，无烟煤具有较强的金属光泽和较大的比重，含碳量更高，无黏结性。

煤炭资源为什么主要分布在北半球？

世界煤炭资源的形成具有一定的时限性，绝大部分生成于几个地质年代中。其中，古生代的石炭纪、二叠纪，中生代的侏罗纪以及新生代的第三纪，是地球上煤炭生成的主要地质时期。

知识小链接

中生代

中生代是显生宙的三个地质时代之一，可分为三叠纪、侏罗纪和白垩纪三个纪。中生代最早是由意大利地质学家 Giovanni Arduino 所建立，当时名为第二纪，以相对于现代的第三纪。在希腊文中，中生代意为“中间的”+“生物”。中生代介于古生代与新生代之间。由于这段时期的优势动物是爬行动物，尤其是恐龙，因此又称为爬行动物时代。

石炭纪（距今 3.3 亿—2.85 亿年），是地球上生成煤炭的第一个重要时期。由于地层中含煤较多，人们就把这个地质时期称为石炭纪。这个时期形成的煤，约占世界煤炭总储量的五分之一以上，主要分布在北半球纬度较高的地带，大致沿东西方向呈带状伸展。北美洲东部、欧洲西部、非洲北部和亚洲的西部、北部等煤田，大多是这个地质时期形成的。

二叠纪（距今 2.85 亿—2.5 亿年），是地球上生成煤炭的第二个重要时期。二叠纪生成的煤，约占世界煤炭总储量的六分之一以上，在南北半球都有分布。北半球主要在亚欧大陆的中北部和东部，如俄罗斯西伯利亚地区和我国东北、华北、华南地区的煤田等；南半球主要在澳大利亚、非洲南部和南极洲等。

侏罗纪（距今 1.95 亿—1.4 亿年），是地球上生成煤炭的第三个重要时期。侏罗纪生成的煤，约占世界煤炭总储量的 5%，分布比较集中，主要在亚洲东部中纬度及其以北地区，呈东西向伸展，俄罗斯西伯利亚和我国东北的许多煤田，就是这个时期形成的。

中生代后期的白垩纪（距今 1.4 亿—0.7 亿年）到新生代的早第三纪（距今 7000 万—200 万年），是地球上生成煤炭的第四个重要时期，也是地球上最新的造煤期。这个时期生成的煤，储量非常丰富，约占世界煤炭总储量的二分之一以上，但主要是褐煤和泥煤。这些煤田大多在太平洋周围地区，呈明显的带状分布：东岸，北起加拿大，经美国西部延伸到南美洲西部；西岸，主要在俄罗斯西伯利亚和远东地区、我国的东北以及澳大利亚的东部。此外欧洲中部的平原地区有广泛的分布。

当然，世界的煤炭资源，在其他地质时期也有形成，但远没有四大成煤时期那样丰富。所以，从上述各成煤期主要聚煤带的分布来看，加上煤炭地质勘探的地区差异，世界煤炭资源的地理分布是不均衡的，总的来说，北半球多于南半球，尤其集中在北半球的中温带和亚寒带地区，而教材中所说的亚欧大陆与北美大陆的两大煤带则是最为引人注目的巨大煤带，南半球则断续分布在澳大利亚、南非等地。

石油资源地区分布有怎样的规律？

世界石油资源在地区分布上的总的特点是相对集中。

首先，全世界共有600多个沉积盆地，已发现油、气田的只占四分之一，其中37个盆地就集中了全世界较可靠的石油远景储量（1500亿吨）的95%，仅阿拉伯—波斯湾盆地即达710亿吨之多，其他还有6个石油储量在40亿～60亿吨的大盆地，它们是：委内瑞拉的马拉开波（57亿吨），俄罗斯的伏尔加—乌拉尔（54亿吨），西西伯利亚（50亿吨），墨西哥的雷费马—坎佩切（50亿吨），美国的佩米安（42亿吨），利比亚的锡尔特（42亿吨）。

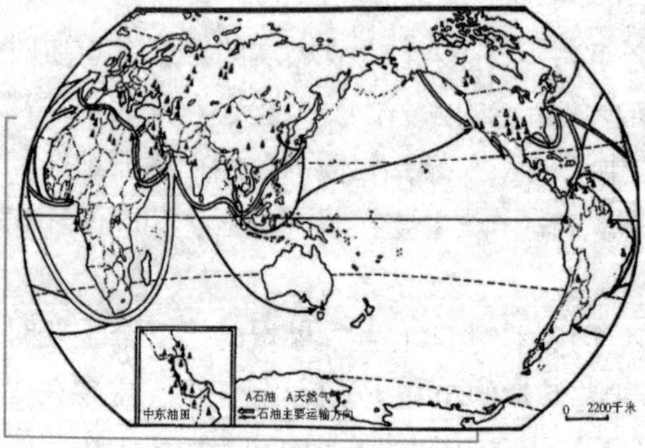

世界石油资源分布图

其次，以全世界已发现的约3万个油田说，其中仅37个储量在6.7亿吨以上巨型油田，合计储量即占世界总储量的51%；储量为0.67亿～6.7亿吨的260个大型油田，合计储量占世界总储量的29%；储量为670万～6700万吨的700个中型油田，合计储量占世界总储量的15%；而其余2.9万个小油田合计仅占世界总储量的5%。

再次，以世界160多个国家论，储油国约有60多个，1982年初探明储量在10亿吨以上的只有16个，它们合计占世界总储量的92%，仅沙特阿拉伯一国即独占四分之一，以下依次为墨西哥、科威特、俄罗斯、伊朗、阿联酋、美国、伊拉克、利比亚、委内瑞拉、中国、尼日利亚、英国、印度尼西亚、阿尔及利亚和挪威。

石油是怎样形成的？

石油的主要成分是碳氢有机化合物的混合物，它占石油成分的 97% ~ 99%。目前大多数人认为石油是从埋藏在地下的生物尸体变来的。

由于生物体内含有大量的碳、氢、氧等成分，在一般情况下，生物死后，它们的尸体很快就会腐烂，大量的碳和氧化合成二氧化碳散失掉了。但是，如果这些生物的尸体在浅海海湾或湖泊中沉积下来，并且随着就被大量的泥沙掩埋住，在这种隔绝了空气、缺乏氧气的环境里，经过一些特殊的细菌，如厌气性细菌的分解，生物尸体中的碳水化合物和含蛋白质的化合物被破坏了，形成有机质丰富的淤泥。随着地壳不断升降，沉积物不断加厚，有机淤泥在缺氧和温度、压力不断加大的条件下，加上细菌的作用，有机质发生复杂的化学变化，逐渐转变为石油。

由生物尸体转变为石油的这一过程，要经过相当长的时间，需要几百万年。在相应的地质历史时期，在那些深浅适度，水流比较平静的海湾、河口和湖泊中，只要有丰富的生物尸体堆积，并且具有上面所说的那些条件，都能够形成石油。

刚刚形成的石油，都是分散状态的小油滴。这些小油滴很容易游动，它们依靠地下水，在岩层中移动。由于重力作用和由地壳运动产生的挤压力量，这些小油滴被驱赶到上下都比较密实的岩层、中间是多孔的砂岩或是泥灰岩，这些小油滴受到阻挡，只好停了下来。小油滴在多孔隙的岩石中越积越多，逐渐形成了油田。

地球上五大洲都有石油分

广角镜

沙特阿拉伯

沙特阿拉伯，位于亚洲西南部的阿拉伯半岛，东濒海湾，西临红海，同约旦、伊拉克、科威特、阿联酋、阿曼、也门等国接壤。沙特是名副其实的“石油王国”，石油储量和产量均居世界首位。沙特是世界上最大的淡化海水生产国，其海水淡化量占世界总量的21%左右。沙特实行自由经济政策，石油和石化工业是沙特的经济命脉。

布，从北到南：阿拉斯加、西伯利亚、波斯湾、墨西哥湾、中国海，直到非洲和南美的最南端都储藏有丰富的石油。据估计，世界上石油的储量有3000多亿吨。

我国是石油蕴藏量较多的国家之一，如克拉玛依、大庆、玉门、大港、胜利、华北等先后开发的油田都是蕴藏量比较丰富的。我国海岸线长，大陆架面积宽广，渤海、黄海、东海、南海也是世界大陆架石油蕴藏最丰富的地区。

世界最大的石油分布区在哪？

世界最大的石油分布区在海湾地区。海湾地区，是西亚波斯湾及沿岸8个国家的总称。它不但海底产油，海湾沿岸各国都产石油。整个地区，几乎成了一块“泡在油盆中”的土地。据1979年统计，全区石油总藏量为495.8亿吨，占世界总储量的56.4%，全世界探明的储量在10亿吨以上的超级大油田共11个，海湾地区就占了7个。整个地区大约有150个油田，分布在南北长1900千米，东西宽800千米的地区。总产量为9.94亿吨，占世界总出口量的60%，储量、产量、出口量，均居世界第一。

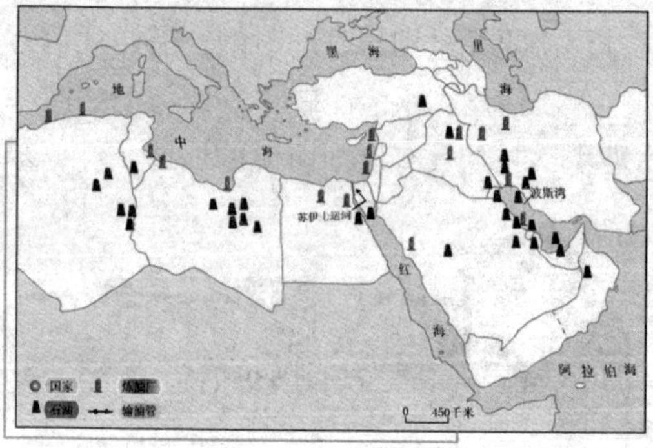

海湾地区石油分布图

海湾地区之所以成为“世界油库”，绝非一日之功。就在6000万年以前，这里原是一片汪洋大海（古地中海），气候温暖，生物繁茂。在非洲大陆板块和印度板块并肩向亚欧大陆板块挺进的过程中，这个地区逐渐形成了许多良好的沉积油矿。沉积层厚度有4000～12000米，85%的油矿都可以自喷井方式开采。正由于其储量大、开采方便，海湾地区的原油开采费用很低，因此在国际市场上具有相当的竞争优势。

锰结核海洋中的储量及分布情况如何？

锰结核是一种棕色或青褐色的球体或圆块体，又称锰矿球、锰团块和锰矿瘤。外表像是土豆，直径1～20厘米，平均约5厘米，最大者达一米以上；如果将其切开，横切面呈像树木年轮一样的同心圆状，中心有一个核。锰结核是一个多金属矿体，一般含有锰27%～30%，镍1.1%～1.4%，铜1%～1.3%，钴0.2%～0.4%以及一定数量的铁、钼、钛、锌等共30余种元素，称为“金属家族”。

锰结核

大洋底储有多少锰结核，说法不尽一致，一般认为是1.5万亿～3万亿吨。锰结核可提炼巨量金属，仅锰、镍、铜、钴4种金属总量可达8000亿吨，而20世纪70年代中期陆上该4种金属的总储量也只有11亿吨，即是陆地上储量的近800倍。锰结核增长速度非常缓慢，一种意见认为每1000年增长一毫米，甚至100万年才长一毫米；另一种意见认为每1000年可增长1～100厘米。虽然它增长如此缓慢，但从每年的增长量中提炼的铜、镍可供全世界使用好几年。

基本小知识

钴

钴是一种化学元素，符号为Co，原子序数27，属过渡金属，具有磁性。因为钴矿有毒，矿工、冶炼者常在工作时染病，钴还会污染别的金属，这些不良效果过去都被看作精灵的恶作剧。钴矿主要为砷化物、氧化物和硫化物。此外，放射性的钴－60可进行癌症治疗。

锰结核是聚集在四五千米以下深海底的矿体，19 世纪 70 年代英国的考察队首先在太平洋、大西洋和印度洋中发现，20 世纪 50 年代末有关它的发生、构造和组成等方面的研究，才开始取得广泛的成果。现在，对其利用技术的研究也有很大进展。以美国为首的国际垄断资本已组成了联合开发公司，进行锰结核的开采与提炼。经过改革技术后，由锰结核中提取锰、镍、铜、钴等重要金属，其成本可能仅相当于陆上开采、提炼这些金属成本的 50% ~75%。

就目前所知，锰结核主要分布在太平洋、大西洋和印度洋的深海底，平均厚度可达 1 米。其中以太平洋中部北纬 6°~20°、西经 160°~180°之间的洋底最为集中，特别密集的地方每平方米可达 100 千克；其次是南太平洋、北太平洋和南大西洋洋底。

北冰洋是不是有丰富的自然资源？

北冰洋虽是一个冰天雪地的世界，气候严寒，还有漫长的极夜，不利于动植物的生长，但它并不是人们想象的寸草不长、生物绝迹的不毛之地。当然比起其他几大洋来，生物的种类和数量是比较贫乏的。海岛上的植物主要是苔藓和地衣，南部的一些岛屿上有耐寒的草本植物和小灌木；动物以生活在海岛、浮冰和冰山上的白熊最著名，被誉为北极的象征，其他还有海象、海豹、雪兔、北极狐、驯鹿和鲸鱼等。由于气温和水温很低，浮游生物少，故鱼类的种类和数量也较少，只有巴伦支海和格陵兰海因处在寒暖流交汇处，鱼类较多，盛产鲱鱼、鳕鱼，是世界著名渔场之一。夏季在西伯利亚沿岸一带鸟类很多，形成独特的“鸟市”。

值得注意的是，北冰洋海域的矿产资源相当丰富，是地球上一个还没有开发的资源宝库，特别是巴伦支海、喀拉海、波弗特海和加拿大北部岛屿以及海峡等地，蕴藏有丰富的石油和天然气，估计石油储量超过 100 亿吨。斯匹次卑尔根的煤储量 80 多亿吨，煤层厚、质量优、埋藏浅，俄罗斯和挪威已联合进行开采，年产煤 100 多万吨；格陵兰的马莫里克山的铁矿，储量 20 多亿吨，系优质矿。此外，北冰洋地区还蕴藏着丰富的铬铁矿、铜、铅、锌、钼、钒、铀、钍、冰晶石等矿产资源，但大多尚未开采利用。

开采煤炭最早的国家是哪个?

中国是四大文明古国之一。在世界上也是最早开采、使用煤炭取暖的国家。早在两千五六百年以前的春秋战国时代，我们的祖先已经发现了煤炭，并加以开采和利用。在2000多年前的著作《山海经》中，就有“女床之山”、“女几之山”、“多石涅”的记载。“女床之山”和“女几之山”分别在现在的陕西和四川境内，“石涅”就是煤。后来，又称煤为“石墨”。

另外在《汉书·地理志》一书中记述的“豫章出石，可燃为薪”里的“石”，即煤块。这说明早在1800多年前中国人即已利用煤做燃料。公元十二三世纪，意大利著名的旅行家马可·波罗元朝初年来我国游览，他还不认识煤，看到我国人民烧煤很惊奇。在其游记中写道：“中国全境之内有一黑石，采自山中，如同脉胳，燃烧与薪无异，其火力较薪为优，盖若夜间燃烧，次晨不息，其质优良。”到了宋朝，中国采煤技术已形成一套较完整的方法，并已利用竹筒排除瓦斯。明朝时已知用焦炭炼铁，比欧洲早了200年。

世界上最大的露天铜矿在哪里?

智利一向被称作“铜的天国”，蕴藏着世界最丰富的铜矿资源，铜储量(指铜金属)高达1.4亿吨，占世界总储量的四分之一。多年来，它一直是世界上第一大铜出口国。1982年，智利铜产量创历史最高纪录，达123.1万吨，首次超过美国和苏联，在世界产铜国中跃居首位。它有大中小铜矿数百个，真是星罗棋布，遍地开花。其中丘基卡马塔铜矿，是世界上最大的露天铜

智利850米之深的铜矿坑

矿，年产铜50多万吨，它位于首都圣地亚哥以北1700多千米处。

丘基卡马塔矿是由美国出资兴建，于1915年5月18日投产。1971年收归国有。在雄伟的矿区，载重255吨、170吨和100吨级的大卡车像蚂蚁一样在爬行，装车用的28立方容积的大电铲像一只只螳螂，在坑底不停地工作。这个铜矿的产量直接影响到智利的国民经济，被称为“经济支柱中的支柱”。

磷酸盐矿最多的国家是哪个？

摩洛哥王国位于非洲的西北部，它的磷酸盐资源名列世界之冠。据估计，全国磷酸盐的蕴藏量约为578亿吨，占世界总蕴藏量的四分之三。按目前年采量2000万吨计算，可开采3个世纪。摩洛哥的磷酸盐不但产量多，而且质量好，出口量居世界首位，行销五大洲的40多个国家。中国也是常年主顾之一，最多一年购买120万吨。

摩洛哥的磷酸盐资源分布在从阿特拉斯山西侧到大西洋沿岸的广大地区。几百万年以前，这里是一片海洋，成群的海洋动物在这里繁殖、死亡，逐渐在海底形成一片骨架层。由于地壳的变动，海底慢慢上升，形成陆地。今天的磷酸盐就是由于当年海底动物的骨架分解而成的。

磷酸盐样本

胡里卜盖矿是摩洛哥最大的磷酸盐矿区，面积达4000多平方千米，生产的磷酸盐占全国总产量的65%。磷酸盐是化肥的重要原料。新的研究成果表明，一些食品和日用品，如饼干、奶酪、罐头食品、加工肉类，还有洗涤剂、除虫剂、牙膏等，都可以用磷酸盐做原料或配料，这就为磷酸盐工业的发展开辟了更加广阔的前景。

世界海洋渔业资源分布的情况如何？

世界海洋渔业的分布主要受两方面因素的影响：一是渔业资源多少，二是各地对渔业资源的研究和利用的程度。渔业资源的多寡，主要由鱼类的主要食料——浮游生物的丰富程度决定。因此，不同海域浮游生物的多少，决定了海洋鱼类和渔场的分布。

大陆架是浮游生物的世界。这里海水较浅，阳光透入好，水温较高，宜于浮游生物繁殖。大陆架靠近大陆，河流从陆地上带来了丰富的营养盐类滋养浮游生物。大洋底海洋生物遗体腐烂后也能分解出许多营养物质。这些营养物质在海水中分布是不均匀的，以下层为最丰富。大陆架海域，随着波浪、潮汐、海流等海水运动，或者是由于上下水温不同而形成的海水垂直运动造成水体混合，下边的营养盐类被翻到上层供浮游生物食用。因此，大陆架海域营养丰富，浮游生物多，是海洋鱼类云集之场所。世界海洋渔业产量的80%以上是在仅占海洋面积8%的大陆架水域捕获的。

海洋渔业资源丰富的海域，也往往是寒暖流交汇的地方。两股温度不同的海流相遇，海水温度有很大差别，必然造成表层海水与深层海水的连续不停的垂直运动，使海底营养物质浮上来滋养浮游生物，因而就吸引大批的鱼群游来。世界上几个大的渔场，都具备这样的自然条件。如西北太平洋渔场是世界最大的渔场，特别是日本暖流（日本称“黑潮”）和千岛寒流（日本称“亲潮”）交汇处的日本北海道和我国东部沿海渔场，占世界渔场面积的四分之一；东北太平洋渔场有北太平洋暖流与阿留申寒流交汇；以纽芬兰为中心的西北大西洋渔场，主要是墨西哥湾暖流和拉布拉多寒流汇合；

你知道吗

什么是潮汐？

潮汐是地球上的海洋表面受到太阳和月球的潮汐力作用引起的涨落现象。潮汐造成海洋和港湾口积水深度的改变，并且形成震荡的潮汐流，因此制作沿海地区潮汐流的预测在航海上是很重要的。潮汐的变化位置与月球、太阳和月球的相对位置有关，并且会与地球自转的效应耦合和海洋的海水深度、大湖及河口。

以北海为中心的东北大西洋渔场，则是北大西洋暖流与北冰洋寒流的交汇处。

从纬度上看，上述几个大渔场都处在中高纬度的温、寒带地区，而热带水域渔业资源贫乏。这主要是因为寒、温带水域多风暴，风大浪大，加速了海水的垂直运动；同时，由低温造成表层冷水下沉，引起海水上下混合，使下层营养盐类上翻，利于浮游生物及鱼类繁育。而热带海域表层水温高，又常处在无风或微风状态，海水很难发生垂直流动，表层缺乏营养物质和浮游生物，因此，渔业资源很少。只有在低纬大陆西部沿海某些海域，如秘鲁沿海水域，才有较丰富的渔业资源，这是因为秘鲁寒流沿秘鲁海域自南而北流过，因受地转偏向力和盛行东南风的影响，使寒流表层的海水向西偏离海岸，促使近岸的深层海水上泛，从海底浮上丰富的营养盐类，利于鱼类生长，因此，使秘鲁沿海也成为世界著名的渔场之一，秘鲁也是世界海洋渔业产量较多的国家。

最坚硬的矿物是什么？

金刚石是自然界中最硬的矿物，它也是一种宝石，但天然含量稀少，因此被人们尊为“宝石之王”。经加工以后俗称“钻石”。在国际市场上，经过加工后大于1克拉的普通钻石，每克拉售价达数千至上万美元；如果是优质钻石，每克拉售价可达数万美元。

纯净的金刚石是无色透明的。不过，由于金刚石一般都含有一些杂质，所以就有了蓝、粉红、蓝白、绿、黄棕褐、灰、黑等颜色。根据金刚石的用途不同，一般把金刚石分为宝石金刚石和工业金刚石两种。出乎我们意料的是，工业上对金刚石的要求，和宝石金刚石正好相反。宝

广角镜

水　晶

水晶是指发育良好的石英单晶。发育良好的石英单晶多为复菱面体，多晶通常为块状或粒状集合体，纯净透明的石英晶称水晶，一般为白、灰白、乳白色，含杂质时呈现紫、红、烟、茶等色，晶面玻璃光泽。水晶与玻璃的主要区别在于：玻璃是非晶体，水晶是晶体。水晶有天然的，也有人造的；主要成分是二氧化硅。

石金刚石中晶体颗粒越大，杂质越少的越贵重，而那些颗粒小，不透明黑色的金刚石，通常被认为是最不值钱的。可是，就是这些在宝石金刚石中被看不上眼的“黑小个子”，在工业上却被认为是最好的金刚石。这是因为金刚石虽然硬但却很脆，很易破裂，晶体越大的金刚石越不结实的缘故。

金刚石最突出最重要的特性，就在于它的坚硬。经测定，它的硬度比红宝石高150倍，比水晶高1000倍，它是世界上最硬的材料。也正由于此，它在工业上有着十分重要的用途。

金刚石最常见的用途，就是制作用于划玻璃的玻璃刀。不过，用金刚石做玻璃刀，用量毕竟十分有限。在生产中，消耗金刚石最多的部门，是机械工业和地质钻探。在机器制造工厂，用车床切削金属时，要用各种车刀。用金刚石做成的车刀，在高速切削时，具有万夫不当之勇。一把金刚石车刀安装在车床上切削工件，能行进1968000米而不卷刃；可是一把硬质合金车刀，却只能行进34000米。据研究，金刚石刀具比碳氏钨耐用68倍，比高速工具钢耐用246倍，能切削任何特硬材料。特别是切削诸如红宝石、蓝宝石、单晶硅、光学石英等很硬的材料时，就非金刚石车刀莫属了。金刚石还善于切削特软而有弹性的材料，如橡胶、塑料等制品。用金刚石车刀切削塑料，比用硬质合金车刀可提高工作效率900倍以上。

细粒金刚石是极好的磨料。用金刚石粉琢磨宝石金刚石几乎是唯一的方法。用金刚石碎屑制成的砂轮，可用于各种仪器的精密加工。坚硬无比的金刚石还有一个用途，就是做拉丝模。金刚石拉丝模用来抽拉高质量的细金属丝，可以细到0.01毫米。用它抽出的金属丝不仅粗细均匀，而且表面光洁。在一些精密仪器中，用金刚石作耐磨的轴承、竖轴和枢轴等，也是利用金刚石的一个方面。

金刚石还是一种半导体和很好的热传导体，在电子工业和空间技术领域里，都非常有用。正因为金刚石有着上述重要的用途，因而，金刚石极受人们的青睐，被列为特殊的战略物质。

有没有液态的金属?

我们平常见到的金属几乎都是固体的。但是也存在液态金属，那就是汞，也就是我们常说的水银。

汞并不是在任何情况下都呈液态，它只是在常温下呈液态。如果温度在-38.7℃时，它会变成美丽的银蓝色固体；如果温度在357.25℃时，它又会沸腾气化。汞在常温下是稳定的，但如果加热至近于沸点时，它便会氧化成红色的氧化汞。汞虽能溶于水，但与水不起化学反应，与盐碱和稀硫酸以及碱也不起作用。汞在低温时不导电，但当它在高温下时，则既导电又能发射绿色光和紫外线光谱。汞易流动，又能挥发，它的蒸气有毒，但硫磺却能制服它，所以当少量汞洒落时，我们必须尽可能地收集起来或用硫磺粉覆盖处理。

汞是一种银白色、有极强金属光泽的液体，它很重，密度为13.6克/厘米^3，也就是说，它比银和铝都重。正由于此，人们才给它取一个形象的名字——水银。它在现代生活中有着广泛用途。

由于汞在0℃～200℃时，体积膨胀系数变化均匀且不会沾湿玻璃，因此我们便把它用于制作温度计；由于它化学活动性小，易流动、密度大，我们又常常把它用在真空泵、气压计和水银蒸气灯等的制造上。

除上述特性外，汞最有趣的性质之一，是具有溶解除铁和铂以外几乎所有的金属，它与这些金属所组成的合金，统称为汞齐。汞齐可以呈液态，也可以是糊状或固体，汞齐中的金属仍保留它原有的性质。人们在很久以前便利用汞的这个性质来提取金、银。汞的合金由于有可塑性和易硬性，因而我们在医院里常见到医生用有锡、银或金的汞剂来补牙。

知识小链接

锡

锡是一种化学元素，其化学符号是Sn，它的原子序数是50。它是一种主族金属。纯的锡有银灰色的金属光泽，它拥有良好的伸展性能，它在空气中不易氧化，它的多种合金有防腐蚀的性能，因此它常被用来作为其他金属的防腐层。锡的主要来源是它的一种氧化物矿物锡石，盛产于中国云南和马来西亚等地。

汞在地球上是很分散的，成因也较复杂。我国的汞矿多是原生沉积的。含汞的矿物在自然界有20多种，但主要以辰砂（硫化汞）为主。

人文地理篇

QINGSHAONIAN BIZHI DE DILI ZHISHI

人文地理，顾名思义，是研究人文现象的地理分布、扩散和变化，以及人类社会活动的地域结构的形成和发展规律的一门学科，是地理学的两个主要分支学科之一。人文地理是人类社会、文化和生产生活活动与自然规律特别是自然地理如地质、气候等要素的融合，主要突出的是人类社会所涉及的人口、民族、聚落、政治、经济、交通、军事、社会行为等许多成分。

随着人文地理学的理论发展，研究内容和范围也不断扩大，人文地理学同自然地理学一样开始分化，陆续出现了一些分支学科，并形成人文地理学的学科体系，如人种地理学、人口地理学、聚落地理学、文化地理学、政治地理学、商业地理学、经济地理学、工业地理学、农业地理学、交通运输地理学等。

世界上共有多少个国家?

截止 2009 年，世界上有 193 个国家被国际普遍承认。其中 192 个为联合国会员国，另外梵蒂冈为国际普遍承认，但非联合国成员。还有 11 个缺乏普遍国际承认，其中 3 个是被国际部分国家承认的，均未加入联合国，不过在国际习惯法中被视为国家，它们是撒拉威阿拉伯民主共和国、科索沃、巴勒斯坦。另外 8 个是几乎不为国际普遍承认的，均未加入联合国，但已经宣布独立，它们是北塞浦路斯、阿布哈兹、纳戈尔诺—卡拉巴赫、德涅斯特河沿岸摩尔达维亚共和国、邦特兰、索马里兰、南奥塞梯、西南索马里。除此之外，还有已经宣布独立的私人国家，但基本没有外交关系，例如西兰公国等。

发达国家和发展中国家分别是指什么?

世界上各个国家间经济发展水平千差万别。所谓发达国家和发展中国家是按照经济实力的不同而划分的两种国家类型。

发达国家是与发展中国家相对而言的经济上比较发达的国家。包括欧洲的绝大部分国家，北美洲的美国和加拿大，亚洲的日本，大洋洲的澳大利亚和新西兰等国。这些国家经济一般都比较发达，也较富裕。不过在它们之间经济发展也是不平衡的，美国和俄罗斯是其中最突出的两个国家，它们资源丰富，经济实力雄厚，技术水平高，在全世界的国民生产总值中美国占第一位。其他发达国家经济实力也很雄厚，它们的领土面积共占世界有人定居的陆地面积的 17% 左右，人口约占全界 15%，但却占世界国民生产总值的五分之二以上。不过这些国家大多数资源比较贫乏，原、燃料严重依赖进口，而工业产品又需依赖国际市场销售。

发展中国家资源丰富，但在历史上曾长时期沦为殖民地或半殖民地，经济不发达。第二次世界大战后纷纷独立，经济发展较快，但经济实力还比较薄弱，国民生产总值只占世界的五分之一，因此被称为发展中国家。当然，发展中国家的情况也不尽相同，经济发展水平也有很大差别，既有高收入

（人均国民生产总值在一万美元以上）的石油输出国，也有像罗马尼亚、墨西哥、巴西以及新加坡等具有一定工业化水平的国家，还有居大多数的亚、非、拉和大洋洲中经济发展水平较低的国家和地区。

什么样的国家叫经济大国？

经济大国，一般是指在一定历史时期中经济实力比较强大，在世界经济中占有重要地位的国家。但是确定一个经济大国的标准，国际上并无统一规定。不过在考虑一个国家的经济实力时，人们通常用以下经济指标说明一国在某时期中的相对经济优势。这些经济指标主要是：

（1）国民生产总值及其按人口平均值。国民生产总值是一个国家所有部门在一定时期（月、季、年）内以货币形式表现的全部产品和服务的总价值，是综合反映国民经济活动的指标之一，是一个国家经济实力的重要标志之一。

（2）工业在国内生产总值中的比重，反映一国的工业在国民经济中的地位，实现工业化的国家，工业在国内生产总值中所占比重较大。

（3）各经济部门（包括工业、农业、交通运输业等）的主要产品产量。如煤炭、石油、发电量、粗钢、汽车、水泥、合成橡胶、化纤、商船吨位、谷物、肉类等产品的产量，它反映一国各主要产品的生产水平。

基本小知识

化　纤

水泥，粉状水硬性无机胶凝材料。加水搅拌后成浆体，能在空气中硬化或者在水中更好的硬化，并能把沙、石等材料牢固地胶结在一起。水泥的历史最早可追溯到古罗马人在建筑中使用的石灰与火山灰的混合物，这种混合物与现代的石灰火山灰水泥很相似。用它胶结碎石制成的混凝土，硬化后不但强度较高，而且还能抵抗淡水或含盐水的侵蚀。长期以来，它作为一种重要的胶凝材料，广泛应用于土木建筑、水利、国防等工程。

（4）出口贸易额及工业品在出口总值中的比重，反映一个国家在世界经济联系中所处的地位以及工业产品的出口能力。

（5）黄金外汇储备。这是一种国家经济的后备，包括黄金、外币汇票和支票、外国有价证券以及国外短期存款等。主要用于保持国际收支的平衡，反映一个国家在国际上的支付能力。

在全面分析上述各项指标后，就可以看出某国在世界经济中所处的地位。经济大国经济的发展变化对世界经济也会产生重大影响。根据上述指标的综合分析，一般认为美国、俄罗斯、日本、德国、法国、英国、意大利和加拿大等国是世界八大经济大国。不过应该指出，经济大国的概念是相对的，经济大国的名单和数目也会随世界各国经济实力的变化而有所不同。

领土、领海、领空分别是指什么？

领土是在一国主权下的区域，包括一国的陆地、河流、湖泊、内海、领海以及它们的底床、底土和上空。一个国家主权所及的区域，由国际上承认的国界线决定。根据上述标准，领土面积最大的国家是俄罗斯，达 1700 多万平方千米；最小的是梵蒂冈，面积仅 0.44 平方千米。

领海是指岛国或临海国家主权管辖下的与其海岸或内水相邻接的一定范围的海域，包括领海上空及其海床和底土。领海不许他国侵犯和干涉。领海以外是公海，各国均可以自由航行。但是领海的宽度，国际上并没有统一规定，各沿海国家根据主权，可以按照本国地理特点、经济发展和国家安全需要并照顾到邻国正当利益和国际航行便利，合理地确定其领海范围。目前各国领海范围差别很大，从 3 海里到 200 海里不等。我国政府于 1958 年 9 月 4 日宣布领海宽度为 12 海里。近些年来由于沿岸大陆架被认为是重要资源汇集区域，所以各国都有扩大领海的要求。1977 年国际海洋法会议确定 12 海里为领海，200 海里为经济水域（由沿岸国管理）的方向。

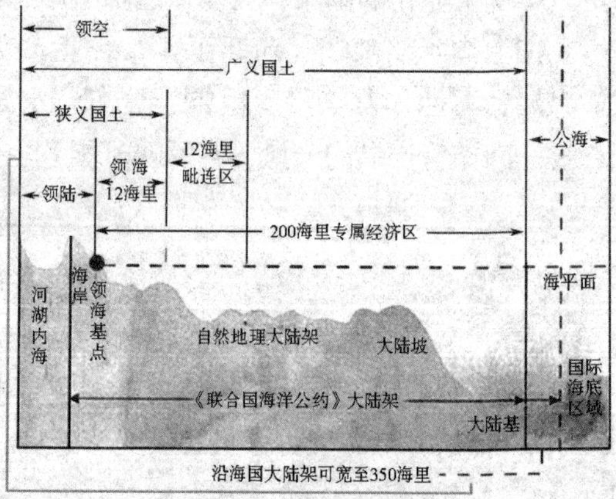

领土、领海、领空示意图

领空是一国的陆地、河流、湖泊、内海、领海等的上空。是一国领土的组成部分，受该国主权管辖，他国不得侵犯，外国飞机和其他航空器非经该国许可，不得在其领空飞行。外国飞机，特别是军用飞机，侵入一国领空，是对该国领土主权的侵犯，地面国有权按照情况采取相应措施。

人口分布与陆、海有什么关系?

人口分布与陆地、海洋也有密切关系。据统计，四分之三的世界人口居住在沿海600英里的范围内；有三分之二的世界人口居住在沿海500英里的范围内。由此可看出，人类愿意居住在沿海地区，这是因为沿海地带的气候受海洋调节，冬暖夏凉，湿润温和，较适人类生活；同时沿海有航运之便，利于商业活动。如英伦三岛、日本四个州、印尼群岛、菲律宾、中国台湾、西印度群岛等都是有名的人口聚集区。

大陆的面积和形状也影响人口的分布，尤其是在高纬度区。在北半球高纬度地区，陆地面积虽然广大，可是少有海洋深入，人口自然稀少。在南半球也是同样情形，大陆面积向高纬度逐渐减少，人口不多。此外在赤道附近的南美洲和非洲部分虽然有大片陆地，但不是沙漠就是热带雨林地带，显而易见不适合人居住。在沿海地区，人口分布也无规则可循。如岩石裸露、山地兀立的西印度群岛，因为地理位置适中，有良好港湾而成为人口聚居之所；可是地中海沿岸，同样有良好的港湾，却因为中古时代掠夺横行，人们远去，人口反而不易集中。同样情形在非洲部分沿海地区，贩卖黑奴时代，人口大量减少。同时还有一些反常现象，比如位于内陆的卢旺达、布隆迪、莫斯科盆地和我国的四川盆地均为人口众多地区，而沿海的塔斯马尼亚岛却又人口稀少。可见人口分布问题不能一概而论。

人口分布的不平衡是什么因素造成的?

影响人口地区分布的因素很多，既包括社会因素，也包括自然因素。

首先，人口分布是社会现象，深受社会经济规律支配。人类社会发展的不同阶段，由于生产力水平和生产关系的不同，人口分布的特点、趋势也不一样。例如，在封建社会，由于个体经济的农业生产是经济中的主导，人口就集聚在农业发达地区，乡村人口占绝对优势；但到了资本主义社会，工业生产的发展使城市人口迅速增加，城市的数目和规模也日益增大，同时由于发展工业的需要，在许多荒凉的地区开采矿石，也吸引了大量人口；在社会主义条件下，随着生产的有计划布局，对人口也着手进行有计划的合理布局，逐渐改变过去遗留下来的人口分布不合理的现象。同时，在同一社会形态下，在一定时期内由于各个地区生产力水平的差别，人口分布也会有所不同。因此，人类生产方式和经济活动，对人口分布有决定性影响。

其次，自然环境也对人口的分布有重大影响。因为人类生活在一定的自然环境之中，人们的生产、生活活动都离不开自然环境，而人类利用自然也首先是选择能获得更多经济效益的地方。当前世界人口的绝大部分居住在温带、亚热带和热带的平原地区，而高纬、高山的寒冷地区，沙漠、半沙漠的干燥地区以及冰封的南极大陆内部至今人烟稀少或无人定居，就是自然条件影响人口分布的明显例证。

此外，开发历史的久暂、移民活动以及政治动乱、战争和不同时期统治阶级的人口政策等等，都会影响一地区人口增长和人口移动，也会在人口的地理分布上表现出来。

因此，世界人口分布的不平衡是各地区自然、历史、经济发展不平衡的结果。由于人口分布是社会现象，受社会历史条件的直接影响，各时代的物质资料生产方式决定各时代人口分布总的规律；而自然条件对某一时期、某一地点的人口分布也起着重大影响，但不是直接、决定的因素。

人口的自然结构和性别结构分别是指什么？

人口的自然结构（构成）是按人口的自然指标，将人口划分为各个组成部分而形成的人口结构，包括人口年龄结构和性别结构。人口自然结构与人口再生产有极密切的联系。现有的人口自然结构是过去长期人口自然变动的结果，又是今后人口自然变动的基础。

人口的年龄结构是指一个人口集团（或群体）在某一时点上的人口年龄分布状况、各年龄组人口在总人口中所占比重，它可以表明人口发展类型和速度，反映劳动年龄人口和被抚养人口的比例等。人口总量中青壮年劳动年龄人口所占比重大，劳动力资源就相对雄厚。了解人口年龄结构对劳动力资源的管理利用和生产的合理布局有重要意义。

人口性别结构系指男性人口和女性人口在总人口中所占比重。有两种表示方法：其一是分别计算男性和女性在人口总数中的百分比；另一种是计算男性人数对女性人数的百分比性别结构指标可按全体人口计算，也可按各年龄组人口计算。一般说，低年龄组人口往往是男性人口比例高，高年龄组人口往往女性人口比例高。影响人口性别结构的主要因素有育龄妇女生育率、出生婴儿性别比、男女分别的死亡率以及人口迁移（移入国往往会影响男性人口多，而移出国则会造成女性人口多）等。人口性别结构会直接影响结婚率和妇女生育率，从而影响人口出生率和人口再生产速度。人口性别结构对经济发展和就业安排也有密切关系，因为不同部门、不同职业往往需要不同性别的劳动力。人口性别比例应保持平衡，如果性别比差别很大，则会产生许多经济、社会问题。人口性别结构常与人口年龄结构结合使用，称“人口性别年龄结构”，它是研究人口再生产，进行人口预测，研究人口和经济等现象之间关系的基础。

人口的社会结构和地域结构分别是指什么？

人口的社会结构是按一定的社会、经济标志将人口划分为各个组成部分而形成的人口结构，如人口的阶级结构、民族结构、语言结构、部门结构、职业结构、文化教育结构等。它是社会经济长期发展的结果，也是当前社会经济发展水平在人口结构上的反映。同时人口社会结构对人口出生率和死亡率也有重要影响。例如，发达国家人口的文化教育程度往往较高，这是经济发展水平较高的反映；人口的文化教育程度较高，往往又使出生率降低。据美国人口咨询社资料，1981 年发达地区出生率为 16‰，而发展中地区却为 32‰。人口职业结构大致可以反映出一个国家或地区的经济状况，西方国家通常将产业分为三大类，经济不发达的国家一般从事第一类产业（农业、林业、牧业、水产业）的人口比重大，而第二类产业（工业、矿业、建筑业）和第三类产业（商业、运输、服务、公务、金融等）比重小。经济发达国家则第一类产业比重小，第二类产业比重大，第三类产业比重更大。

人口的地域结构是按照地域标志将人口划分为各个组成部分而形成的人口结构，它说明人口的空间分布。人口地域结构包括有按人口所在地的自然地理标志、行政区划标志、经济区划标志、城乡标志等而划分的各种人口地域结构。人口地域结构与地区气候、地形、自然资源等自然方面的条件以及社会经济发展状况有密切关系。一般说来，自然条件优越、社会经济文化发达的地区，人口比较稠密集中，反之人口相对稀少。但随着生产力的发展，科技的进步，人类征服自然的能力日益增强，人口的地域分布也愈来愈决定于各地区的社会经济发展程度。目前世界人口在地区分布上是很不平衡的，60% 以上的人口集中在南亚、东南亚、东亚、中欧、西欧以及美国东北部地区，而这些地区只占世界陆地面积的 14%；相反占世界陆地面积 60% 以上的干燥地区、寒冷的极地地区，湿热的热带雨林地区以及 500 米以上的高山地区的人口却只占世界人口的不足 2%。

知识小链接

商　业

商业，是一种有组织的提供顾客所需的商品与服务的一种行为。中文之“商业”含义指社会分工出现的有组织的贸易行为，现代概念指流通领域的所有产业，多与贸易合称“商业贸易”。大多数的商业行为是通过以成本以上的价格卖出商品或服务来营利，如微软、索尼、IBM、联想、通用都是营利性的商业组织典型的代表。然而某些商业行为只是为了提供运营商业所需的基本资金，一般称这种商业行为为非营利性的，如各种基金会，以及红十字会等。

世界上有多少民族?

一般认为民族是一个历史范畴，有其发生、发展和消亡的过程。民族是人民在历史上形成的一个有共同语言、共同地域、共同经济生活以及表现于共同文化上的共同心理素质的稳定的共同体。因此民族与人种不同，是长期历史形成的社会统一体，是由于不同地域的各种族（或部落）在经济生活、语言文字、生活习惯和历史发展上的不同而形成的。民族是社会发展到资本主义时代的必然产物，但民族的要素是资本主义以前的时期逐渐形成的。当全世界实现共产主义后，经过一个很长时期，经济文化高度发展，民族差别逐渐消失，世界各民族将形成为一个共同的整体。

由于民族划分的统计工作中还存在一些复杂情况，如世界上还同时存在着多种类型的人们共同体，有民族、部族、部落集团，甚至还有部落、氏族等，而人们对民族含义尚无统一的认识，故未能有统一的统计标准；同时有些国家和地区也尚未进行过人口普查等，所以缺乏有关世界民族成分的完整调查材料。据苏联科学院民族学研究所 1975 年统计材料，世界约有 2000 个大小不同的民族，人口在一亿以上的有 7 个（汉、印度斯坦、美利坚、俄罗斯、孟加拉、大和、巴西民族），约占全球总人口的 42% 以上；人口在 5000 万~1 亿的有 9 个（德意志、比哈尔、意大利、爪哇、墨西哥、泰卢固、英吉利、朝鲜等民族），约占全球人口的 12.5%。全球人口在 10 万人以上的民族共 550 余个，其人数合计占总人口的 99%。人口较少的民族有的仅百人或几十人（如印度的安达曼族和明戈比族，印度尼西亚的托瓦拉族等）。

此外，民族有时也泛指历史上形成的、处于不同社会发展阶段的各种人们共同体，如原始民族、古代民族、现代民族等。同时，还有其他更广泛的用法，如中华民族、阿拉伯民族等。

人种是怎样分类的?

人种的类别，是根据人类的生物体质和遗传的性状而加以区别的，如肤色、体型、头型、眼色、发型、鼻状、血型以及性格和潜力等。它不像语言和宗教因时而异，是人类长成后所附加的。

人类学家在 18 世纪就开始研究人种的分类。1775 年德国的布鲁门巴哈根据肤色、发型、身高等体质特征，把人类划分为五个人种：高加索人种，俗称白种；蒙古利亚人种，俗称黄种；尼格罗人种，俗称黑种；亚美利亚人种，俗称红种；马来亚人种，俗称棕种。

这个划分，可以说是第一个用科学方法将人种做第一次的地理分类。其后 1927 年，英国的泰勒发表了《环境与人种》的著作，详述了自然环境对人种的影响以及各人种的区域分布，对人种地理学有极大的贡献。1929 年，德国的伦丝用“地理人种”来描述大区域的人种。其后又有人倡议“区域性种族”和“小种族”的名词，因为存在着虽分居在地球各大洲，而在体质上具有相似遗传特征的人群，或因隔绝，或因受习俗限制，日久在各区域遗传性上变为有所差异的人种。1961 年美国加恩采用以上分法加以综合，把全世界人类，划分为9大地理人种，32个地域性人种。数百年来，世界人类的分法，五花八门，众说纷纭，莫衷一是。现在根据最流行的分类法，把全世界的人种分成下列三大类。

（1）高加索人种，又名白色人种或欧罗巴人种，发源于南欧、北非和西南亚洲，体质特征是瘦长、鬈发、高鼻、蓝眼。高加索人种包括居住在北欧的波罗的海人种，南欧的地中海人种，东北欧的白海和波罗的海人种，西亚的巴尔干和高加索人种，中欧人种以及居住澳大利亚的白色人种。在15世纪以前，主要分布在欧洲、北非、西南亚等地。目前该人种遍布全球，是南北美洲、欧洲和澳洲的主要人种。

（2）蒙古利亚人种，又称黄色人种或亚美人种，发源于中亚和东亚的干旱草原和半沙漠地区。体质特征是中等身材，头发黑而直，面扁。该人种主要分布于中国、朝鲜、日本、西伯利亚、“中南半岛”、马来半岛等地。北极的因纽特人及北美洲的印第安人都属蒙古利亚人种。

（3）尼格罗人种，又名黑人和赤道人种，发源于北非和欧洲接壤地区。体质特征是黑肤、发鬈而曲、宽鼻、厚唇。尼格罗人种包括居住南非的布西曼人种、中非的班图人种、西非的森林尼格罗人种、北非的苏丹人种和小黑人种。原来主要分布于非洲和南太平洋岛屿，由于西方贩卖人口的殖民政策，该人种现已遍布南北美洲。

关于原住澳大利亚的人究竟属于何类人种，是争论很久的问题。英国的赫胥黎等学者，认为其是棕色人种，与以上三大人种并列成为全球四大人种。由于澳大利亚人种的肤色、眼色、唇型和鼻型等和尼格罗人种相似，因此法国的居维叶等主张将其与尼格罗人种合并，统称为尼格罗—澳大利亚人种。可是又有人如法国的白洛嘉根据发型、血型和人类化石遗骨的特征，认为澳大利亚人种应该归入高加索人种。澳大利亚人现分布于澳大利亚、新西兰、新几内亚、美拉尼西亚、塔斯尼西亚等地。

广角镜

因纽特人

因纽特人，是北美洲北部的因纽特人以及阿拉斯加西部和俄罗斯西伯利亚东北部的尤皮克人还有阿留申人的总称，两者使用很相似的语言，均属于因纽特－阿留申语系。除因纽特人外，其余的美洲土著居民则属于印第安人。这些美洲土著居民常被统称为美洲原住民。

以上三大人种，以高加索人种分布最广。仅欧洲一地，高加索人种又分为以下三个分支。

（1）北欧型：体质特征为身材高大、蓝眼、头长、发鬈。主要分布在英国、瑞典、挪威、芬兰等地。

（2）地中海型：体质特征为中等身材，发黑而鬈，棕眼、头长、肤呈棕色。性格多热情豪放，多诗人、艺术家、音乐家。其主要分布于西班牙、意大利以及地中海沿岸各地。在英国此类人居住在苏格兰、爱尔兰以及威尔士。这些人可总称为凯尔特，在历史上也曾居于伊比利亚半岛。

（3）高山型：体质特征是身体短壮、黑发、棕眼、面宽。性情多保守，工作勤奋。主要分布地为中欧和东欧的山地区域。

世界主要人种是怎样分布的？

人种也称“种族”，是在体质形态上具有某些共同遗传特征（如肤色、发色、发形、眼色、头形、鼻形等等）的人群，这些特征是在一定的地域内，长期适应自然环境而形成的。

在人类发展的初期，人类各集团在很长一段时期内，彼此隔离地生活在各自然地理环境里。由于自然条件长期对人类的不同影响以及各人群集团间长期隔离和交通联络的不发达而造成不同地域内的人群的不同自然体质特征。根据这些特征，全世界人类可分为三大类人种，即蒙古利亚人种、高加索人种和尼格罗人种。各人种之间，在自然体质特征上虽有一定区别，但无明显界限，而具有逐渐过渡的现象。这充分说明全世界各人种在生物学上同属一个物种，并具有共同的祖先。

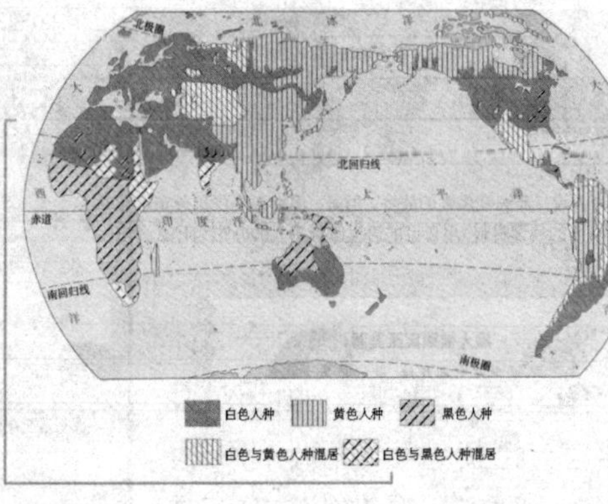

世界主要人种分布图

在人种分类上，也有主要根据肤色特征，把人类分为黄色人种、白色人种、黑色人种和棕色人种的。人种属自然范畴，绝无优劣之分，种族主义者的种族优越论是站不住脚的。

白色人种是世界上人口最多的人种，约占世界总人口的54%。他们的体质特征是：肤色多呈浅淡色；发呈金黄，有的呈黑褐色；眼色碧蓝或灰褐色；发形呈波状或直状；唇型为薄唇；鼻狭而高；颧骨不高突；体毛和胡须较发达等。白色人种主要分布于欧洲、北非及亚洲的土耳其、伊朗、伊拉克、阿富汗、巴基斯坦、孟加拉、印度等地。近几百年来，随着殖民主义的扩张，又逐渐分布于美洲、南非和大洋洲等地。

黄色人种是世界上人口数居第二位的人种，约占世界总人口的37%。他们的体质特征是：肤色呈黄色或黄白色；发形直，发色黑；眼色深；颧骨较高；面部扁平；鼻子高低、宽窄适中；体毛和胡须稀疏。黄色人种主要分布在亚洲东部的中国、朝鲜、日本、蒙古、俄罗斯的西伯利亚、中南半岛、印度尼西亚等地，美洲的印第安人，欧洲的马扎尔人、芬兰人也属黄种人。

黑色人种是世界上第三大人种，约占世界总人口的8.5%。他们的体质特征是：肤色多呈黑色或黑褐色；发形为曲卷形或波形，发色深黑；眼色黑褐；唇厚而凸或较厚；鼻宽扁或较宽；眼裂较大。黑色人种主要分布于非洲、大洋洲、印度南部、斯里兰卡、美拉尼西亚、加里曼丹等地。

世界上有多少种语言？其分布情况如何？

语言是人类最重要的交际工具，它是以语音为物质外壳，以词汇为建筑材料，以语法为结构规律而构成的体系。世界语言十分复杂，全世界究竟有多少种语言，说法不一。法国科学院推定为2796种；国际辅助语协会估计有2500～3500种语言。由于对某些语言，尤其是使用较少的语言没有深入研究，很难断定它们是不同语言，还是同一语言的方言。

语言的分类，一般采用两种

广角镜

黏着语

黏着语为综合语的一种，具有词形变化的一种语言类型。通过在名词、动词等的词尾粘贴不同的词尾来实现语法功能。一般而言、黏着语的所有词缀，或多数的词缀都只表达一种意思或只具有一种语法功能。若某语言的一个词缀往往同时表达多种意思，则该语言一般视之为屈折语。

方法。第一是类型分类法，也称“形态分类法”。根据语言语法的特点，将世界语言分为若干类型。如以词的构造为主要标准，将人类语言分为词根语、黏着语、屈折语和多式综合语等；或按语法意义的主要表达方式分成分析语、综合语等。这种分类有助于了解语言的结构，但不能概括世界语言的多样性，也没有和语言的历史比较起来研究。第二是谱系分类法，也称“发生学分类法”。按语言的共同来源，按语言亲属关系的远近，把世界的语言分为不同的语系、语族和语支。

印欧语系分布在欧洲、亚洲、美洲等地，包括印度语、伊朗语、斯拉夫语、波罗的海语、日耳曼语、罗马语、克尔特语、希腊语、阿尔巴尼亚语、亚美尼亚语等；闪含语系分布在阿拉伯半岛、非洲东部和北部一带，包括阿拉伯语、古希伯来语、豪萨语、古埃及语等；芬兰乌戈尔语系分布在芬兰、俄罗斯、挪威、匈牙利等地，包括芬兰语、爱沙尼亚语、匈牙利语等；阿尔泰语系主要分布在中国、土耳其、蒙古、中亚、伊朗、阿富汗，包括阿塞拜疆语、土库曼语、哈萨克语、吉尔吉斯语、土耳其语、日语、朝鲜语等（也有将日语、朝鲜语列为特殊语言）；伊比利亚高加索语系分布在高加索一带，包括高加索语、格鲁吉亚语等；汉藏语系主要分布在中国和越南、老挝、泰国、缅甸、不丹、锡金、尼泊尔、印度等国境内，包括汉语、泰语、缅甸语、越南语、藏语等；达罗毗荼语系分布于印度南部、斯里兰卡北部、巴基斯坦等地，包括泰米尔语、马拉雅拉语、坎纳拉语、泰卢固语和布拉灰语等；马来波利尼西亚语系，也叫“南岛语系”，分布在北自夏威夷，南至新西兰，西自马达加斯加，东至马克萨斯群岛的广大地区，包括高山语、马来语、印度尼西亚语、爪哇语等；班图语系分布在非洲苏丹以南的广大地区，所属语言中，最通行的是斯瓦希里语。此外，还有美洲的印第安语言。

据统计，世界上使用语言人数最多的是汉语，约占世界人口的23%；其次是英语（属印欧语系日耳曼语族），约占世界人口的8%；第三是俄语（属印欧语系斯拉夫语族），约占世界人口的6%；第四是西班牙语（属印欧语系罗马语族），约占世界人口的5%。

世界三大宗教分别是什么？

宗教是社会意识形态之一，相信并崇拜超自然的神灵，是唯心主义的思想体系。世界宗教多种多样，目前广为流传，并具有世界影响的宗教主要有佛教、基督教、伊斯兰教，被称为世界三大宗教。

佛教起源于公元前6—前5世纪，创始人释迦牟尼，基本教理有“四谛”、“八正道”、“十二因缘”等。主张依经、律、论三藏，修持戒、定、慧三学，以断除烦恼，得到成佛为最终目的。目前信徒约2.4亿人，主要流传在亚洲，如日本、泰国、缅甸、斯里兰卡和中国（藏传佛教也属佛教）。

基督教于公元1—2世纪开始流传于罗马帝国统治下的地中海东部、巴勒斯坦一带。信仰上帝（或称天王）创始并管理世界。耶稣是上帝的儿子，降世成人，救赎人类。目前信徒约10亿人。主要流传在欧洲、美洲和大洋洲各国。内部又分天主教、东正教、新教以及一些较小的派别。天主教的中心是梵蒂冈，主要信徒分布于南欧、美洲各国；正教（或称东正教）信徒以俄罗斯、乌克兰、白俄罗斯、东欧为主；新教（也称“基督教”）以北欧、北美、大洋洲为主。

伊斯兰教起源于公元7世纪初，由阿拉伯半岛麦加人穆罕默德所创建。其教义主要有：信仰安拉是唯一的神，穆罕默德是安拉的使者，信天使，信《古兰经》是安拉“启示”的经典，信世间一切事物都是安拉的“前定”，并信仰“死后复活”、“末日审判”等。目前信徒约6亿人。主要流传在西亚、北非、南亚、东南亚。其圣地是麦加和麦地那。

什么叫城市？

城市是人类社会发展到一定历史阶段的产物。它的形成和发展，是社会经济、文化发展的结果。人类社会发展过程中出现商业、手工业与农业的劳动大分工后，居民点也产生了分化，形成了以农业为主的乡村和以商业、手工业为主的城镇，这就是早期城市的雏形。城市的发展自古至今已经历了5000多年的历史，它的职能也经历了不断发展和完善的过程。因此，城市的概念及其所包含的具体内容也随着不断发展、不断丰富。

关于城市的表述，各国不尽一致。一般概括为：具有一定人口规模而以非农业人口为主的居民集聚区，是一定区域内的政治、经济、文化的中心，是整个社会创造物质财富和精神财富的重要基地。城市作为一定地域的中心，首先是经济中心。工业是城市经济的骨干，是现代城市的主体。而城市作为经济中心，又必然成为商业中心和交通中心，成为流通领域的枢纽。城市作为一定地域的中心，又不仅限于经济方面，它也可以是政治中心、文化教育中心、科技中心等等。一个城市也可以兼具几个中心。城市一般来说是各级行政机构的所在地，是经济生活和文化生活的组织中心和管理中心。城市也是发展科学技术、传播文化的中心，往往集中一国或一地区绝大多数的高等院校、各类医疗卫生机构、科研机构、图书馆、博物馆、文化馆、体育馆等。城市又是信息中心、科技情报中心和社会活动中心。

城市的这种中心地位，决定了它必然对国家和地区的经济与社会发展起重要的中心作用和动力作用，在国家和地区的经济建设、社会发展中应充分发挥城市的作用。

什么是城市化？

城市化，又叫城镇化，是社会发展到一定历史阶段的产物，它是资本主义发生并发达以后，特别是工业化以后所特有的现象。由于社会经济的发展，农业社会进入工业社会，非农业活动的比重逐渐上升，农村地域中城市要素逐渐增长，出现了人口从以农业活动为主的农村向以非农业活动为主的城镇转移的过程，城市人口比重日益增大，城市数目迅速增加，这就是城市化的基本含义。所以城镇化是社会生产力发展的必然趋势，也是国家工业化和农业现代化的必然结果。

城市化的过程不仅表现在城市人口的迅速增长上，而且还表现在特大城市和城市群的迅速增加以及第三产业人口在城市人口中所占比重的极大提高上。

“城市环境”和“城市生态系统”有什么特征？

城市环境是人类利用、改造自然的产物。是指维持城市居民生存发展的一切外界条件。包括土地、水源、空气等因素组成的自然环境，还包括房屋、道路、生产设施等组成的人工环境。城市是人类对自然环境干预最强烈，自然环境变化最大的地方。城市环境受自然因素与社会因素的相互作用，具有自身的发展规律。

城市生态系统是人类社会生态系统的一个组成部分，它是以人类为中心与城市环境之间所组成的物质系统。它和任何生态系统一样，存在着能量流和物质流。但它又具有自身的明显特征：

第一，城市生态系统受人的目的、愿望的控制，是人类根据需要有意识、有计划进行强烈干预的结果，形成过程是一个自觉的过程。在人类进行生产活动和建筑人工环境时，常常改变着城市地貌、气候等自然环境。

第二，城市生态系统的物质循环和能量交换不能靠内部物质能量传递，必须同外界进行交换。如粮食、副食品等维持城市生态系统的能量，主要靠外界输入；另外城市空间由于缺乏足够的分解者，无法通过城市生态系统的循环，将自己的废弃物——污水、垃圾等充分地自净。只能通过人工措施将其输送到系统之外。随着城市社会的发展，分工越来越细，社会经济结构愈加复杂。因此，物质与能量的交换和转化，必将趋向专门化。

第三，城市生态系统中构成生产者与消费者的数量关系，是消费者的比重大于生产者，呈现“倒置金字塔”的数量关系。

基本小知识

生产者

自养生物，也称为生产者。主要包括绿色植物和许多微生物，它们可以利用阳光、空气中的二氧化碳、水以及土壤中的无机盐等，通过光合作用等生物过程制造有机物，为生态系统中各种生物的生活提供物质和能量。生产者的物质通过被消费者消耗，而被转移至消费者身上，同时一部份能量亦会一并转移。

第四，城市生态系统中各生物群组及结构形式被强烈简化。主要受人类支配，受人类驯养、培育。各城市可根据所处的环境地带，设计具有自身特点的人工生态系统。

还须指出，城市生态系统受社会经济、文化发展的影响，功能日趋复杂，只要某一环节发生问题，会破坏整个城市生态平衡，造成严重的环境问题。因此，必须引起人们足够的重视。

海洋运输与陆上运输比较，有什么优点和不足？

海洋是世界运输的大动脉。随着国际经济联系的日益加强，国际分工的日趋明显，战后海洋运输业发展甚为迅速。船只不断增多，船体越来越大，货运量逐年增加，港口建设的步伐大大加快，并开辟了一些新的航线。海运业之所以获得较快发展，与其本身存在许多优点分不开。海上运输与陆上运输相比，主要有以下优点：

（1）航路是天然的，是大自然“赐给”的，开辟航路不需花费大量资金，也省去了日常维修的费用；

（2）海上航线是水平的，没有陆地上的高山与洼地，因此，船舶的行驶不必消耗额外的燃料去爬高或减速下坡；

（3）海上航线的通过能力一般不受限制，在主航线上可以有多条航线通行；

（4）海洋是一个连续的水体，中间不必经过转运，船只可以直接到达大陆沿海及岛屿；

海上运输

（5）运送的货物品种不受限制，各种形态、各种形状的物品都可靠海上运输；

（6）船舶容积大，一船载重几万吨、十几万吨，目前最高达55万吨，很适宜量大、体重的笨重货物远距离运输。总之，海运所需的费用少，与其他运输方式相比，货运的成本最低。

但海上运输也有其不足之处：

（1）速度慢。海洋运输速度仅快于内河航运，远慢于航空、公路、管道和铁路运输。因此，不易运送易腐货物，如需承担这方面的任务，必须投资在船上建冷藏装置。

（2）航运仅限于沿海，不能满足陆上所有地区的需要。要想达到这一要求，必须在各港口筑建铁路及其他运输线路。

（3）受天气条件影响较大，遇到恶劣天气，需及时改变航向或推迟航期，否则有使船只遇难之危险。为了减少这些不利因素，就需要增加投资造双底船，或装备昂贵的导航设备等。

什么叫自由港?

自由港通常是不属于任何一国海关管辖的港口或港口地区。外国货物可以免征关税进出该港，并可在那里进行加工、贮藏、买卖、装卸和重新包装等。但外国的船只必须遵守有关卫生、移民等项的法律规章。

自由港的范围，有的仅限于某港口的特定地区，有的扩大至港口的邻近地区，该地区通称为自由区。有些国家建立自由区的目的，在于发展过境贸易，吸引外国船舶或货物过境，从中获取运费、堆栈费、加工费等。

现在比较著名的自由港有地中海沿岸的贝鲁特（黎巴嫩）、丹吉尔（摩洛哥）、休达（西班牙）、阿尔梅里亚（西班牙），红海口外的亚丁（南也门）、吉布提（吉布提），亚洲的马六甲（马来西亚）、新加坡（新加坡）、果阿（印度）、香港、澳门，北海的赫耳果兰岛（联邦德国），北大西洋的百慕大群岛（英国），加勒比海的乔治敦（开曼群岛），巴拿马运河出入口两端的巴拿马城、科隆市，西非的蒙罗维亚（利比里亚），还有世界水量最大的尼亚加拉瀑布西岸的尼亚加拉瀑布城（美国）和东岸的圣凯瑟琳斯市（加拿大）等等。

新加坡港

一般人以为，自由港是在发展中国家才有，其实，世界上最发达的资本主义国家也有自由港，不过名称不同而已。20 世纪 60 年代开始，英、法、比利时、荷兰、丹麦都设立了“特殊地区”，规定优待办法，利用外资在国内不发达地区发展工商业。法国东北部的阿尔萨斯，荷兰的北部、南部等不发达的边境地带，都实行了自由化政策，美国在港口、机场、车站、货场附近建有几十个“自由贸易区”。这种自由港主要起转运站作用，暂时储存进口货物，待价出售；此外，还允许外商在区内加工、装配、标签、分选等。

世界海上货运分布的情况如何?

世界海上货运的分布是很不平衡的，各大洋之间，在港口、货运周转量及货物吞吐量方面，相差悬殊。现把各大洋货运情况简述如下：大西洋的周围几乎都是各大洲经济最发达的地区，整个欧洲、北美洲东部和拉丁美洲的重要国家墨西哥、委内瑞拉、巴西和阿根廷等，非洲的几内亚湾沿岸及北非、中东一些经济发展水平较高的国家等，全部面向大西洋。

大西洋航线开辟很早，地理大发现以前，世界贸易中心在地中海，以后移向大西洋，至今未变，仍是世界上国际贸易最繁忙的大洋，特别是北大西洋，它是沟通经济发达区域——西欧、北美的最繁忙的海域。该大洋现拥有世界四分之三的港口、三分之二的货运周转量和五分之三的货物吞吐量。世界著名港口也主要集中于大西洋沿岸，如北大西洋的圣彼得堡、汉堡、鹿特丹、安特卫普、勒阿弗尔、伦敦、马赛、热那亚、敖得萨以及纽约、费城、巴尔的摩、诺福克、坦帕、新奥尔良、巴吞鲁日和休斯敦等；南大西洋有圣多斯、里约热内卢和布宜诺斯艾利斯等，都是世界有名的大港口。

太平洋是世界最大、最深的海洋，但其周围的经济水平不如大西洋周围的高。美洲西部耸立着高大而漫长的科迪勒拉山系，限制了太平洋和美洲大陆内地的

广角镜

西雅图

西雅图创建于1869年，坐落在美国西北部太平洋沿岸，位于华盛顿州普吉特海湾和华盛顿湖之间的国王郡，是国王郡的郡府所在地。西雅图北距美加边境仅174公里，温哥华240公里。西雅图是美国太平洋西北区最大的城市，也是美国太平洋西北部商业、文化和高科技的中心，是贯穿太平洋及欧洲斯堪的纳维亚半岛的主要旅游及贸易港口城市。

联系，加拿大、美国和拉丁美洲的主要经济中心都背向太平洋，俄罗斯的经济发达地区也远离该大洋；澳大利亚和新西兰虽属经济发达国家，但它们在世界经济中所占比重不大；只有日本是面向太平洋的唯一经济发达国家。上述情况对太平洋的海运有很大影响，它在国际贸易中所占地位远逊于大西洋。目前，它仅拥有世界港口的六分之一、货运周转量的十分之三（不足大西洋的二分之一）和货物吞吐量的四分之一。著名的港口西岸有千叶、川崎、横滨、名古屋、大阪、神户、北九州、上海、新加坡等；东岸有洛杉矶和西雅图等。

印度洋的海运地位比上述两大洋更低，这是因为它的面积小，仅及太平洋的五分之二；更重要的是它的周围除澳大利亚以外都是经济落后的发展中国家。印度洋仅拥有世界十分之一的港口和货运周转量，六分之一的货物吞吐量。在该大洋当前经济活动中起突出作用的是中东的石油，不仅海湾有丰富的海底石油，而且海洋运输也以石油为主。海湾地区的巨量石油，从印度洋上分三路运往西欧、北美和远东、大洋洲等地。除石油以外，在印度洋上过境的船只以运送太平洋沿岸的农矿产品为主。

北冰洋是世界最寒冷的海洋，上覆终年不化的冰盖。虽在短暂的夏季近大陆海域融化部分冰雪，但仍布满了浮冰块，船只也难以通过。只有因受北大西洋暖流影响的巴伦支海一部分水域终年可以通航。苏联于 20 世纪 30 年代开辟的北冰洋航线，除叶尼塞河以西全年通航外，其余部分也只有在夏季靠破冰船导航才能航行。因此，北冰洋的航运意义不大，货运量极为有限。

为何要重视工业合理布局？

工业布局是工业生产的空间组织形式。任何工业生产都要有其落脚的场地，有工业生产就有工业分布；搞工业建设就要进行工业布局。

工业布局具有全局性的特征，布局合理与否不仅关系到工业本身，而且关系到整个国民经济的发展速度，关系到工业基本建设的投资效果和投产以后生产中一系列经济技术指标的好坏，关系到自然资源的利用、保护和生态系统的平衡，关系到交通运输、民族团结、国防安全等诸多方面的成败。一个工厂、一个工业企业布局不合理，往往会波及全局。

工业布局还具有难改性和影响的长期性特征。一个工厂、企业，经动手修建，就难以搬动，如若布局不合理，所带来的损失就将是巨大的、长期的。

因此，工业布局至关重要，人们必须加强工业布局的理论研究，研究影响工业布局的因素及其发展变化的规律。研究工业布局的经济效益，同时还要研究工业布局的社会效益和环境效益。这是一项带有长远性质、全面性质和战略意义的问题。

经济因素、环境因素如何影响工业布局？

◎ 一、经济因素对工业布局的影响

（1）农业经济基础对工业布局的影响要考虑农业为工业所提供的可能条件（劳动力、粮食、副食品以及农产品为原料的轻工业原料），一般工业布局都要考虑农业现状及其发展前景。如上海工业的发展是与长江三角洲地区优越的农业经济基础分不开的。

（2）运费因素对工业布局的影响工业布局接近原料产地、接近能源供应地、接近消费区。减少原料、能源和产品的运费，以降低生产成本，提高经济效益。例如，我国鞍山的钢铁工业，就有接近原料产地（鞍山和本溪的铁矿）、接近能源基地（抚顺和阜新的煤）、接近消费区（沈阳的大型、重型机器制造工业）的优势。上海的钢铁工业接近消费区（发达的机器制造业），附近虽然没有原料、燃料产地，但拥有方便的铁路、水路和海运条件。美国五大湖地区的钢铁工业分布、日本太平洋沿岸工业带的形成，都说明运费因素在工业布局中的重要作用。

◎ 二、环境因素对工业布局的影响

如果由于工业生产的发展，环境遭到严重污染，生态平衡遭到破坏，工业生产所取得的经济效益最终也就丧失。环境保护就是要保护人类生存所必须的空气、水源、土壤、生物等自然环境不受污染和破坏。其根本目的，是为了保障人民的身体健康，保护生产力。而导致一个区域的环境质量下降，生态平衡受到破坏的因素很多，如人口和经济活动的过分集中，自然资源和自然条件受到不合理的开发利用，其中工业布局不考虑环境因素，是一个重要原因。因此，环境因素是影响工业布局的重要因素之一。工业布局必须做好保护环境和生态平衡。

选择厂址要适宜。工厂污水排放远离水源地和河流上游；大量排放烟尘和

有害气体的工厂应设在城镇、居民区盛行风的下风地带；在区域中规划工业布局时，要注意把污染严重的工厂布置在自然净化能力比较强的地段或分散布置。

鲁尔区为何属于典型的“煤铁复合体型”？

“煤铁复合体型”是工业布局上的重要形式之一。这类工业的布局在原料资源上主要是煤炭与铁矿石。“煤铁复合体型”或其他“复合体型”工业的布局时，是否该工业部门所需的几种主要原料全就地取之呢？这要因地制宜，视各国家、各地区的资源、能源（动力）、交通、市场、社会与经济等条件而决定。

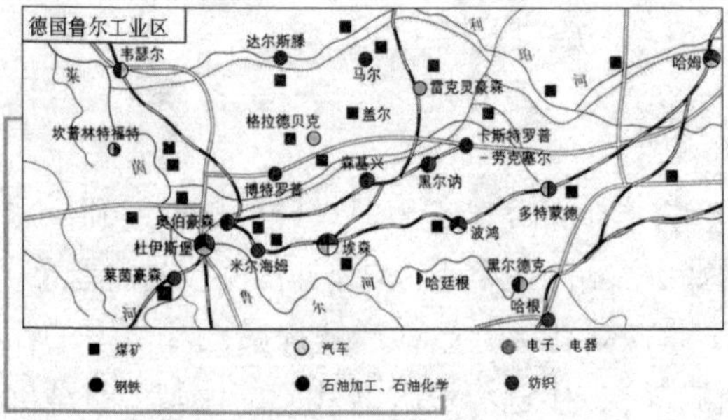

德国鲁尔工业区

德国的鲁尔区由于其地理位置、交通条件优越，煤炭资源丰富，所以在第二次世界大战以前就成为该国的重工业中心。因为，鲁尔区位于莱茵河东岸支流鲁尔河与利伯河之间，是德国也是欧洲的重要工业区，在世界也享盛名。发展历史百余年，但至今仍在发展。因这里不仅有丰富的煤炭资源，硬煤储量2200亿吨，煤产量占全国总产量的近90%，且煤种全，质量优。而且，鲁尔区有莱茵河、鲁尔河、利伯河及4条运河，河港多达70余处，又有纵横交织的公路和输油、输气管道，组成了一个综合而又完整的运输系统。极为便利的水、陆交通条件为本区创建“煤铁复合体型”工业布局、“移铁就煤”提供了极好基础。所需铁矿砂从瑞典、俄罗斯等临近国家通过便利运输系统得以解决。二次大战后，由于新技术革命的影响，生产力不断提高，该区重工业发展速度，在后来已超过英国，仅次于美国。

海拔最高的国家是哪个？

莱索托是南部非洲的一个山川秀丽、风景独特的小国。全国的每寸土地都在海拔1000米以上，是世界上海拔最高的国家。因而以“空中王国”而著称于世。一座座锯齿形的山峰和一片片绿茵茵的草地使莱索托赢得了“非洲瑞士”的美称。

莱索托山景

莱索托是一个面积不过3万平方千米，人口不满130万的小国。而且它整个国土都坐落在南非境内，所以遭受了南非白人种族主义者在政治、经济、军事等各方面的重重包围和封锁，是一个类似于梵蒂冈的“国中之国”。

一顶草帽与一件披毯是莱索托人的“国服”。在莱索托的国旗上就画着这样一顶草帽。莱索托人在出席正式场合必须戴着它。每个人根据各自的地位、身份不同，戴各种形状的草帽。国王、首相、部长、酋长以及平民所戴的草帽形状有严格的区别。

使莱索托人引以为自豪的是他们的教育事业与旅游业。它是南部非洲教育事业办得最好的国家。人民文化水平较高，全国实行七年制免费教育，学龄儿童入学率达95%。全国10个行政区还设（五年制）高中、大学以及职业和业余教育。由于莱索托的风景如画，气候宜人，有壮丽的瀑布、深涧，有雄伟的山峰、古堡，有令人赏心悦目的丁香花，还有当地人用的奇异的草帽和艳丽的披毯……所有一切使莱索托成为一个别有一番情趣的旅游胜地，加之人民的文化素质普遍提高，所以莱索托的旅游业发展得很快，旅游业的收入约占财政收入的12%。

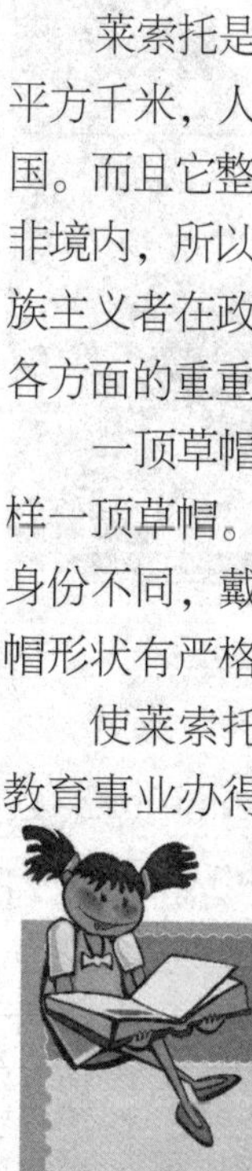

拓展阅读

莱茵河

莱茵河是一条欧洲河流，发源于瑞士格劳宾登州的阿尔卑斯山区，流经列支敦士登、奥地利、德国和法国，最终于荷兰流入北海。莱茵河全长约1232公里，通航区段为883公里，流域面积约17万平方公里。莱茵河是欧洲最长的河流之一，同时也是世界上最繁忙的流域之一。

世界面积最小的国家是哪个？

世界上有许多面积很小的国家，人们常以“袖珍国”相称。如欧洲的安道尔、圣马力诺、摩纳哥，亚洲的新加坡、马尔代夫，大洋洲的汤加、基里巴斯、瑙鲁等。它们的面积都不超过1000平方千米，还不如我国的崇明岛大。其中，意大利罗马城西北角的梵蒂冈，是世界上最小的国家。

梵蒂冈一角

梵蒂冈的面积只有0.44平方千米。由于领土太小，以致许多书上常用亩作单位来计算，面积660市亩，还不及我国西湖面积的十分之一。

梵蒂冈虽然面积很小，却是全世界的天主教中心。教皇是世界上号称有7.5亿天主教徒的精神领袖，并向世界上大多数天主教会发号施令。教皇还自称是基督教在世的代表。根据1929年2月罗马教皇与意大利政府签订的拉特兰条约，承认梵蒂冈是一个拥有主权的独立国，国名叫“梵蒂冈城国”，国体为“教皇国”，首脑是教皇。教皇之下设有一整套机构和部门，它对106个国家和地区派有“圣使”、“代理圣使”或“宗座代表”。全世界87个国家和

崇明岛

崇明岛位于西太平洋沿岸中国海岸线的中点地区，地处中国最大河流长江入海口，是中国面积最大的河口冲积岛。全岛面积1225平方公里，东西长80公里，南北宽13～18公里。岛上地势平坦，无山岗丘陵，西北部和中部稍高，西南部和东部略低。崇明岛地处北亚热带，气候温和湿润，年平均气温15.2℃，日照充足，雨水充沛，四季分明。

地区在罗马或其他地方也派有驻梵蒂冈的使节。梵蒂冈没有军队，但却有自己的卫队，还有自己的国旗、货币、邮政、电讯和报纸。梵蒂冈建立了电台，每天24小时用34种语言向世界36个地区进行广播。

梵蒂冈是个“国中之国”，“城中之城”。全国没有工业和农业，物品几乎全靠意大利供应。境内除圣彼得广场较大外，其余空地都为教堂、宫殿、寺院所占。最高的建筑为圣彼得教堂，高138米，里面保存有中世纪和文艺复兴以来的文物和艺术品，其中以艺术家米开朗琪罗和拉斐尔的壁画最为有名。平日，世界各地来朝圣的信徒和游客络绎不绝，每年达数百万之众。

世界上高峰最多的国家是哪个？

南亚山国尼泊尔面积不过14.1万平方千米，却云集了世界上大部分海拔最高的峰峦。这个国家地处喜马拉雅山脉最为雄伟高峻的中段，境内海拔在6100米以上的雪峰多达240余座，海拔在7620米以上的雪峰有50余座。

尤为惊人的是，世界上名列前茅的10座超过8000米的高峰，竟有8座耸立在尼泊尔或尼泊尔与中国、印度接壤的边界线上。它们是：地球之巅——珠穆朗玛峰（8844.43米），第三峰干城章嘉（8585米），第四峰洛子（8501米），第五峰马卡露（8470米），第六峰道拉吉里（8172米），第七峰马纳斯卢（8157米），第八峰卓奥友（8153米），第十峰安纳布尔纳（8090米）。尼泊尔在珠穆朗玛峰海拔4000多米处兴建了一座世界上海拔最高的旅馆——埃佛勒斯风景旅馆，旅客们可以就近观赏珠峰的风光。

世界上最小的岛国是哪个？

瑙鲁是太平洋密克罗尼西亚岛群中的一个珊瑚小岛，位于赤道以南53千米，面积仅22平方千米，是世界上最小的岛国。

全岛略呈椭圆形，四周全为珊瑚礁环绕。海岸地带是一片银白色的沙滩，由此向内，地面逐渐升高，有一个宽不过300米适宜农作的环岛地带。再往里就是高12~60米的珊瑚峭壁，从峭壁的横纹推测，瑙鲁岛的形成至少有上万年的历史了。峭壁之上，即为占全岛面积 85% 以上的台地，最高点海拔 64 米，西南部有一个不大的布阿达湖。瑙鲁气候终年炎热；雨水虽很多，但珊瑚岛地面渗透性很强，仍有缺水之虞。瑙鲁全国共约 8000 人，瑙鲁人占半数以上，其次是基里巴斯人、图瓦卢人以及少数华人、欧洲人等，人口极大部分聚居在环岛地带的村落中。一条长 19 千米的公路，沿着曲折的海岸蜿蜒，还有一个机场和一段运装矿石的窄轨铁路。国家行政中心设在岛的西北部，学校、医院和商业中心主要分布在西部和西南部。

别看瑙鲁国小，人少，却是世界上最富有的国家之一。瑙鲁的财源主要来自岛上丰富的磷酸盐矿，在中部台地几乎全部覆盖着这种优质的天然磷肥，厚达 6～10 米，总蕴藏量 1 亿吨左右，它是长期堆积的鸟粪经过矿化作用而形成的。全国就业人口的 60% 从事磷酸盐矿开采业，年产量保持在 200 万吨上下。巨额的收入保证了社会福利事业的迅速发展。

海拔最高的大城市是哪个？

玻利维亚共和国位于南美洲的中部，境内群山丛集，地势高峻。它的法定首都是一个名叫苏克雷的小城市，但除最高法院以外，所有的政府机关都设在全国第一大城拉巴斯，使它成为国家实际上的首都。拉巴斯坐落在玻利维亚高原北部一条狭窄的河谷中，地面海拔高度达到 3500～3700 米，是世界上最高的大城市。由于河谷中平地很少，城市建在沿河两侧的山坡上，市内高低起伏很大。在拉巴斯周围几十千米范围内，高耸着许多终年积雪的山峰，其中西北部的伊延普山和东南部的伊伊马尼山都高达 6900 米左右。

拉巴斯

拉巴斯具有典型的大陆性气候，总的特点是干而冷，寒暑变化剧烈。夏季（每年12月到第二年2月）几乎天天下雨，其他月份则都是天晴气朗，阳光灿烂。由于地势高，这里气压很低，初来乍到的人一时很难适应。

雾日最多的城市是哪个？

伦敦是世界上最有名的多雾城市，向有“雾都”之称。据统计，过去伦敦全年的雾天高达七八十天，平均五天中就有一个雾日。20世纪50年代以前，由于空气污染严重，加上浓雾，常常使整个城市陷入一片灰暗。1952年12月5—8日，终于爆发了“烟雾事件”，造成4700多人因呼吸道病而死亡。近百年来，伦敦发生类似的严重事件达8次之多。因为这里是北大西洋暖流所带来暖湿空气频繁登陆的地方，加上工厂和居民的炉灶大量排烟，因而造成了悲剧。为了不使烟雾事件重演，伦敦早已禁止烧煤，并进行了大量的环境保护工作。现在，伦敦的空气已洁净得多，雾日也减少了。

1952年伦敦烟雾事件

世界上另一个雾都是我国的重庆。一年之内，重庆的雾日多达93.5天。有的年份达150天。最多的年份为205天。深秋和冬季，江面大约平均每五天就有四天是雾天或阴天。每当雾日，整个山城笼罩在雾中，中午汽车也得开灯。因此，重庆不仅是我国的雾城，也是世界雾日最多的城市。

距海最远的大城市是哪个？

亚欧大陆是世界上最大的大陆。中国的乌鲁木齐是世界上离海最远的大城市。若以乌鲁木齐为圆心，在半径 2250 千米的广阔范围内，是找不到海的。

乌鲁木齐，蒙古语意是“优美的牧场”。远在 2000 年前，我国各族人民就在这块肥美的绿洲上劳动生息。公元前 200 年左右，这里已建立了许多游牧小国。作为一个“城市”，乌鲁木齐也有 200 余年的历史了。乌鲁木齐坐落在乌鲁木齐河河岸阶地上，平均海拔 900 米。由于距海遥远，具有大陆性气候特征。这里冬季严寒，夏季温暖，气候干燥，温差很大。年降水量不超过 200 毫米。

天山下的明珠——乌鲁木齐，是新疆维吾尔自治区首府，新疆的政治、经济、交通和文化中心。目前市区面积已发展到 48 平方千米，拥有 90 万人口。新中国成立前，这儿几乎没有现代化工业。现在，在我国西北地区，乌鲁木齐是仅次于西安、兰州的第三大城，已建起了钢铁、煤炭、电力、机械等多种工业。兰新铁路使乌鲁木齐和陇海铁路直接连接。东起连云港，西止西欧的鹿特丹的“欧亚大陆桥”就经过这里。

广角镜

连云港

连云港市是中国江苏省东北部的一个地级市，位于鲁中南丘陵与淮北平原的结合部，陇海铁路终点（亚欧大陆桥东方桥头堡），东濒黄海，与朝鲜、韩国、日本隔海相望；北与山东郯城、临沭、莒南、日照等县市接壤；西与徐州新沂市、宿迁市沭阳县毗邻；南与淮安市涟水、盐城市响水二县相连。

自然灾害篇

QINGSHAONIAN BIZHI DE DILI ZHISHI

我们的地球看上去很温和，但它的内部却充斥着炽热的熔岩，海水里蕴藏了无穷的力量，海洋表面也不断酝酿着强烈的风暴。当这些看不见的威力突然爆发时，灾祸就发生了：大地抖动，山脉喷火，像房子那么高的海浪排山倒海地袭来，风暴肆虐，强降雨带来的洪水，等等。

地球上的自然变异，加上人类活动诱发的自然变化作用于由大气圈、岩石圈、水圈、生物圈共同组成的地球表面环境中，当这种变异给人类社会带来危害时，即构成自然灾害。因为它给人类的生产和生活带来了不同程度的损害，包括以劳动为媒介的人与自然之间，以及与之相关的人与人之间的关系。灾害都是消极的或破坏的作用。所以说，自然灾害是人与自然矛盾的一种表现形式，具有自然和社会两重属性，是人类过去、现在、将来所面对的最严峻的挑战之一。

世界范围内重大的突发性自然灾害包括：旱灾、洪涝、台风、风暴潮、冻害、雹灾、海啸、地震、火山、滑坡、泥石流等。

什么是自然灾害？

“自然灾害”系指人力迄今尚不能支配控制的、具有一定破坏性的各种自然力，通过非正常方式的释放而给人类造成的危害。这类灾害种类多、分布广，遍及地球的每一个角落，并且大多突发性强，能在瞬间或短期内集聚暴发，造成巨大破坏，诸如水灾、风灾、震灾、旱灾、海啸、雪崩、泥石流、滑坡、虫灾以及火山爆发等当今世界面临的十大自然灾害；还应当包括诸如烟雾事件、酸雨、尘暴、沙漠化等打上了人类活动烙印的、深深地渗透着人为因素的自然灾害。即便像洪涝、干旱、暴雨、龙卷风等水文气象因素引发的自然灾害，其生成的更为深层的原因往往在于人类改造自然的种种盲目行为和失当行为（诸如滥伐森林、毁坏草原、围湖造田等），从而招致大自然的无情惩罚和报复。

火山是怎样发生的？

火山爆发是地热或内能释放的强烈显示。火山的发生，是地球内部的地热积累到一定程度，灼热的岩浆在强大的内压力作用下，沿着地壳薄弱地带，以气体、熔岩和固体物质等喷发物，喷出或冒出地表，就形成了火山爆发。

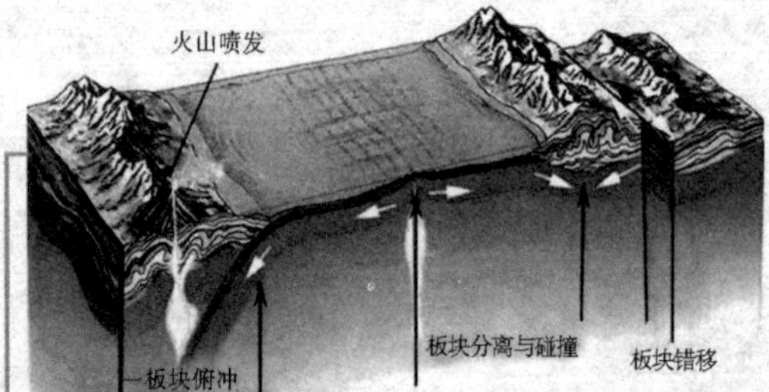

火山喷发

具体说来，在地球深部的某些部位，存在着一种成熔融状态的物质，即岩浆。同周围的岩石相比较，岩浆的温度更高而重量较轻（产生浮力），因此有上升的趋势；但周围岩石又阻挡它的运动。当这些岩石由于断层而开裂或出现通道时，岩浆就能顺此到达地表。岩浆上升的另一有利因素是它处于高压之下：包含在岩浆中的气体（水汽、二氧化碳、氟、氯等）不断释出，从而加大岩浆体的压力。当压力大到足以把岩浆喷溅到地表时，火山就爆发了。

火山喷发熔岩的性质同火山爆发的强度有关。含二氧化硅成分多达65%～75%的酸性岩浆比较黏稠，而且含气体多，爆发力强，常常形成圆锥形火山锥；含二氧化硅45%～52%，而且含镁铁成分多的基性岩浆，含气体少，流动性好，爆发力弱，常常形成盾形火山锥。

地震是怎么发生和发展的？

地面的震动称为地震。地震可分为天然地震和人工地震两大类。地壳的天然震动按其成因主要有两种：

（1）构造地震：地壳中的岩层在地应力的长期作用下，会发生倾斜和弯曲。当积累起来的地应力超过岩层所能承受的限度时，岩层便会突然发生断裂或错位，使长期积累起来的能量急剧地释放出来，并以地震波的形式向四周传播，使地面发生震动，称为地震。这类地震是由于地球内部应力引起地下岩石构造变动而发生的地震，故称构造地震。这种地震的破坏性一般都很大，影响的范围也很广。构造地震约占世界发生地震次数的90%，是影响最大的一类地震。

（2）火山地震：由火山爆发产生的地震，叫作火山地震，一般强度较小，范围也比较小。此外，因某些特殊情况也会发生地震，如岩洞的崩塌，大陨石撞击地球等也会引起局部地区发生地震。人工地震是人为的工业爆炸或地下核爆炸等所引起的局部地震。一般所说的地震，多指天然地震。

地震是以地震波的形式向四周传播而引起的地面震动，地震波分为纵波和横波。纵波的岩石质点振动方向与地震波的传播方向一致，能通过固体、液体、气体等任何介质传播，传播速度快，为5～6千米/秒，最先到达地表，并引起地面上下跳动，所以发生地震时，先是感到上下跳动。横波的岩石质点振动方向与地震波的传播方向相垂直，只能通过固物介质传播，传播速度较慢，为3～4千米/秒，它比纵波后到达地表，并引起地面水平晃动，所以发生地震时，后感到左右或前后摇晃。

有关寒潮的几个问题？

◎ 一、我们通常所说的冷空气就是寒潮吗？

冬季，我们常常会从广播或电视里听到这样的天气预报："北方一股较强的冷空气正在东移南下，预计从明天上午起，我市将受其影响。"这里的"一股较强的冷空气"一般就是寒潮，为何说"一般就是寒潮"，而不说成"就是寒潮"，因为中央气象台有如下规定：长江中下游及其以北地区48小时内降温10℃以上，长江中下游最低气温在4℃以下（春、秋季则改为江淮地区最低气温≤4℃），并且陆上伴有5～7级大风，海上伴有6～8级大风为发布寒潮警报的标准。由此可见，冷空气不一定就是寒潮，冷空气要达到一定标准方可称之为寒潮。

◎ 二、寒潮为什么多出现于秋末、冬初、冬末和初春，而隆冬反而较少？

寒潮的标准只考虑降温幅度。春、秋季正是大型平均环流调整期间，冷暖空气更替频繁，因而冷空气活动次数较多，相应地寒潮出现几率也就大；而隆冬，冷空气在我国大部分地区已占居绝对优势，天气形势稳定，相对于某地更强的冷空气活动次数相应减少，所以寒潮天气过程也就较少。夏季，由于太阳直射点北移，冷空气退居高纬度，因而我国很少受其侵袭。

◎ 三、侵入我国的寒潮中，为何中路寒潮对我国影响最大？

有人将侵入我国的寒潮按路径分为西路、中路和东路三条。西路寒潮即由西伯利亚西部进入我国新疆，经河西走廊，跨过黄土高原进入华北平原，最后东移入海。然此路寒潮，可向长江以南侵袭，但势力逐渐减弱；东路寒潮由西伯利亚东北部向南伸展，经我国东北后侵入我国东南沿海地区；中路寒潮发源于极地、西伯利亚一带，经蒙古侵入我国，一般经黄土高原、长江流域向东出海，但势力强大时可南下入侵两广，甚至海南岛。此路寒潮不但源地最为寒冷，距离我国近，而且经过我国大陆时多为平原地带，温度低而速度快，甚为猛烈，因而对我国影响最大。

四、为什么说在寒冷的冬天，如果天气反常地暖和起来，并且有偏南风，那就是寒潮到来的预兆？

寒潮天气过程，实质是一个冷锋过境的天气过程。我们知道，冷锋是冷气团起主导作用，推动锋面向暖气团一侧移动，因此，某地寒潮到来之前首先是被暖气团所占据，有一个低气压作为它的向导，所以当寒潮前锋迫近时，首先刮起的并不是强烈的西北风，而是微弱的南风或西南风。故在寒冷的冬天，如果天气反常地暖和起来，并且有偏南风，那就是寒潮到来的预兆。

什么是龙卷风？有什么危害？

龙卷风按形成地点一般可分为陆龙卷、海龙卷和火龙卷三种。它们是一个猛烈旋转的圆柱形空心柱，其速度可达100～200米/秒，比12级台风的速度要大3～6倍。它们就像水里的旋涡一样，龙卷风就是空气里的旋涡，多发生在高温、高湿的不稳定气团中。那里空气扰动得非常厉害，上下温度相差悬殊：当地面上的温度在30多度时，位于4000米的高空，温度仅达0℃左右，在8000米的高空，温度已降到－30℃。这种温差，使冷空气急剧下降，热空气迅速上升，上下层空气交流速度过快，从而形成许多小旋涡在空中做旋转滚动。当那些小旋涡逐渐扩大，加上激烈振荡，就容易形成大漩涡，成为袭击地面或海洋的风害。

龙卷风

北美中部是世界上陆龙卷多发地区，每年春末夏初，约有200次陆龙卷袭击美国。海龙卷要是不接近航船和海岛，也就没有多大的破坏性了。但它通常更为凶猛、壮观。火龙卷是一种不为大家所熟悉的龙卷风，它通常发生在火山爆发和大火灾时。由于大量的岩浆向外喷射或大火灾的热烟上升，水分被加热成水蒸气随之冒出，在短时间内蒸汽升到一定高度时，会结成巨大的灰尘云。因为这种云和积雨云十分相似，因此，也同样会有闪电和暴雨发生。这时产生的龙卷风有烟火夹杂，称为火龙卷。

目前，人们还没有办法预报和测量龙卷风的发生及其旋速。根据1953年一个把高压电线钢塔摧毁的“纪录”估算，旋速必须超过600千米/时。关于它的成因，一种主要依据为大气热力学，另一种则归结为庞大的电现象，认为搅动和搬运千万吨的空气和海水，只有电才有如此巨大的能量。尽管现在距离真正认识龙卷风还相当遥远，但在不久的将来，人们可以通过避、抗等手段与龙卷风作巧妙斗争，相信人类总会有办法消除这种天灾的。

怎样理解滑坡、崩塌与泥石流？

滑坡是指斜坡上的岩体由于某种原因在重力的作用下沿着一定的软弱面或软弱带整体向下滑动的现象。崩塌是指较陡的斜坡上的岩土体在重力的作用下突然脱离母体崩落、滚动堆积在坡脚的地质现象。泥石流是山区特有的一种自然现象。它是由于降水而形成的一种带大量泥沙、石块等固体物质条件的特殊洪流。

滑　坡

滑坡和崩塌有着无法分割的联系，常常相伴而生，产生于相同的地质构造环境中和相同的地层岩性构造条件下，且有着相同的触发因素，容易产生滑坡的地带也是崩塌的易发区。另外崩塌可转化为滑坡。

一个地方长期不断地发生崩塌，其积累的大量崩塌堆积体在一定条件下可生成滑坡；有时崩塌在运动过程中直接转化为滑坡运动，且这种转化比较常见。有时岩土体的重力运动形式介于崩塌式运动和滑坡式运动之间，以致人们无法区别此运动是崩塌还是滑坡。因此地质科学工作者称此为滑坡式崩塌，或崩塌型滑坡。崩塌、滑坡在一定条件下可互相诱发、互相转化：崩塌体击落在老滑坡体或松散不稳定堆积体上部，在崩塌的重力冲击下，有时可使老滑坡复活或产生新滑坡；滑坡在向下滑动过程中若地形突然变陡，滑体就会由滑动转为坠落，即滑坡转化为崩塌。还有由于滑坡后缘产生了许多裂缝，因而滑坡发生后其高陡的后壁会不断地发生崩塌。另外，滑坡和崩塌也有着相同的次生灾害和相似的发生前兆。

基本小知识

地质学

地质学是对地球的起源、历史和结构进行研究的学科。主要研究地球的物质组成、内部构造、外部特征、各圈层间的相互作用和演变历史。在现阶段，由于观察、研究条件的限制，主要以岩石圈为研究对象，并涉及水圈、大气圈、生物圈和岩石圈下更深的部位，以及涉及其他行星和卫星的太空地质学。

滑坡、崩塌与泥石流的关系也十分密切。易发生滑坡、崩塌的区域也易发生泥石流，只不过泥石流的爆发需要一定的水源条件。另外，崩塌和滑坡的物质经常是泥石流的重要固体物质来源。滑坡、崩塌还常常在运动过程中直接转化为泥石流，或者滑坡、崩塌发生一段时间后，其堆积物在一定的水源条件下生成泥石流。即泥石流是滑坡和崩塌的次生灾害。泥石流与滑坡、崩塌有着许多相同的促发因素。

什么是雾害?

雾是大家熟悉的，庐山、黄山等高山的云雾变化莫测，使人如入仙境。峨眉山雾中出现的峨眉佛光，便使观者感觉自己仿佛成了仙人一般。雾给一些植物带来水分，有利生长。云雾茶的高级品就必须在雾中长成。可是另一方面雾又给人们带来危害。雨雾多了会给某些农作物带来大面积的病害，潮湿多雾也不利于人的健康。危害更大的是现代化的快速交通。飞机在起飞降落时最怕飞机场有雾。1948 年圣诞节，从武汉飞到上海的飞机，因大面积大雾降落不了，一天就摔了三架飞机。不少飞机撞山失事大都是因为山被云雾笼罩，看不清。

海上浓雾，特别是港湾有雾，常导致轮船碰撞，或迷航触礁失事。即使在一般公路及高速公路上，大雾也造成交通混乱及车祸。即使不发生事故，雾造成的交通阻滞的直接、间接损失也是很大的。一次大雾出现，会使飞机场所有航班被取消，数千名旅客滞留。一个大机场一天的损失要超过百万元。收费高速公路一天的损失也在数十万元以上。

1993 年 11 月 14—15 日两天，首都机场因一场大雾使机场跑道上的能见度只有 300 米左右，远远低于适航天气标准，首都机场进入了飞不出去也飞不进来的“雾眠”状态，两天共取消航班 183 个，直接经济损失 300 万元左右。

什么是海啸?

海啸是一种具有强大破坏力、灾难性的海浪，通常由震源在海底下 50 千米以内、里氏震级 6.5 以上的海底地震引起。水下或沿岸山崩以及火山爆发也可能引起海啸。在一次震动之后，震荡波在海面上以不断扩大的圆圈，传播到很远的距离。

海　啸

海啸在外海时由于水深，波浪起伏较小，不易引起注意，但到达岸边浅水区时，巨大的能量使波浪骤然升高，形成内含极大能量，高达十几米甚至数十米的“水墙”，冲上陆地后所向披靡，往往造成对生命和财产的严重摧残。

海啸发生有两种形式：一是滨海、岛屿或海湾的海水反常退潮或河流没水，而后海水突然席卷而来、冲向陆地；二是海水陡涨，突然形成几十米高的水墙，伴随隆隆巨响涌向滨海陆地，而后海水又骤然退去。

1960 年 5 月，智利附近海底的地壳发生断裂，引起了地震和海啸。这是因地震引起的最大的海啸之一。海浪以极快的速度涌向岸边，浪头高达 6 米，持续了半天多。这次海啸，不仅使智利遭受灾害，海浪还以 640 多千米/时的速度横扫太平洋，把夏威夷岛的建筑物摧毁，甚至冲击到远离震源 17，000 千米的日本。4 米高的海浪，把日本海边的大渔船“运丸”号抛到码头上，压塌了一幢民房。

什么是沙尘暴?

沙尘暴是沙暴和尘暴两者兼有的总称，是指强风把地面大量沙尘物质吹起卷入空中，使空气特别混浊，水平能见度小于 1000 米的严重风沙天气现象。其中沙暴是指大风把大量沙粒吹入近地层所形成的挟沙风暴；尘暴则是大风把大量尘埃及其他细粒物质卷入高空所形成的风暴。

有利于产生大风或强风的天气形势，有利的沙、尘源分布和有利的空气不稳定条件是沙尘暴或强沙尘暴形成的主要原因。强风是沙尘暴产生的动力，沙、尘源是沙尘暴物质基础，不稳定的热力条件是利于风力加大、强对流发展，从而挟带更多的沙尘，并卷扬得更高，最终就形成了沙尘暴。

沙尘暴天气是我国西北地区和华北北部地区出现的强灾害性天气，可造成房屋倒塌、交通供电受阻或中断、火灾、人畜伤亡等，污染自然环境，破坏作物生长，沙尘暴给国民经济建设和人民生命财产安全造成严重的损失和极大的危害。

最大的火山带在哪里?

世界上的火山数量是很大的，在过去 400 多年间，爆发的活火山就有 500 多座。这些火山的分布是有规律的，大致可分为三带：环太平洋火山带，大西洋火山带和地中海—非洲火山带。其中，环太平洋火山带，是世界上最大的火山带。

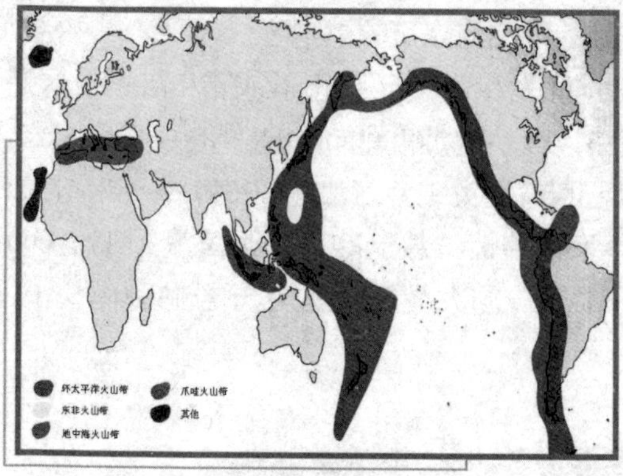

太平洋火山带

为什么环太平洋火山带火山最多呢？因为太平洋洋底的地壳比较薄，平均厚度不到10千米，而周围大陆地壳的平均厚度却有35千米，相差很大。太平洋四周存在一些很深的海沟。这些地方，是太平洋板块和大陆板块接触的地带，地壳运动特别强烈，因此，太平洋四周成了火山最集中的地带。

智利、日本、印尼等国家就位于太平洋火山带，火山特别多。我国东部也属于这个地带。我国已经知道的660座火山，主要分布在内蒙古高原南部、东北地区山地、台湾和海南岛等地。近几百年来，我国仍在活动的火山却很少。

知识小链接

海南岛

中国海南岛是位于南海北部的一座岛屿，又称琼州，陆地面积33，210平方公里；海域面积约200万平方公里，属于大陆岛，隔着琼州海峡与雷州半岛隔海相望。海南岛是海南省的主要组成部份。海南省于1988年建省，同时成立海南经济特区，它是中国第二十三个省和面积最大的经济特区。

最大的地震带在哪里？

地球上有两个大地震带：一是环太平洋地震带，二是喜马拉雅—地中海地震带。

环太平洋地震带，包括南北美洲的太平洋沿岸和从阿留申群岛、堪察加半岛、千岛、日本列岛南下，直至我国台湾，再经菲律宾群岛转向东南，直到新西兰。世界上绝大部分地震发生于这一带。这些地震释放出来的能量，约占全球所有地震释放能量的 76%，是世界上最大的地震带。

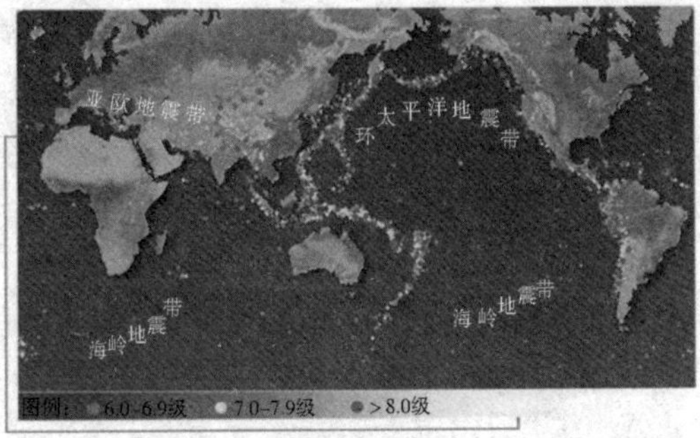

环太平洋地震带

地震和火山有密切的关系。环太平洋地震带地震特别多，原因同火山带的成因是一致的。

喷发次数最多的活火山是哪里？

意大利西西里岛东北部的埃特纳火山，是一座古老的火山，山体下部为第三纪始新世（距今 3800 万—5400 万年间）砂岩和石灰岩，上部由上新世（距今 250 万—700 万年间）海成泥灰岩和黏土构成。

埃特纳火山口

地质史上的喷发，始于第三纪末期（距今 250 万年前及更早年代）。历史时期的喷发活动非常频繁。一般认为从公元前 1500 年即有关于该火山喷发记录，但自此而后，3500 年来究竟喷发过多少次，各种资料颇有出入，从 130 次、200 次至 210 次不等。但无论根据哪种资料，埃特纳均为世界上喷发次数最多的活火山。

最高和最矮的活火山分别是哪座？

在活火山中，阿根廷的图彭加托火山，海拔 6800 米，比日本富士山还要高3000多米，现在仍在喷发，是世界上最高的活火山。这座火山自1912年喷发后，山谷里终日烟雾弥漫，热气腾腾，地上有无数的裂口不断冒烟，估计每秒钟有2300千克的水蒸气和大量的盐酸等气体逸出。

世界上最矮的活火山是菲律宾吕宋岛上的塔尔火山，相对高度仅200米。塔尔火山位处风光明媚的塔尔湖的中心。塔尔火山是近年来仍在不断喷发着的活火山。20世纪曾喷发过许多次。1965年、1970年、1976年都曾喷发过。1976年那次喷发，火山灰腾空而起，高达1500米。那喷泉般的烈焰和蒸气，蔚为壮观。

菲律宾吕宋岛的塔尔火山

一般活火山由于火山喷出物不断堆积，所以都很高。而塔尔火山为什么没有堆积得很高呢？原来，塔尔火山是火山中的火山。据文献记载：海拔500多米高的塔尔湖原来也是个活火山，当它停止喷发后，火山口洼地积水成湖。多年后，火山再度喷发，喷出的熔岩日积月累，最后露出湖面，天长日久在塔尔湖的中心又堆成一个新的塔尔火山。塔尔火山在深邃的火山湖中堆起，喷发规模又较小，因此它的高度也就比一般的活火山要矮小，成了世界上最矮的活火山了。

拓展阅读

盐 酸

盐酸，学名氢氯酸，是氯化氢的水溶液，是一元酸。盐酸是一种强酸，浓盐酸具有极强的挥发性，因此盛有浓盐酸的容器打开后能在上方看见酸雾，那是氯化氢挥发后与空气中的水蒸气结合产生的盐酸小液滴。它有众多规模较小的应用，包括家居清洁、食品添加剂、除锈、皮革加工等。每年生产约20万公吨盐酸。

离南极最近的活火山是哪座?

南极大陆，冰天雪地，可是就在万年冰盖中，却活动着一座火山，它就是埃里伯斯火山。这座活火山，位于南极洲罗斯岛上（南纬 77° 35′）。1841 年 1 月 28 日，英国探险家詹姆斯·克拉克·罗斯首次发现了这个喷着烟与火的小岛，遂以他的名字命名为罗斯岛，并以他乘坐的考察船的船名埃里伯斯命名了这座火山。

埃里伯斯火山

埃里伯斯火山海拔 3794 米，山体规模与日本富士山相似。1908 年 3 月，澳大利亚地质学教授戴维第一次登上山顶进行考察，看到火口内有三个喷气孔，不断喷出蒸气，还能断续地听到鸣动声，使他感到惊心动魄。

埃里伯斯火山 1972 年以来活动比较激烈，火口内存在有熔岩湖。火山的主火口为椭圆形，直径 500 ~ 600 米，南北稍长，深 100 ~ 150 米。主火口内有直径 200 米，深 100 米的内火口。熔岩湖周围有 5 ~ 6 个小火孔。1979 年 1 月，美国在此建了一个面积约为 20 平方米的小屋。小屋附近的堆雪因受地热融化，形成一条长达 60 米的冰隧洞。洞穴内又形成了无数美丽的冰花。

1979—1980 年，美、日等国家的 8 名人员在山顶小屋进行地震观测和地质考察。他们既听到

广角镜

吕宋岛

吕宋岛是菲律宾最大的岛，也是世界第十五大岛，面积 109965 平方公里。吕宋岛位于菲律宾北部，是首都马尼拉的所在地。吕宋岛在台湾南方，维萨亚斯群岛北方，中国南海东方，菲律宾海西方。吕宋同时也是菲律宾三大政区之一，包括吕宋岛，北部的巴坦群岛和巴布延群岛，南部的马林杜克岛、马斯巴特岛、卡坦端奈斯岛、民都洛岛和巴拉湾岛。吕宋政区面积 138309 平方公里。

火山爆发的响声，又看到火山喷发的烟雾和火山弹等。

火山口最大的火山是哪座？

日本是个多火山的国家，素有“火山博物馆”之称。全国有千岛火山带、那须火山带、鸟海火山带、乘鞍火山带、富士火山带、白山火山带、阿苏火山带和雾岛火山带 8 条火山带，共有 186 座火山。就火山的形状来看，各种类型无不俱全：美丽高峻的富士山像一个白色圆锥，巍峨矗立的雾岛山如古老的巨钟，雄浑博大的阿苏山如巨大的盾牌。

日本九州的阿苏山口

阿苏山是座活火山，海拔虽只有 1570 米，但却有一个巨大的锅状火山口。火山口南北长 27 千米，东西宽 16 千米多，周围 114 千米。人们若有兴趣的话，可以环行火山口一周，大约需要 3 天的时间。这是世界上最大的火山口。

阿苏山位于九州岛的中部。一旦火山喷发，烟灰白雾弥漫，宛如开放于晨曦朝雾中的睡莲花，甚是壮观。

趣味点击　富士山

富士山是日本一座横跨静冈县和山梨县的活火山，位于东京西南方约 80 公里处，主峰海拔 3776 米，2002 年 8 月，经日本国土地理院重新测量后，为 3775.63 米，是日本国内的最高峰。富士山顶于冬季积雪，直至隔年 6、7 月才会融化，在管理上属于本州地区的富士箱根伊豆国立公园范围内。富士山不但名列日本百名山，同时也是日本三名山之一。闻名全球的富士山是日本重要的象征之一，被视为圣山。自古以来，这座山的名字就经常在日本的传统诗歌“和歌”中出现。